MS Copilot 코파일럿

코파일럿

초판 1쇄 인쇄   2024년 3월 20일
초판 1쇄 발행   2024년 3월 25일

지은이 | 반병현
펴낸이 | 김승기
펴낸곳 | ㈜생능출판사 / **주소** 경기도 파주시 광인사길 143
브랜드 | 생능북스
출판사 등록일 | 2005년 1월 21일 / **신고번호** 제406-2005-000002호
대표전화 | (031) 955-0761 / **팩스** (031) 955-0768
홈페이지 | www.booksr.co.kr

책임편집 | 최동진
편집 | 신성민, 이종무
교정·교열 | 최동진
본문 디자인 | 오미애
표지 디자인 | 정규민
영업 | 최복락, 김민수, 심수경, 차종필, 송성환, 최태웅, 김민정
마케팅 | 백수정, 명하나

ISBN 979-11-92932-57-6 (13000)
값 19,800원

- 이 책의 저작권은 (주)생능출판사와 지은이에게 있습니다. 무단 복제 및 전재를 금합니다.
- 생능북스는 (주)생능출판사의 단행본 브랜드입니다.
- 잘못된 책은 구입한 서점에서 교환해 드립니다.

■■ MS Copilot

코파일럿

반병현 지음

생능북스

코파일럿
COPILOT

 들어가며

  인류는 항상 더 빠르고, 더 효율적이며, 더 강력한 업무 방식을 발전시켜 왔습니다.
  특히 2022년부터 하나 둘 공개되기 시작한 거대 언어 모델(LLM)들은 대다수의 인류보다 뛰어난 지능과 업무처리 역량을 보이며 많은 사람들을 긴장시켰습니다. GPT 계열 인공지능이 고용시장에 끼칠 거대한 영향에 대한 다양한 연구 결과도 발표되었고요.

  GPT-4 기반으로 제작된 마이크로소프트의 코파일럿(Copilot)은 참 신기한 도구입니다. 코파일럿을 사용하다 보면 인공지능이 결국 인간을 대체하게 될 것이라는 불안감이 들기도 하면서, 동시에 인공지능은 결국 인간을 보조하는 수단으로써 자리 잡게 될 것이라는 안도감이 들기도 하니 말입니다.

  필자는 AI를 능숙하게 사용하는 사람들이 보다 오래 살아남고, 보다 큰 기회를 차지할 수 있으리라는데 한 점의 의심조차 갖고 있지 않습니다. 우리의 미래 모습이 어떻게 변화하던지 말입니다. 이와 같은 점에서 2024년은 4차 산업혁명의 역사에서 가장 중요한 시기가 될 것이라 생각합니다. 2023년까지는 첨단 기술의 등장 자체가 사람들을 경악시켰다면, 2024년부터는 AI가 탑재된 구체적인 솔루션들이 엄청나게 빠른 속도로 보급되기 시작할 것이기 때문입니다.

  이와 같은 점에서 MS 코파일럿은 반드시 조금은 서둘러 사용 방법을 숙지해 둘 필요가 있는 소프트웨어입니다. 인류 역사상 가장 똑똑한 인공지능이, 가장 많은 사람들이 사용하는 소프트웨어에 탑재되었기 때문입니다. 전 세계의 모든 회사가 MS Office를 사용하고 있으니, 코파일럿을 조금 일찍 도입한 조직들이 동시다발적으로 전 세계에서 폭발적인 생산성의 증가를 경험하게 될 것입니다.

  부디 이 책이 독자 여러분께서 위대한 여정을 시작하는 데 조금이나마 길잡이가 될 수 있기를 기대합니다. 거대한 시대적 흐름에 조금 더 일찍 몸을 맡겨 한 발자국이나마 더 멀리 도달할 수 있으 시기를 응원합니다.

반병현

차례

들어가며 ... 5

CHAPTER 01 코파일럿, AI가 주도할 사무 업무의 혁신

01. 챗GPT 이후의 AI 패권 경쟁 ... 12
02. 코파일럿, 그래도 너무 늦지 않게 출시되다 ... 14

CHAPTER 02 코파일럿, 구매부터 설치까지

01. 기업용 코파일럿의 가격은? ... 20
02. 개인 사용자용 코파일럿의 가격은? ... 23
03. 코파일럿 사용을 위한 마이크로소프트 365 신규 구매 절차 ... 27
04. 코파일럿 라이선스 구매와 할당 ... 34
05. 코파일럿 설치 ... 39

CHAPTER 03 GPT-4 기반 AI 비서, M365 Chat

01. M365 Chat의 실행 방법 ... 47
02. 한국어 지원과 관련된 정보 ... 52
03. 묻기, 답하기, 생성하기 ... 55

CHAPTER 04

M365 Chat과 함께하는 사무 업무의 자동화

01. 채팅창에서 이메일 관리하기	58
02. 슬래시(/)를 활용한 이메일 자동화	63
03. 슬래시(/)를 활용한 워드 파일 자동화	65
04. 슬래시(/)를 활용한 PPT 파일 자동화	68
05. 슬래시(/)를 활용한 엑셀 xlsx 파일 자동화	70
06. 슬래시(/)를 활용한 분 단위 근태 관리 자동화	72
07. 그 외 어떤 신기한 일들이 가능할까요?	74

CHAPTER 05

OneNote 코파일럿 - 노트 필기 앱과 GPT-4의 만남

01. OneNote, 포지션이 애매한 노트 필기 앱	76
02. 원노트 코파일럿 사용하기	77
03. 노트 필기 요약하기	78
04. To-do list 만들기	80
05. 프로젝트 스케줄 관리하기	81
06. 노트의 내용을 기반으로 새로운 문서 작성하기	84
07. 코파일럿은 원노트의 게임 체인저가 맞습니다	85

차례

CHAPTER 06

Outlook 코파일럿

01. 아웃룩 – 직장인, 프리랜서의 필수 앱	88
02. 아웃룩을 처음 사용해 봐요!	89
03. 코파일럿이 활성화되었나 확인하는 방법	91
04. 코파일럿을 활용한 단일 메일 요약	95
05. 코파일럿을 활용한 메일 타래 요약	97
06. 코파일럿을 활용한 이메일 자동 작성	99
07. 코파일럿을 활용한 답장 자동 작성	102
08. 코파일럿을 활용해 외국어로 답장하기	105

CHAPTER 07

Teams 코파일럿

01. Teams – 수십 개의 카톡방을 하나의 앱으로	108
02. Teams 채팅을 카카오톡 대신 사용하세요	109
03. Teams에서 팀 관리하기	111
04. 채널 게시물 작성에 코파일럿 활용하기	117
05. 채널 게시물 댓글 작성과 요약에 코파일럿 사용하기	119
06. 코파일럿으로 채팅방의 대화 흐름 파악하기	120
07. Teams 화상회의에 코파일럿을 활용하기	123

CHAPTER 08

Word 코파일럿

01. 워드 코파일럿 개요	130
02. 코파일럿을 활용한 문서 작성 자동화	132
03. 내용 보충하기	135
04. 코파일럿을 활용한 문서 읽기 보조	136
05. 문서의 요약	138
06. 요점 추출	139
07. 문서의 윤문(다시쓰기)	141
08. 찬성 / 반대 의견 도출하기	143

CHAPTER 09

PowerPoint 코파일럿

01. 파워포인트에 자동화할 부분이 더 있을까요?	146
02. 파워포인트 코파일럿의 사용 방법	148
03. 디자인 컨셉 변경 요청하기	149
04. 발표자료 목차 자동으로 정돈하기	151
05. 무에서 유를 창조할 수 있습니다	152
06. 한식의 세계화에 대한 발표자료를 만들어줘! – 발표자료 콘텐츠 수정	154
07. 텍스트만 존재하는 워드 파일을 읽어와 프레젠테이션 만들기	157
08. 슬라이드 추가하기	159
09. 그래프, 차트, 표가 포함된 문서를 PPT 발표자료로 만들기	160

차례

CHAPTER 10 Excel 코파일럿

- 01. 엑셀과 GPT의 만남은 어떤 모습일까? — 164
- 02. 테이블 사용이 필요합니다 — 165
- 03. 코파일럿 사용 전 알아 두면 좋은 데이터 분석 기능 — 167
- 04. 특정 데이터에 대해 질문하기 — 169
- 05. 데이터 범위 선택하기 — 171
- 06. 인사이트 발견하기 — 172
- 07. 채팅창을 통한 간단한 분석 요청 — 175
- 08. 채팅창을 활용한 그래프 그리기 — 177
- 09. 이제 엑셀 함수를 외울 필요가 없어졌습니다 — 178
- 10. 채팅으로 조건부 서식 지정하기 — 180

부록

- 부록 01 Microsoft 365에 커스텀 도메인 이메일 연결하기 — 184
- 부록 02 Microsoft 365에 새로운 직원 추가하기 — 197
- 부록 03 Outlook에 외부 이메일 연동하기 — 203
- 부록 04 코파일럿 사이드 패널이 먹통인 경우 — 210

에필로그

코파일럿 이후의 우리, 요식행위를 걷어내고 본질을 항하여 — 221

CHAPTER 01

코파일럿, AI가 주도할
사무 업무의 혁신

01_ 챗GPT 이후의 AI 패권 경쟁
02_ 코파일럿, 그래도 너무 늦지 않게 출시되다

챗GPT 이후의 AI 패권 경쟁

2022년 11월 챗GPT 등장 직후의 열기를 기억하십니까? 언론에서는 연일 '구글의 종말'을 외쳤고, 수많은 국제소송이 제기되었으며, 빅테크 기업들의 주가는 하늘을 뚫고 솟아올랐습니다. 국내외를 막론하고 많은 개인과 단체, 기업이 기회를 잡기 위하여 분주하게 움직였습니다.

개중에서 가장 많은 사람들에게 관심을 받았고, 또 영향력을 행사한 기업은 마이크로소프트(Microsoft)와 구글(Google)일 것입니다. 둘 중에서 조금 더 일찍 고지를 점령한 기업은 마이크로소프트입니다. 사실상 챗GPT를 제작한 OpenAI사와 마이크로소프트는 한 집안 식구와도 같은 관계이기 때문입니다.

마이크로소프트는 OpenAI의 지분을 보유하고 있었고, 챗GPT의 성공 이후 천문학적 규모의 투자금을 추가로 수혈하며 더욱 많은 지분을 장악했습니다. 투자금 중 상당 부분은 OpenAI의 슈퍼컴퓨팅 플랫폼 사용료로 다시금 마이크로소프트의 매출로 잡혀 되돌아오게 되었고요. 규모가 규모이니만큼, 그리고 챗GPT의 효용이 거대한 만큼 서로에게 우호적인 형태로 혜택을 주고받았을 가능성이 높은 것으로 예상됩니다.

이와 같은 사실은 딱히 기밀로 관리되지도 않았습니다. 모두가 뉴스를 검색하면 바로 찾아볼 수 있는 소식이었기에 전 세계의 투자자들은 익히 알고 있던 사실이었고, 결과적으로 챗GPT가 잘 나갈수록 OpenAI의 지분을 보유한 마이크로소프트의 주가가 올라가는 선순환의 토대가 마련되기까지 했습니다.

이 모습을 지켜보던 IT 기업 경영주들은 더더욱 인공지능 기술 개발에 관심을 갖게 되었을 것입니다. '외부에서 제작한 AI를 도입한 인력감축'이라는 주제만으로도 기업의 경영실적 개선에 큰 도움이 될 수 있기 때문입니다.

하물며 독자적인 AI 기술을 보유하며 대규모 MAU[1]를 확보할 수 있다면 실적개선을 위한 재료 확보에서 끝나는 것이 아니라, 빅테크 기업으로서의 입지까지도 공고히 다질 수 있습니다. 이의 연장선에서 구글, 메타, 네이버 등 테크 기업들은 독자적인 인공지능 개발을 위해 더욱 많은 연구비를 투입했습니다. 경쟁의 최선두 자리를 차지한 마이크로소프트는 여기서 쐐기를 박기 위해 강수를 뒀습니다.

GPT-4의 공식 출시 이전에 GPT-4를 탑재한 챗봇[2]을 공개한 사건을 먼저 살펴보겠습니다. 마이

---

1) Monthly Active Users의 약자로, 최근 1개월간 서비스를 이용한 활성 사용자 수. IT 서비스의 효용성 분석에 있어 중요한 지표 중 하나다.
2) Edge 브라우저로 Bing에 접속하여 활용할 수 있는 New Bing 서비스. 현재는 Copilot으로 명칭이 통일되었다.

크로소프트는 소프트웨어 점유율 확보[3]가 가지는 경제적 가치를 누구보다도 깊게 이해하고 있는 기업입니다. 이에 빙 챗봇을 사용하려면 엣지 브라우저와 빙 검색엔진을 사용해야 한다는 정책을 내세워 일정 수준의 점유율을 확보하는 데 성공했습니다. 마이크로소프트사의 검색엔진인 빙(Bing)은 검색 품질이나 광고 면적 이슈로 사람들이 멀리하던 서비스였습니다만, AI 기반 검색 기능을 사용하려면 빙을 사용해야 한다는 제약 때문에 단기간에 큰 관심을 받게 된 것이지요.

시간이 조금 더 흘러 GPT-4가 공개되던 날[4], 마이크로소프트는 "사실 빙 챗봇의 AI가 GPT-4였다."는 사실을 밝혔습니다. 아직 대중에게는 공개되지도 않은 첨단 AI를 MS는 한참 전에 받아서 사용해 보고 있었고, 제품화까지 했다는 사실이 드러난 것이지요.

이제서야 사람들은 마이크로소프트와 OpenAI 사이의 긴밀한 관계가 어떠한 보이지 않는 가치를 가지는지를 이해하게 되었습니다. 이와 같은 행보를 통하여 마이크로소프트는 '우리가 출시할 AI 기반 소프트웨어에는 OpenAI가 비밀리에 개발한 첨단기술이 탑재될 수 있다.'는 사실을 은연중에 과시한 것입니다. 그야말로 전 세계에서 단 한 개의 회사만 할 수 있는 사업 전략입니다. 이 무렵 빙에 탑재된 것과 동일한 GPT-4 기반 챗봇이 윈도우 11에도 탑재될 것이라는 소식까지 퍼졌습니다.

<마이크로소프트가 출시할 AI 기반 소프트웨어>가 어떤 형태가 될지, 그 성능은 얼마나 뛰어날지에 대한 이목이 집중되던 때, MS는 GPT-4를 탑재한 신제품의 소개 영상을 공개했습니다. 네, 코파일럿의 등장입니다.

코파일럿은 인공지능을 탑재하여 워드, 파워포인트, 엑셀 활용을 반자동화하는 스마트한 솔루션입니다. 마이크로소프트의 오피스 소프트웨어 점유율을 생각하면 어마어마한 규모로 전 세계에 혁신이 일어날 것은 자명해 보입니다. 코파일럿이 구체적으로 어떤 서비스인지에 대해서는 잠시 뒤에 살펴보도록 하겠습니다.

중요한 시사점이 있습니다. 2023년도 1분기에는 "이 회사가 새로운 AI기술을 개발할 것이다."라는 기대감으로 시장의 자금이 움직였다면, 코파일럿 발표 이후에는 시장이 기업을 바라볼 때 실효성 있는 AI기반 제품 출시 플랜을 기대하게 되었다는 점입니다.

구글은 어떻게 대응했을까요? 구글은 GPT-4 출시일에 기업용 업무 플랫폼인 <구글 워크스페이스[5]>에 생성형 AI를 탑재할 것이라는 보도자료를 발표했습니다. 보도일자를 고려하자면 굉장히 공교로운 시점이 아닐 수 없겠습니다. 결과적으로 시기를 선점한 것은 현명한 판단이었습니다. 마이크로소프트의 코파일럿보다 3일이나 일찍 세간에 소식을 퍼트릴 수 있었으니 말입니다. 재미있는 점은 국내 기업인 폴라리스 오피스 역시 참전을 선언했고, 챗GPT와 하이퍼클로바[6]를 탑재하여 코파일럿보다 훨씬 빠른 시점에 문서 작성 보조 솔루션을 탑재한 오피스 소프트웨어를 선보였습니다.

---

3) 브라우저가 유료로 판매되는 것이 당연시되던 시절. 무료 브라우저를 윈도우 기본 기능으로 탑재해 배포하며 운영체제 점유율 1위를 차지하였다.
4) 2023.03.14.
5) 지수트, 지메일, 드라이브, 캘린더, 독스 등으로 대표되는 기업용 소프트웨어 통합 솔루션.
6) 네이버의 한국형 GPT 모델.

02 코파일럿, 그래도 너무 늦지 않게 출시되다

초기에는 코파일럿이 2023년 6월 말 출시될 것으로 전망되었으나 공식 출시 시기가 계속하여 지연되었습니다. 일부 전문가들은 코파일럿 출시 지연사태의 원인을 일종의 <성능 부족>으로 보고 있습니다.[7] 이를 보다 상세하게 풀어서 설명해 보자면 '할루시네이션의 제거'와 'AI가 업무를 이해하고 실제로 수행하는 과정'을 더욱 매끄럽게 개선하는 과정으로 나누어 생각할 수 있습니다.

할루시네이션[8]이란 AI가 사실이 아닌 내용을 사실처럼 장황하게 설명하는 현상을 의미합니다. 다음 예시를 살펴보시면 할루시네이션에 대해 명확하게 이해할 수 있을 것입니다.

사용자: 태종이 변신로봇을 타고 광선검으로 달을 반으로 갈랐던 사건을 설명해줘

GPT-3.5
(전략)
태종은 로봇 슈트로 변신하여 대결에 나섰고, "광선검"이라고 불리는 강력한 무기로 외계 생명체들과 싸웠습니다. 결국 태종은 광선검의 힘을 이용하여 달을 반으로 갈랐고, 외계 생명체들을 물리치고 지구를 구했습니다.
이 사건은 역사에 기록되었고, 태종은 지구의 영웅으로 기립되었습니다. 그의 업적으로 달은 안전하게 보호되었고, 태종이 변신로봇은 과학기술의 끝없는 가능성을 상징하는 상징적인 로봇으로 남게 되었습니다.

어떤가요? AI가 실재하지 않는 사실을 사실처럼 장황하게 설명하고 있습니다. 이와 같은 사례가 극단적인 할루시네이션의 예시입니다.

사실 할루시네이션은 이정도로 극단적인 규모로만 일어나는 것은 아닙니다. 여러분의 질문에 대한 AI의 상세한 답변 중, 대부분이 정확하나 한두 문장에만 오류가 있을 수도 있습니다. 다수의 진실 속 일부의 거짓이 섞여 있는 상황이지요. 이와 같은 경우 할루시네이션을 인지하고 덜어내는 과정이 무척이나 번거롭고 어렵습니다. 특히나 검색엔진과 같은 정보처리서비스에 부착된 인공지능일수록 할루시네이션을 줄이기 위한 많은 노력끝에 출시되고 있습니다. 소비자들이 특히 더 민감하게 반응하기 때문입니다.

---

7) 반면 워드, 엑셀 등 다양한 앱에서 범용적으로 동작하는 솔루션을 만드는 과정에 막대한 시간이 소요되었을 것이라는 추측도 있습니다.

8) hallucination. 환상, 환각을 의미하는 영단어.

사실 GPT와 같은 거대 언어 모델(LLM)들은 태생적으로 할루시네이션을 피해갈 수 없습니다. 왜냐하면 언어 모델은 지식과 정보를 체계적으로 습득한 적이 없기 때문입니다. 언어 모델은 그저 단어 퀴즈를 풀면서 언어 체계를 인식했습니다.

> "앞에 주어진 n개의 단어를 보고 n+1번째에 올 단어로 적절한 것을 맞추시오."

네, 이토록 똑똑한 인공지능들을 만드는 비법이, 사실은 단어를 어떤 순서로 나열하면 좋을지 물어보는 퀴즈를 풀도록 시키는 것입니다. 단어의 나열 순서를 학습하다 보면 자연스레 문법을 이해하게 됩니다. 단순해 보이는 퀴즈지만, 천문학적인 분량의 텍스트를 대상으로 학습을 수행하다 보니 자연스레 똑똑한 사람처럼 단어를 나열하는 능력을 갖추게 된 것입니다.

인공지능이 보편적으로 널리 알려진 지식과 관련된 질문을 받았을 경우, 그쪽 분야와 관련된 텍스트를 학습하며 출력했던 단어들을 우선하여 출력하려 할 것입니다. 그 이후에는 자신이 출력한 단어와 함께 어울리기 좋을 단어들을 출력하며 문장을 완성하려 할 것이고요.

이 과정을 외부에서 보면 마치 모든 것을 다 알고 있는 만물박사처럼 보이기도 합니다. 하지만 그 실상은 그저 자신이 학습한 문장들의 구조로부터 기인한 통계적인 경향성을 따라 자연스러워 보이는 단어들을 나열하고 있는 것입니다. 이것이 할루시네이션이 생기는 근본적인 원인이며, 언어 모델 AI를 사용하는 이상 할루시네이션을 완전히 제거하는 것이 어려운 이유입니다.

이를 해결하기 위해 인공지능이 사용자의 질문에 답하기 전에 참고할 수 있는 컨닝 페이퍼를 제공해 주는 방법을 고려해 볼 수 있습니다. 빙이나 구글에 탑재된 인공지능 역시 검색엔진의 검색 결과를 일종의 컨닝 페이퍼로 사용하며 답변을 생성하는 구조입니다.

이 외에도 질문을 인식한 뒤 여러 층의 레이어(layer)로 쪼개어 업무를 분담하는 방식도 있습니다. 맨 윗층에서는 질문이 어떤 분야의 내용인지를 인지하고, 그 질문을 가장 잘 처리할 수 있는 레이어로 전달하는 식입니다. 눈으로 보이는 채팅창은 하나지만 사실 그 너머에는 여러 개의 갈림길이 준비되어 있는 것이지요.

여하튼, 이와 같은 태생적 문제로 인해 언어 모델을 활용하여 새로운 소프트웨어나 서비스를 개발하는 것은 쉬운 일이 아닙니다. 가뜩이나 "인공지능에게 모든 것을 물어보라."는 식으로 브랜딩이 되어 버린 탓에 소비자들이 할루시네이션에 훨씬 더 엄격하게 반응하는 시장 분위기마저 형성되어 버렸고요.

현재 코파일럿에 탑재된 GPT-4는 할루시네이션을 상당부분 개선하였고, 사용자의 요청에 제대로 답할 수 없는 상황에서는 잘 모르겠다고 솔직하게 대답합니다. 그럼에도 불구하고 여러분께서 코파일럿을 사용하시다 보면 여러 형태의 할루시네이션을 마주치게 될 것입니다.

소비자 입장에서 할루시네이션에 대처하는 가장 쉬운 방법은 AI가 작성한 정보를 그대로 믿지 않고 교차검증을 하는 것입니다. 할루시네이션이 발생한 것으로 의심되는 상황에서는 코파일럿 채팅창을 닫았다가 새로 실행해 보시기 바랍니다.

여하튼, 이와 같은 현상이 코파일럿 개발부터 베타테스트 과정에서 끊임없이 발생했다고 생각해 봅시다. 대중의 신뢰를 잃지 않으려면 보다 완벽한 제품을 시장에 공개해야 할 것이고, 그를 위해서라면 출시 지연은 충분히 감수할 만한 선택지였을 것입니다. 그럼에도 필자는 마이크로소프트가 경영/마케팅적인 관점에서 지나치게 성급한 결정을 내렸고, 일정부분 미완성인 제품을 고가에 출시했다고 생각합니다. 이에 대해서는 추후 살펴보겠습니다.

이제 코파일럿의 출시 배경을 대부분 살펴봤으니 코파일럿에 대해 이야기해보겠습니다.

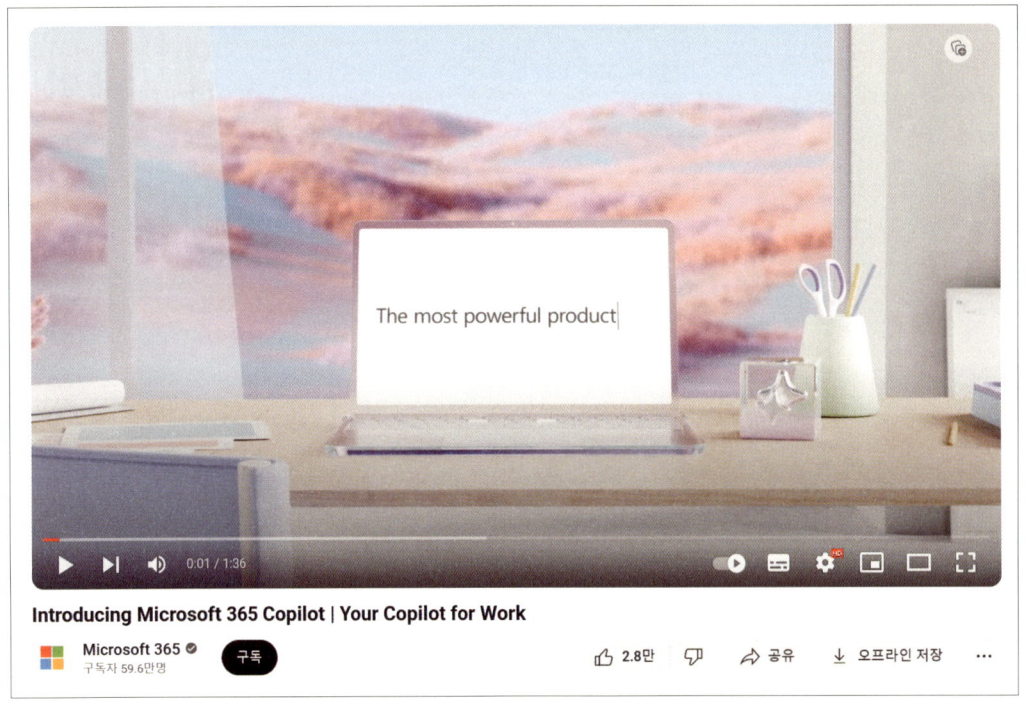

https://www.youtube.com/watch?v=S7xTBa93TX8

코파일럿 출시 이전부터 마이크로소프트는 사용자들의 기대감을 부풀리기 위하여 유튜브에 여러 영상을 공개했습니다. 2023년 3월 17일 공개된 이 영상에는 무언가 프롬프트를 입력하고 <Enter> 키를 누르면 문서가 자동으로 작성되고, 엑셀 시트가 자동으로 분석되고, 이메일 답변이 자동적으로 생성되는 등 획기적인 내용들이 담겨 있었습니다.

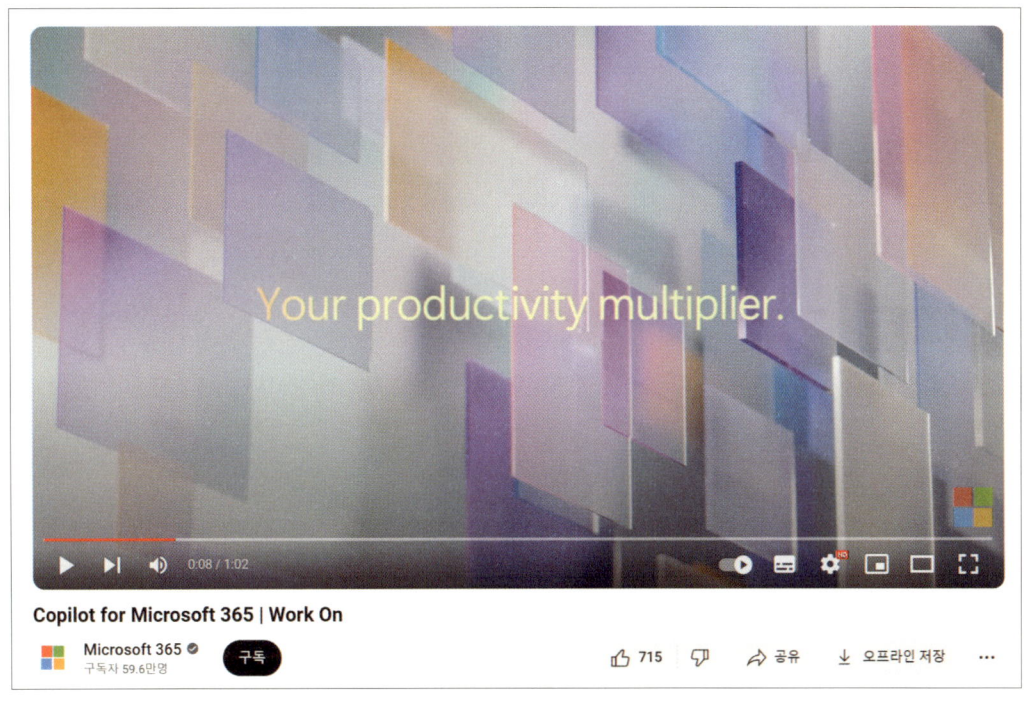

https://www.youtube.com/watch?v=0QEL9Y3Udvc

3분기 뒤인 2023년 12월 15일, 드디어 본 제품의 정식 출시 소식과 함께 새로운 영상이 업데이트되었습니다. 기본적인 코파일럿의 사용 방식은 이전 영상과 크게 달라진 부분이 없고, 이번에는 코파일럿이 지향하는 방향성을 소개하는 영상이었습니다.

영상에서 마이크로소프트는 코파일럿을 두고 다음과 같은 캐치프레이즈를 사용했습니다.

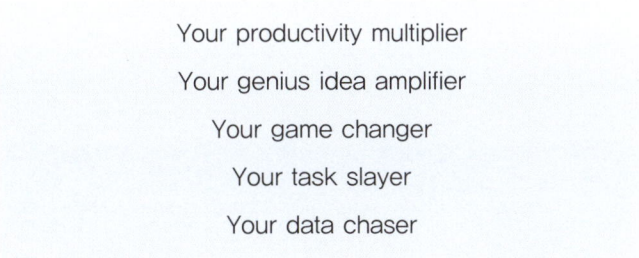

소비자에게 전하고 싶은 가치가 명확하게 소개되고 있습니다. 결과적으로 마이크로소프트는 코파일럿을 활용하면 생산성이 증대되고, 업무를 빠르게 쳐낼 수 있습니다. 또한 사용자의 소중한 아이디어를 더욱 쉽게 확장할 수 있으며, 데이터까지 놓치지 않을 수 있다고 주장하고 있습니다. 그리고 AI가 사용자의 자리를 완전히 대체하는 것이 아니라 함께 무언가를 만들어간다는 부분을 피로

감이 느껴질 정도로 강조하고 있습니다. 이는 제품의 완성도에 대한 변명일 수도 있겠지만, 코파일럿[9]이라는 작명에서부터 살펴볼 수 있듯이 마이크로소프트는 AI를 인간을 보조하기 위한 수단으로 보급하겠다는 철학을 갖고 있다고 해석해 볼 수도 있겠습니다.

여하튼, 여기까지가 코파일럿의 출시 과정입니다. 어쩌면 인류사에 길이 남을 대사건이 될지도 모르는 일이지요. 그리고 어떻게든 해가 넘어가기 전, 2023년 이내에 출시를 해냈다는 점 또한 의미가 있다고 판단합니다.

자, 이제 서둘러 코파일럿의 사용법을 살펴보도록 하겠습니다.

---

9) 비행기의 부기장. 즉, 도우미를 의미함.

CHAPTER 02

코파일럿,
구매부터 설치까지

01_ 기업용 코파일럿의 가격은?
02_ 개인 사용자용 코파일럿의 가격은?
03_ 코파일럿 사용을 위한 마이크로소프트 365 신규 구매 절차
04_ 코파일럿 라이선스 구매와 할당
05_ 코파일럿 설치

01

기업용 코파일럿의 가격은?

몇몇 뉴스 기사들이나 유튜브 영상으로 인하여 코파일럿의 사용료가 저렴하거나 무료에 가까운 수준으로 오해하고 계시는 경우가 있으나, 사실 코파일럿은 굉장히 비싼 소프트웨어입니다.

위와 같은 가격표 그림을 보고 매월 15,600원을 지불하면 코파일럿을 사용할 수 있다는 오해가 빚어진 것으로 생각됩니다. 사실 코파일럿을 사용하려면 위 그림의 요금과 별도로 50만 원에 가까운 금액을 매년 지불해야 합니다. 마이크로소프트 365 사용료와 부가세를 더하면 대략 1년에 70만 원에 가까운 비용이지요.

"왜 소프트웨어의 일부 기능을 막아두고, 돈을 더 내야만 풀어주나?"

이와 같은 의문을 가지실 분도 계실 것 같아 약간의 부연설명을 하겠습니다. 구독 모델과 추가 기능의 과금은 사실 게임업계에서 오랜 기간 검증된 안정적인 수익모델입니다. 특히 코파일럿은 DLC[1]와 과금 구조가 유사합니다.

---

1) Downloadable Contents의 약자. 게임 본품 이외에 추가로 돈을 지불하여 DLC를 구매하면 새로운 콘텐츠를 다운로드하여 사용할 수 있음. 미완성인 제품을 본품으로 출시하고, 핵심 콘텐츠를 DLC로 분리 출시하는 방식으로 악용되는 사례도 있음.

개인의 스마트폰 or PC 구매 → 게임 소프트웨어 구매 → DLC 추가 구매

DLC형 과금 구조는 소비자에게 이중과금을 유도하는 구조라는 비판도 있지만, 결과적으로 돈을 더 많이 지불한 사람에게 더 많은 기능을 제공하는 것이 무슨 문제냐는 강력한 논거 덕분에 어느새 게임 시장에서 주류로 자리 잡은 수익모델입니다.

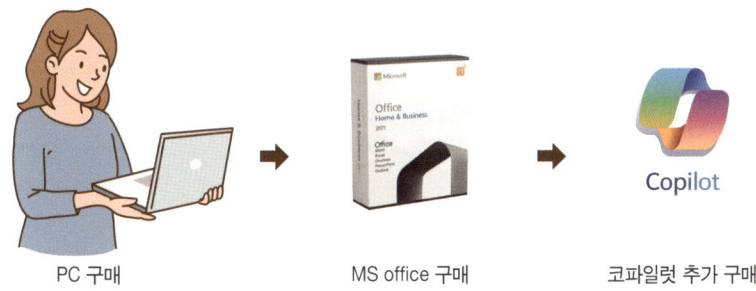

PC 구매 → MS office 구매 → 코파일럿 추가 구매

코파일럿 역시 DLC와 마찬가지로 마이크로소프트 365 본품을 구매하고, 추가로 코파일럿 라이선스를 구매하면 감춰져 있던 기능이 개방되는 형태로 작동합니다. 만약 코파일럿이 몇 년 일찍 출시되었거나, 혹은 게임업계에서 DLC를 보편적인 수익모델의 위치까지 끌어올리지 못했다면 마이크로소프트 측에서도 현재와 같은 과금구조를 택하기는 어려웠을 것입니다.

여하튼, 2024년 1월 현재 시점에서 코파일럿은 개인이 구매하여 체험하기에는 상당히 비싼 소프트웨어임에는 틀림없습니다.

코파일럿을 구매하려면 다음 중 하나에 해당하는 마이크로소프트 365 라이선스가 필요합니다. 코파일럿은 연 단위 구독만 가능하고 월 단위 구매는 불가능하므로, 아래 라이선스의 비용 역시 연 단위로 표기합니다. 라이선스는 직원 1명당 1개를 구매해야 합니다.

대기업용(300명 이상) 라이선스	
Microsoft 365 E5	938,520원
Microsoft 365 E3	592,680원
Office 365 E5	625,680원
Office 365 E3	378,840원

중소기업용(300명 이하) 라이선스	
Microsoft 365 Business Premium	363,000원
Microsoft 365 Business Standard	205,920원

위 라이선스 중 하나를 구매한 뒤 코파일럿을 추가로 구매해야 합니다. 코파일럿 역시 직원 1명당 1개를 구매해야 하며, 전체 직원 전원이 아니라 일부에게만 라이선스를 할당하는 것도 가능합니다. 코파일럿의 가격은 현재 다음과 같습니다.

코파일럿	
Microsoft 365용 Copilot	493,680원

따라서 현재 가장 저렴한 가격으로 기업용 코파일럿을 사용해 볼 수 있는 방법은 중소기업용 스탠다드 라이선스와 코파일럿을 함께 구매하는 것입니다. 이때의 가격은 1인당 699,600원에 해당합니다.

개인 사용자용 코파일럿의 가격은?

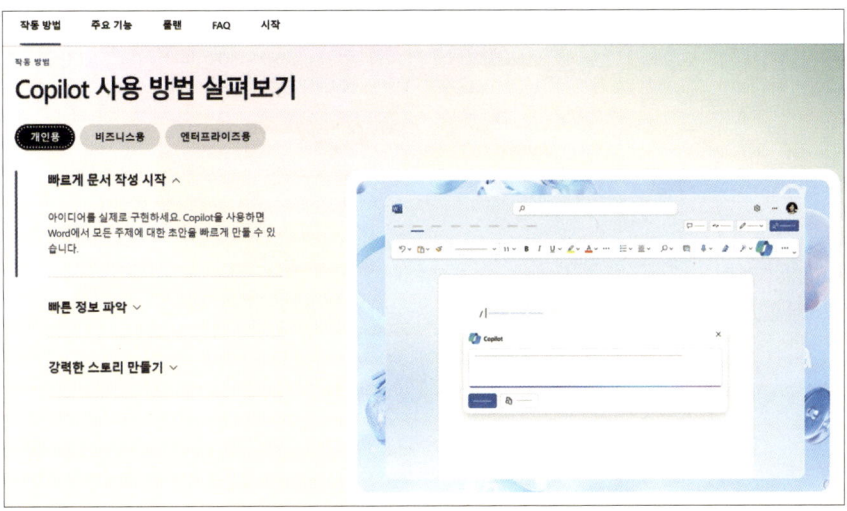

2024년 1월 기준으로 개인용 라이선스도 사실 출시가 바로 가능한 상태인 것으로 추측됩니다. 코파일럿 매뉴얼 페이지에는 개인용 코파일럿 사용법에 대한 메뉴가 이미 한글로 번역까지 되어 공개되어 있습니다. 비즈니스용, 엔터프라이즈용 제품을 최대한 많이 판매하여 수익을 극대화시킨 뒤 출시하려는 전략으로 추측됩니다. 추후 삼성전자나 LG전자와 협약을 맺어 노트북을 사면 코파일럿이 탑재된 오피스 소프트웨어를 제공해주는 형태의 신학기 프로모션을 진행할 수도 있을 것입니다.

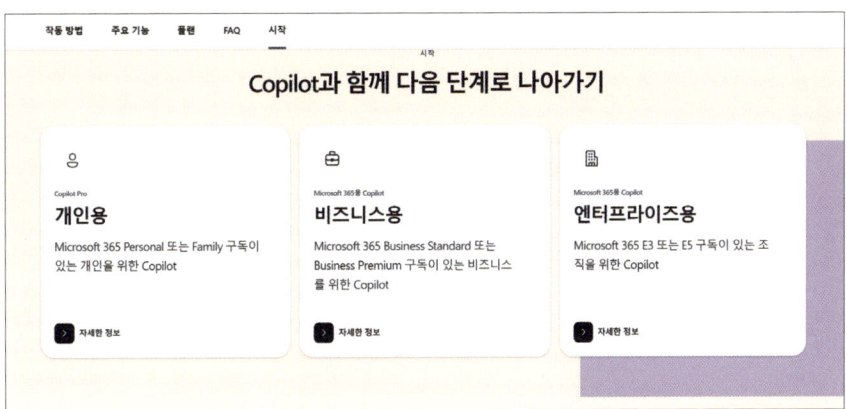

실제로 코파일럿 상세 페이지에서는 개인용 라이선스를 보유한 사용자를 위한 코파일럿 구매 안내가 제공되고 있습니다. 코파일럿 지원이 가능한 개인용 라이선스의 가격은 다음과 같습니다.

개인용 라이선스	
Microsoft 365 Family	119,000원
Microsoft 365 Personal	89,000원

패밀리 요금제의 경우 최대 6명까지 사용이 가능하므로 가장 저렴하게 마이크로소프트 365를 구독할 수 있는 방법입니다. 여기에 개인용 코파일럿인 코파일럿 프로의 구매 가격은 다음과 같습니다.

코파일럿	
Copilot Pro	매월 $20

MS365 코파일럿과 달리 코파일럿 프로는 월 단위 과금을 지원합니다. 개인 사용자는 훨씬 경제적인 요금제로 코파일럿을 사용해 볼 수 있는 것입니다. 게다가 개인 사용자는 무료 버전을 체험해 볼 수도 있습니다. 그렇다면 개인 사용자용 라이선스와 비즈니스용 라이선스에는 어떤 차이가 있기에 가격이 이렇게까지 차이가 나는 걸까요?

여기에는 여러 가지 이유가 있습니다. 우선 대부분의 소프트웨어는 개인용 라이선스를 활용해서 돈을 버는 행위를 금지하고 있습니다. 회사나 공공기관 등에서도 개인용 라이선스 사용이 원칙적으로는 금지되어 있고요. 말 그대로 가정에서, 취미나 자아실현 등 개인적인 용도로만 사용 가능합니다. 그렇기에 개인용 라이선스인 코파일럿 프로에는 업무용 애플리케이션이 모두 빠져 있습니다.

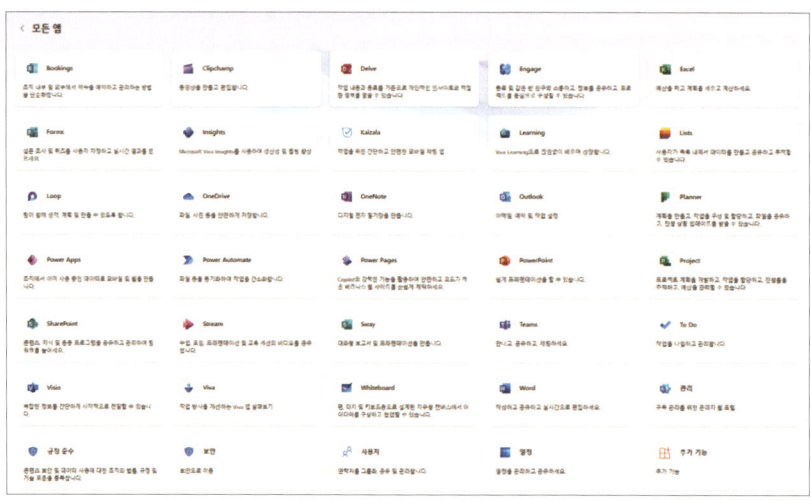

위 그림은 <Microsoft 365 Business Standard 라이선스> 구매 시 기본으로 제공되는 애플리케이션의 목록입니다. 말 그대로 사업에 필요한 모든 소프트웨어를 제공해줍니다. 반면 개인용 마이크로소프트 365 라이선스 구매 시 이용 가능한 소프트웨어의 목록은 이보다 훨씬 적은 개수입니다.

아울러 개인용 코파일럿은 마이크로소프트 생태계의 수많은 애플리케이션 중 다음 앱에서만 제공됩니다.

팀즈, 루프, 화이트보드 등 명백히 업무나 회의를 위해 사용되는 툴에서는 AI를 사용할 수 없다는 점이 코파일럿 프로의 한계점입니다. 사실 일반적인 사무직 종사자나 학생에게는 이정도만으로도 충분합니다. 뒤에서 소개될 엑셀, 워드, 원노트, 아웃룩, 파워포인트 등의 기업용 코파일럿과 개인용 코파일럿의 사용 방법은 대동소이하니 개인용 라이선스를 구매하실 분들께서도 이 책을 그대로 참고하셔도 좋습니다.

코파일럿 개인용 라이선스는 위 URL을 통해 구매 및 체험해 볼 수 있습니다.

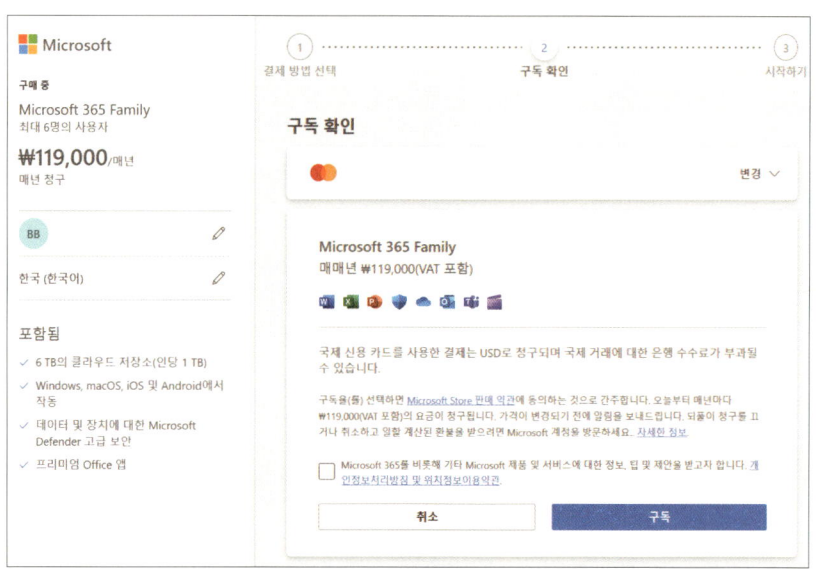

사업자등록이 되지 않은 개인 사용자의 경우 부가세 환입[2]이 불가능한 구조이므로 마이크로소프트 측에서도 부가세가 포함된 가격을 공시하여 두고 있습니다. 이 점을 확인하시어 마이크로소프트 365와 코파일럿 프로 라이선스를 구매하시기 바랍니다.

이 책의 집필 시점에서는 아직 코파일럿 프로가 대한민국에 공식 출시되지 않은 시점이므로 비즈니스 및 엔터프라이즈 라이선스를 기준으로 설명합니다.

---

[2] 사업에 필요한 지출에 대하여, 그 건에 대한 부가세를 환급받는 것. 예를 들어 부가세 포함 11,000원짜리 지출에 대하여 환입을 신청하면 1,000원을 돌려받을 수 있다.

코파일럿 사용을 위한 마이크로소프트 365 신규 구매 절차

기업용 마이크로소프트 365 라이선스에서 동작하는 코파일럿은 개인 고객의 구매가 불가능하므로, 직원 입장에서는 회사가 코파일럿과 연동되는 라이선스를 사용중인지 확인하고 회사 측에 구매를 요청하여 사용해 볼 수 있습니다. 구독형 라이선스가 아니라 공용 CD로 관리되는 설치형 오피스 제품군을 사용중인 조직이라면 코파일럿을 사용할 수 없습니다.

이번 섹션에서는 이번 기회에 코파일럿과 함께 마이크로소프트 365 구독을 시작해 보고 싶은 분들을 위하여 라이선스 확보를 최소비용으로 수행하는 방법을 안내해 드립니다. 이미 마이크로소프트 365 라이선스를 구매한 조직이 코파일럿을 추가로 구매하는 방법은 다음 섹션에서 소개해 드립니다.

1 | 비즈니스 플랜 구매 페이지 접속

01 마이크로소프트 365 비즈니스 플랜 페이지로 접속하여 [플랜 및 가격 비교]를 클릭합니다.

🔗 https://www.microsoft.com/ko-kr/microsoft-365/business

02 [적합한 Microsoft 365 플랜 찾기] 항목에서 [1개월 무료 체험]을 클릭합니다. 혹시 무료 체험이 필요하지 않은 분들께서는 [지금 구입하기]를 클릭해주세요.

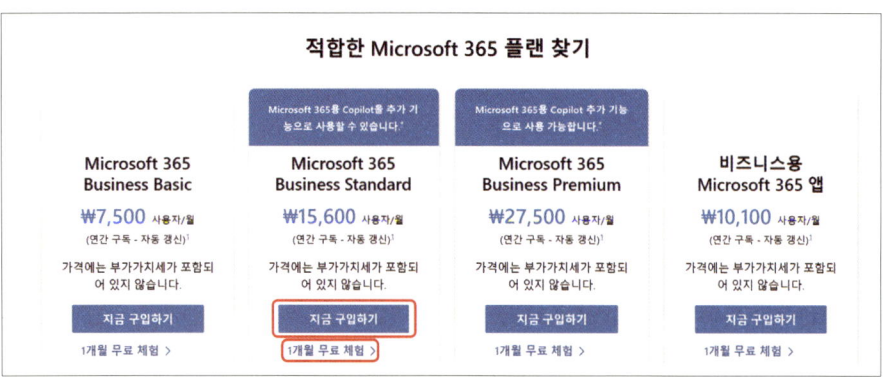

03 평가판 구매 인원을 1인으로 설정하고 [다음] 버튼을 클릭합니다. 일종의 구독권을 구매하는 것이므로 신용카드가 필요합니다. 구매일로부터 1개월간은 무료로 서비스가 제공되고, 그 이후에는 매월 부가세 포함 17,160원[3]이 결제됩니다.

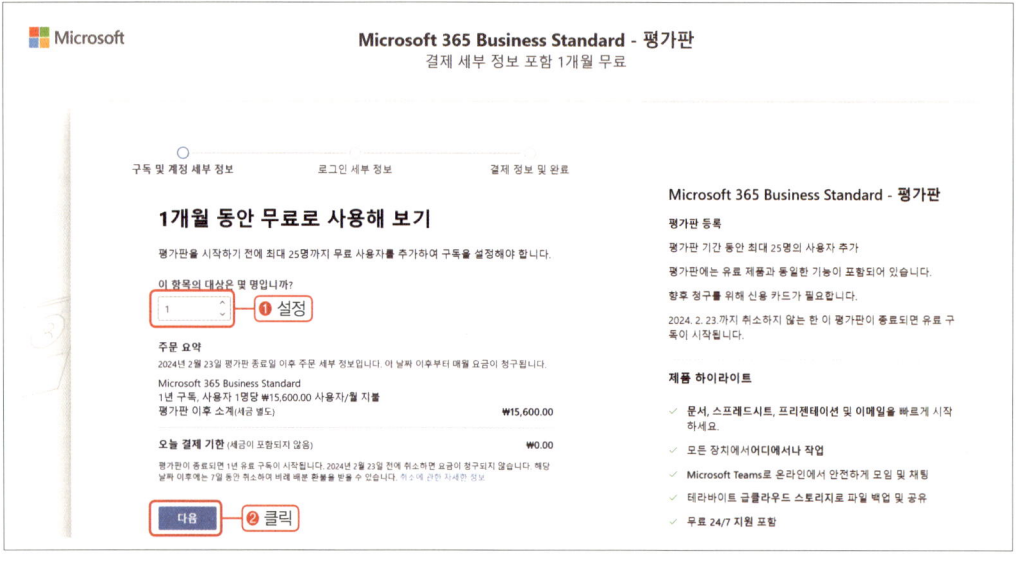

---

3) 마이크로소프트 제품군의 가격에는 부가세가 포함되어 있지 않아, 실제로는 기재된 가격보다 10% 더 많은 금액이 결제됩니다. 컴퓨터를 사용하는 대부분의 과세사업자는 마이크로소프트 365 및 코파일럿 구매 항목에 대한 부가세 환원을 받을 수 있습니다.

2 계정 생성

01 계속해서 직장 또는 학교 메일 주소를 입력합니다. 직장 또는 학교 메일 주소가 없는 분들께서는 개인 이메일을 입력하여도 괜찮습니다.

02 중복 가입된 계정이 없다면 다음과 같이 [계정 설정] 버튼이 활성화됩니다.

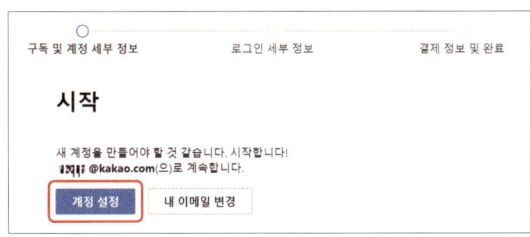

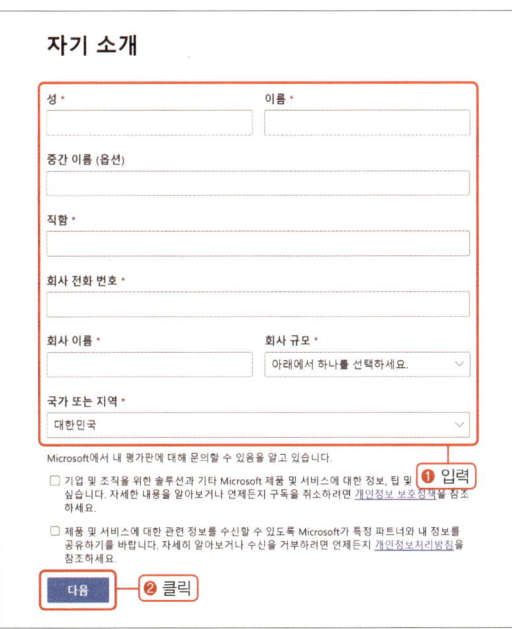

03 개인정보를 입력하는 창이 표시되면, 개인정보를 모두 입력한 후 [다음] 버튼을 클릭합니다. 성과 이름은 영문으로 입력하는 것을 추천합니다. 만약 현재 재직중인 회사가 따로 있고, 회사와는 별개로 개인적으로 코파일럿을 체험하고 싶으시다면 회사 이름을 "임시 회사" 등 임의로 기재하셔도 됩니다. 단, 로그인할 때마다 회사 이름이 표시되므로 추후에 매일같이 접하더라도 후회하지 않으실 이름으로 기재하는 것을 권장합니다.

04 그런 다음 문자 또는 전화로 사용자 인증을 수행해야 합니다. 인증 문자와 전화는 해외에서 발송되므로, 혹시 기다려도 연락이 오지 않는다면 스팸함을 확인해주세요.

05 이후 새로운 이메일을 생성하게 됩니다. 이메일의 사용자 이름과 도메인 이름을 입력해주세요. 도메인 이름 뒤에 ".onmicrosoft.com"이라는 문구가 붙은 아웃룩 이메일 계정이 새롭게 생성됩니다. 필드 입력이 끝났다면 [다음] 버튼을 클릭해주세요. 새로운 계정과 메일 환경이 세팅됩니다.

3 | 결제

01 이제 최종적으로 결제 수단을 추가해야 합니다. Visa, Amex, Mastercard 결제만 지원합니다. 해외원화결제로 분류되니 결제 전 카드 앱에서 해외결제 관련 설정을 미리 확인해 주시기 바랍니다.

02 결제가 완료되면 방금 만든 이메일 계정을 활용해 로그인합니다.

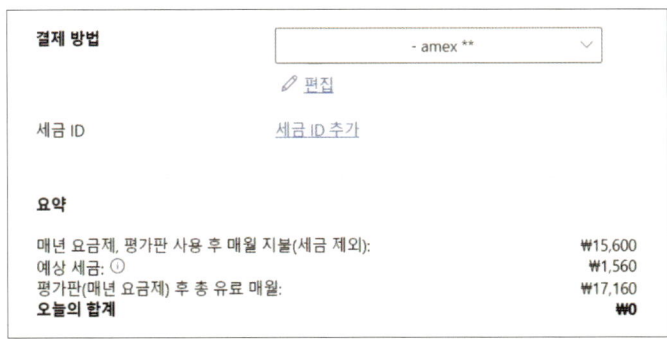

4 | 관리 센터 진입

01 로그인 시 Microsoft 365 관리 센터로 접속할 수 있습니다. [계속]을 눌러 페이지를 넘깁니다.

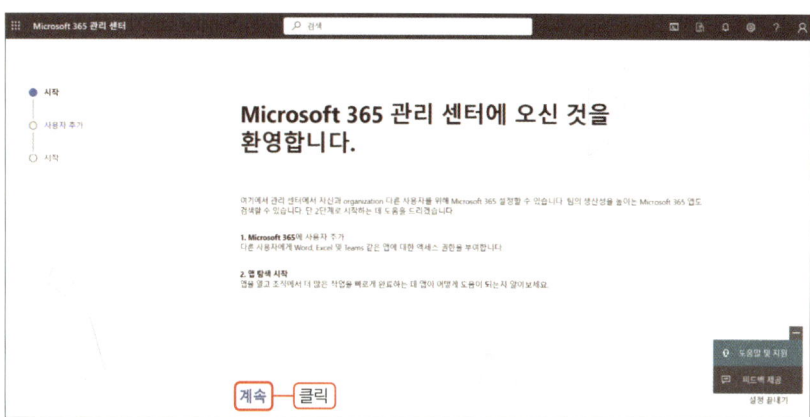

02 추가로 사용자를 추가할 수 있는 화면이 표시됩니다. 다른 직원들에게도 라이선스를 부여하려면 여기서 새로운 계정을 만들고 그 계정을 직원들에게 나눠주게 됩니다. 이때 사용자가 1명 추가될 때마다 매월 결제되는 금액이 증가합니다. 사용자 추가는 나중에도 할 수 있으니 [건너뛰기]를 누릅니다.

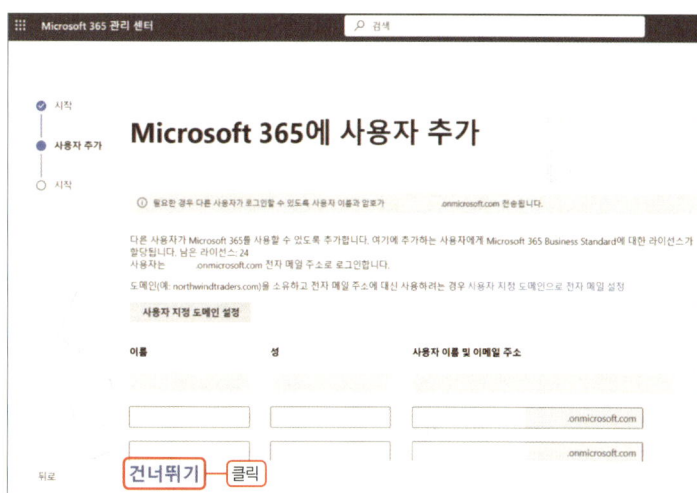

03 다음과 같이 사용자 페이지로 넘어가서 사용자 이름을 클릭합니다.

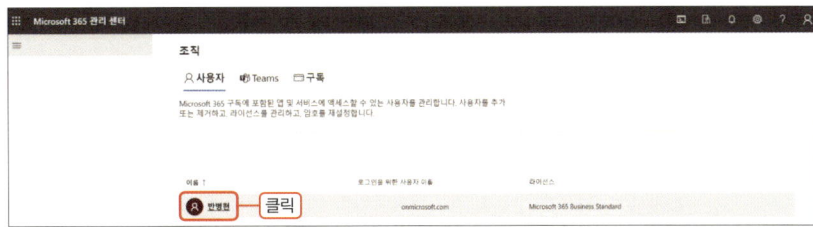

04 다음과 같은 화면으로 연결되었다면 기본적인 마이크로소프트 365 구매와 환경설정이 모두 끝났습니다. 로그인할 때마다 "~.onmicrosoft.com" 이메일을 모두 타이핑하는 것이 번거롭거나 나만의 특별한 이메일 주소를 사용하고 싶으시다면 화면에서 <사용자 지정 도메인으로 전자 메일 설정>을 눌러 비즈니스용 도메인을 연결할 수 있습니다.

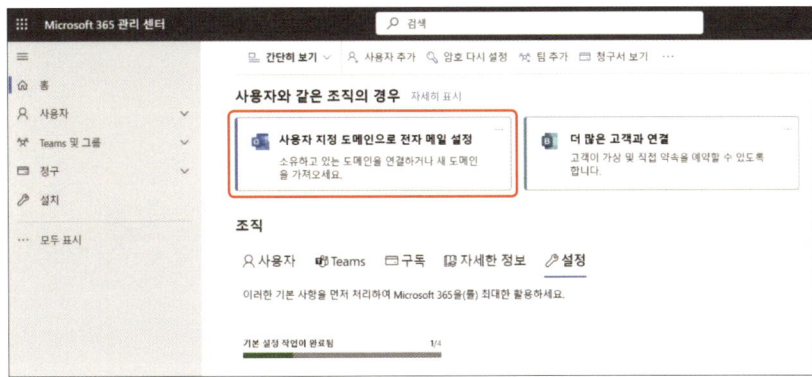

이것은 [부록 01. Microsoft 365에 커스텀 도메인 이메일 연결하기]에서 다뤄보도록 하겠습니다. 여기까지만 수행하시더라도 코파일럿 구매와 활용은 가능한 상태입니다.

코파일럿 라이선스 구매와 할당

1 | 관리자 센터 진입

마이크로소프트 365 관리자 계정으로 로그인하여 관리 센터로 접속합니다. 마이크로소프트 365 오피스 공식 홈페이지(https://www.office.com)에 접속하시어 좌측 메뉴 바의 [관리] 항목을 선택하시면 관리 센터로 접속할 수 있습니다.

2 | 라이선스 구매

01 관리 센터 좌측 메뉴에서 [청구]-[서비스 구매]를 선택합니다. 그리고 우측 화면에서 [모든 제품] 메뉴를 선택합니다.

02 [모든 제품] 탭 우측의 검색창에 "copilot"을 입력하면 코파일럿을 구매할 수 있습니다. 가격도 확인할 수 있고요. 마이크로소프트 365와 달리 코파일럿은 무료체험 버전이 제공되지 않습니다. 여기 기재된 가격에 부가세를 더한 금액이 결제됩니다. [세부 정보] 버튼을 클릭합니다.

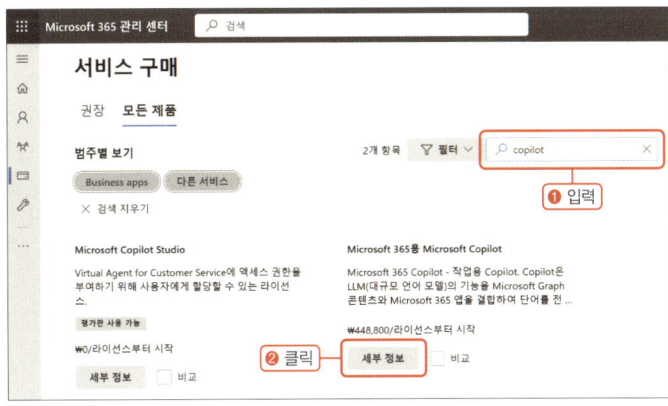

03 라이선스 구매 수량과 구독 기간, 청구 빈도를 결정하고 [구입] 버튼을 눌러 구매를 진행합니다. 마찬가지로 신용카드 해외원화결제 형태로 결제가 진행됩니다.

04 결제가 완료되면 화면 우측 팝업에서 [구독 관리] 페이지로 넘어갈 수 있는 버튼이 활성화됩니다. 이 버튼을 클릭합니다.

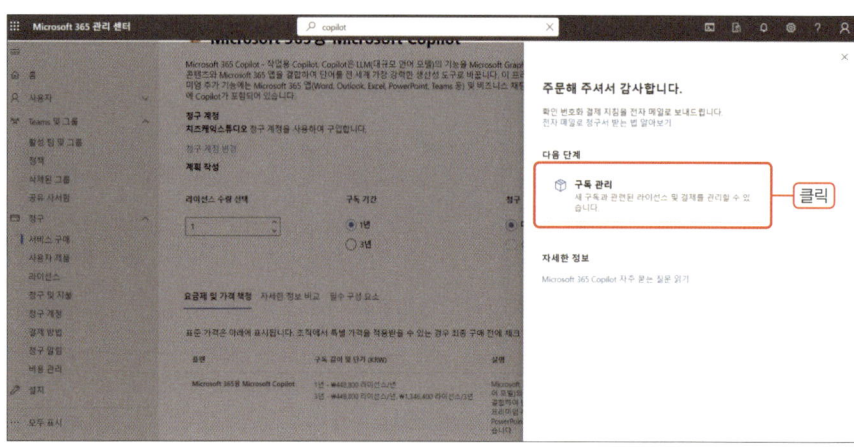

3 | 라이선스 할당

01 코파일럿 라이선스 관리 페이지가 표시됩니다. 구매 직후에는 다음 그림과 같이 "보류 중"이라는 메시지가 표시될 수 있으나, 1분 가량 기다렸다가 새로고침을 하면 구독 상태가 활성화됩니다.

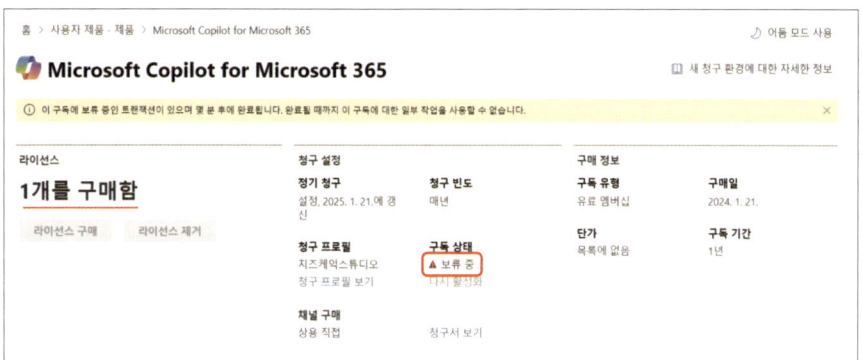

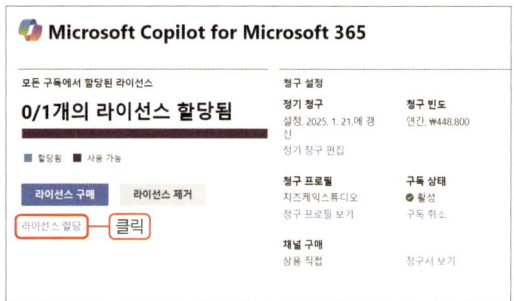

02 구독 상태가 활성된 뒤의 화면입니다. 현재 총 1개의 라이선스를 보유중이며, 그 중 0개의 라이선스가 사용자 계정에 할당되었다고 표시되고 있습니다. [라이선스 할당] 메뉴를 클릭합니다.

03 라이선스 할당 화면으로 이동됩니다. 여기서 다시 하단의 [라이선스 할당] 버튼을 클릭합니다.

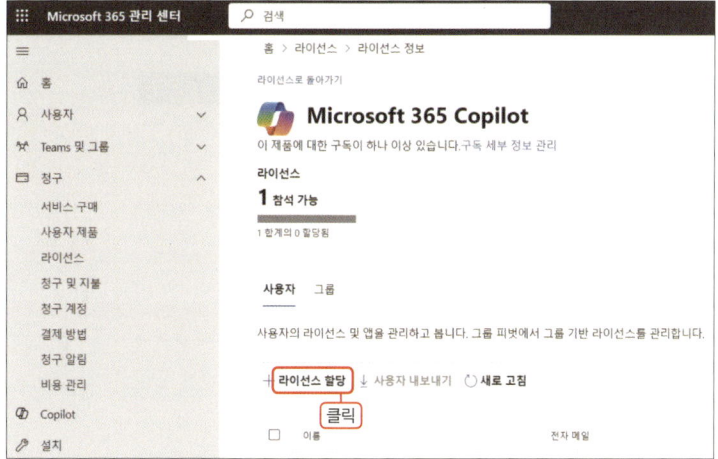

04 브라우저 우측에서 [사용자에게 라이선스 할당] 메뉴가 팝업됩니다. 검색창을 클릭하여 라이선스를 부여할 계정을 선택하고 [할당] 버튼을 클릭합니다.

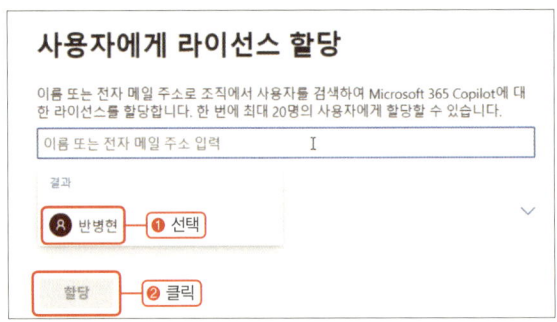

05 라이선스 할당이 완료되었습니다! 이제 이 계정으로 Office 앱에 로그인하면 코파일럿 메뉴가 자동으로 활성화됩니다! 혹시 직원에게 할당한 경우에는 이메일로 관련 안내를 전송할 수도 있습니다.

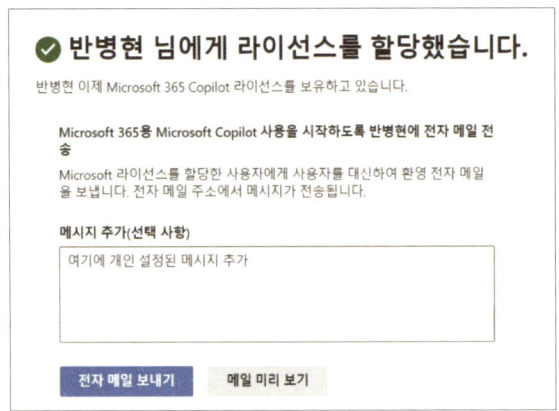

06 코파일럿 구매 이후 [청구]-[라이선스] 탭을 살펴보시면 다음과 같이 마이크로소프트 365와 코파일럿의 라이선스가 각각 표시되는 것을 확인할 수 있습니다.

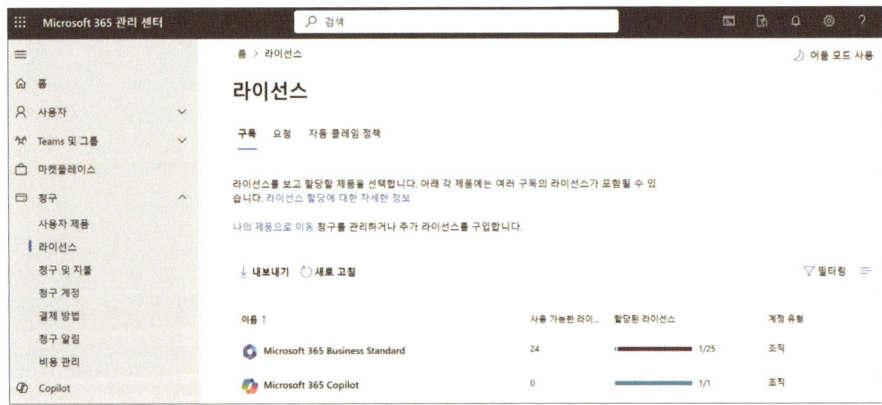

코파일럿 설치

1 오피스 재재설치 필요 여부 확인

01 <윈도우(시작)> 키를 누르고 "제어판"을 입력해 제어판을 실행합니다.

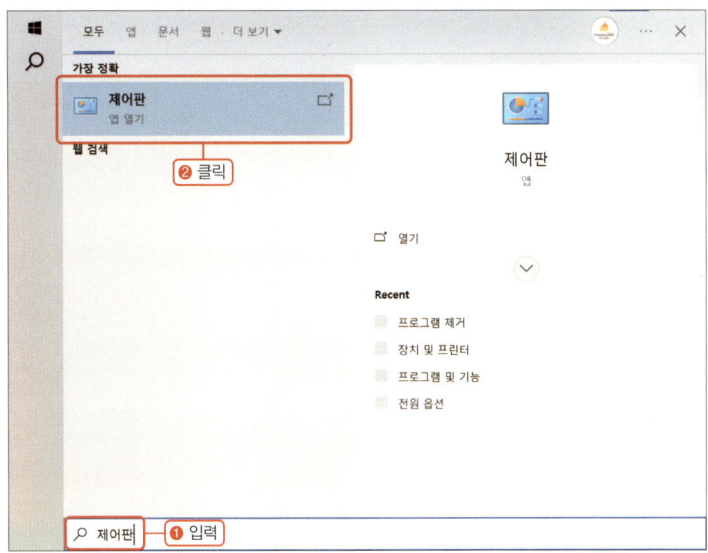

02 메뉴 항목 중 [프로그램 제거]를 클릭합니다.

03 [프로그램 제거 또는 변경] 목록에 다음과 같이 "비즈니스용 Microsoft 365 앱", 혹은 "엔터프라이즈용 Microsoft 365 앱", "엔터프라이즈용 Office 365 앱" 등의 프로그램이 존재한다면 별도의 소프트웨어를 설치할 필요가 없습니다. 로그인된 계정만 바꿔 주면 됩니다.

2 | 설치가 필요하지 않은 경우 계정 업데이트

01 설치가 필요하지 않은 경우, 워드나 엑셀 등 아무 오피스 앱을 실행합니다.

02 상단 메뉴에서 현재 로그인된 계정을 클릭합니다. 팝업 메뉴 하단에서 [다른 계정으로 로그인]을 클릭하고 코파일럿 라이선스를 보유한 계정으로 로그인합니다. 이어 모든 오피스 소프트웨어를 한 차례 종료하고 재시작합니다.

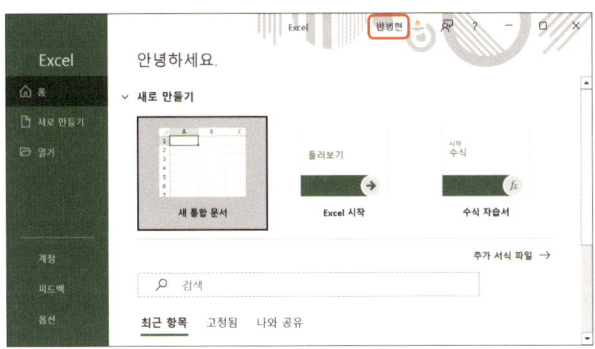

03 사용하시는 앱의 버전에 따라 다음과 같은 팝업창이 생겨날 수도 있습니다. 로그인 이후 "모든 애플리케이션에서 로그인 유지" 메뉴를 선택하여 PC에 설치된 모든 마이크로소프트 앱에서 신규 계정의 라이선스를 할당받을 수 있도록 설정합니다.

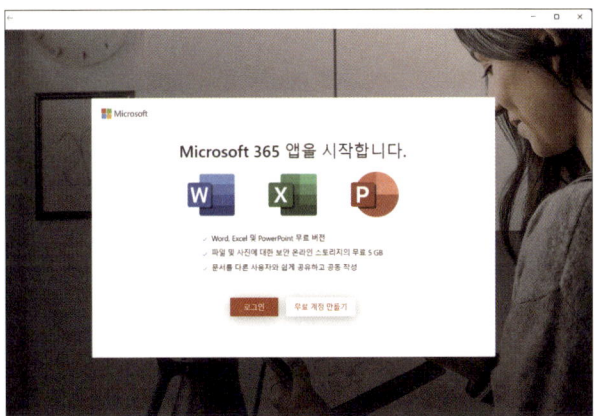

04 재실행된 앱에서 다음과 같이 오피스 앱 우측 상단에 코파일럿 버튼을 확인할 수 있습니다.

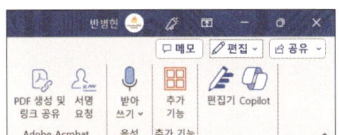

3 | 설치가 필요한 경우

01 먼저 제어판의 [프로그램 제거 또는 변경]에서 Office 365, Microsoft 365, 오피스 등의 키워드로 검색되는 소프트웨어를 전부 삭제합니다. 오래된 버전을 사용중이시라면 엑셀, 워드, 파워포인트, 원드라이브 등을 하나하나 각각 삭제해야 할 수도 있습니다. 삭제 이후에는 다음과 같이 마이크로소프트 365 관리자 패널의 [설정] 탭에서 마이크로소프트 365 앱을 설치할 수 있습니다.

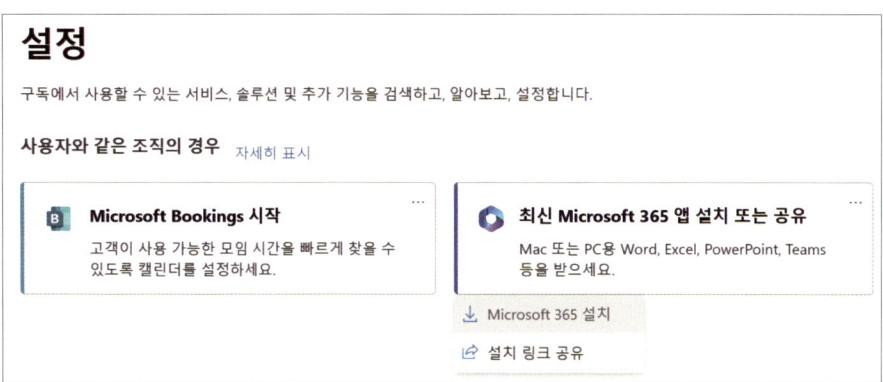

02 혹은 마이크로소프트 오피스 홈페이지에 로그인하여 우측의 [앱 설치]를 클릭하여 앱을 설치할 수도 있습니다.

https://office.com

03 라이선스를 보유한 계정으로 [앱 설치]를 선택하면 [프리미엄 Microsoft 365 앱] 설치 메뉴가 활성화됩니다. 이 버튼을 클릭하여 설치를 진행합니다.

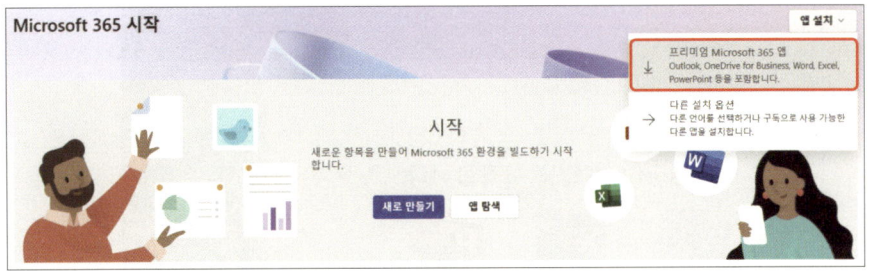

04 다운로드한 설치 파일을 실행하면 다음과 같이 온라인 스트림으로 세부 애플리케이션의 설치가 시작되며, 설치가 진행되는 동안 인터넷 연결이 필요합니다.

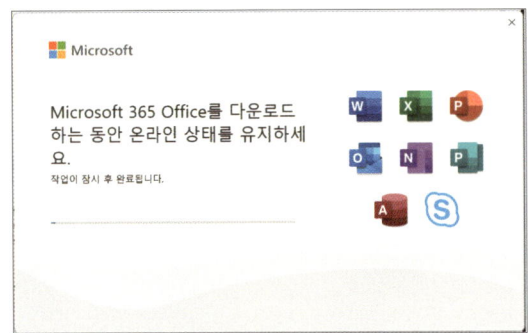

05 설치가 완료되면 윈도우 알람 센터에서 알람 위젯이 표시됩니다.

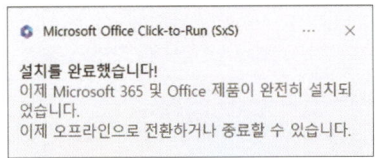

06 설치 화면은 다음과 같은 형태로 변경됩니다. [닫기(C)] 메뉴를 눌러 설치 창을 닫아줍니다.

07 코파일럿 라이선스를 할당받은 계정으로 로그인하면 설치가 완료됩니다.

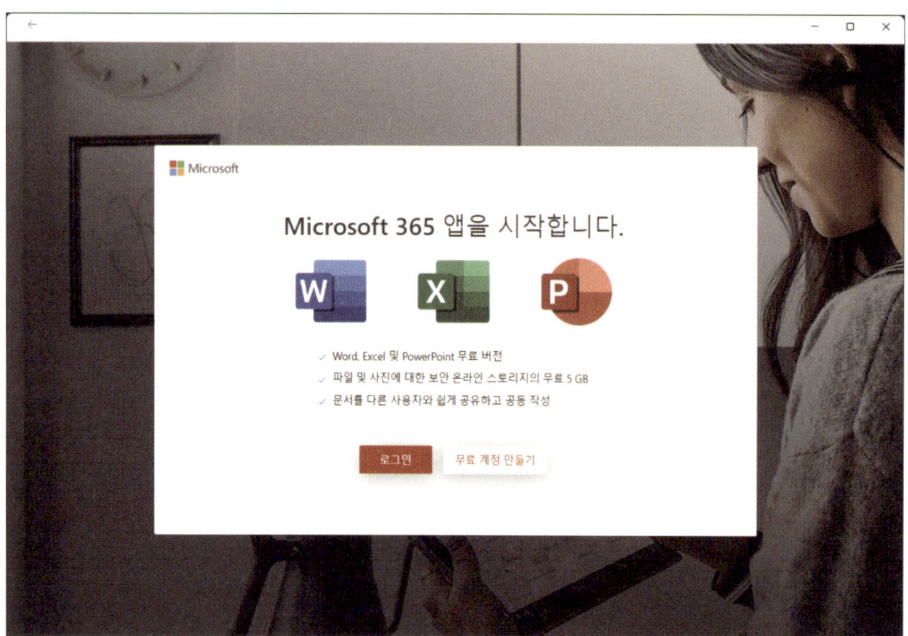

CHAPTER 03

GPT-4 기반 AI 비서, M365 Chat

01_ M365 Chat의 실행 방법
02_ 한국어 지원과 관련된 정보
03_ 묻기, 답하기, 생성하기

코파일럿의 정체는 GPT-4입니다

현재 알려진 코파일럿의 엔진은 OpenAI사의 GPT-4 모델입니다. GPT-4의 압도적인 사고능력에 힘입어 코파일럿이라는 스마트한 업무 보조 소프트웨어가 만들어진 것입니다. GPT-4는 대학원이나 로스쿨에 입학하기에 충분한 실력을 갖췄습니다. 미국 사법시험에서는 커트라인보다 30점을 넘겨 상위 10% 성적으로 합격할 수 있으며, 생물올림피아드에서는 상위 1% 이내의 성적을 받을 수 있을 정도로 똑똑합니다. 즉, GPT-4는 이미 대다수의 인류보다 똑똑합니다.

구술시험이나 논리가 중요한 시험에서도 높은 점수를 받은 것으로 미루어보건대 단순히 지식을 많이 암기한 기계가 아니라 고등사고의 영역에서도 인간을 앞서 있다고 보는 것이 타당할 것으로 생각됩니다. 여하튼, 이렇게 똑똑한 인공지능이 코파일럿에 탑재되어 있습니다. 우리는 언제 어디서든지 가장 똑똑한 AI의 지혜를 빌려 사용할 수 있게 되었습니다. 원래 GPT-4를 이용하려면 OpenAI사에 매월 20달러를 내야 합니다만, 마이크로소프트사가 GPT-4 모델을 받아와 사용하고 있으므로, 마이크로소프트가 출시한 소프트웨어들 다수에 기본적으로 GPT-4가 탑재되어 있습니다. 코파일럿 또한 마찬가지입니다.

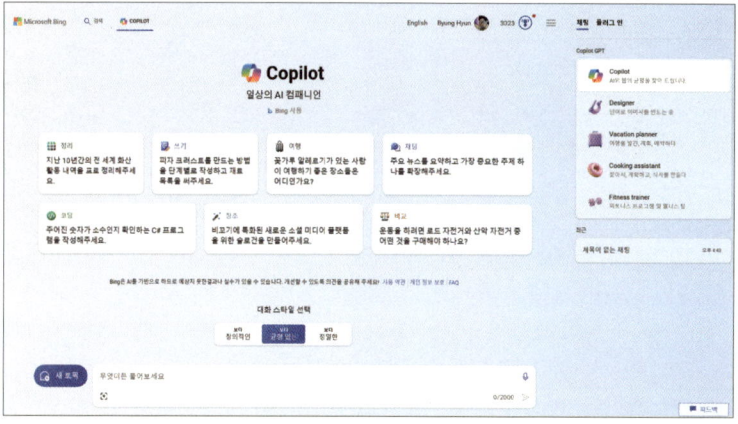

특히나 엣지 브라우저에서 활성화되는 빙 코파일럿은 무료로 공개된데다가, 검색엔진과 연동까지 되어 있어 무척이나 많은 사람들의 관심을 받았습니다. 하지만 빙 코파일럿의 경우 외부 비즈니스 툴과 연결되어 있지 않아 이메일을 요약해 준다던가 하는 작업을 수행할 수 없습니다.

반면 엑셀, 워드, 파워포인트 등 마이크로소프트 365 앱과 연동되어 있는 코파일럿 채팅창도 있습니다. 바로 Microsoft 365 Chat, 줄여서 M365 Chat 기능입니다. M365 Chat을 사용하면 역사상 가장 똑똑한 인공지능이 여러분의 니즈를 순식간에 파악하고, 오피스 애플리케이션과 연동하여 자동화된 업무 환경을 제안해주기까지 합니다. 무척이나 유능한 개인용 비서 같은 솔루션이지요.

지금부터 M365 Chat을 사용하는 방법을 살펴보겠습니다.

M365 Chat의 실행 방법

1 | 윈도우 11의 경우

01 윈도우 11의 경우 Microsoft 365 앱에서 바로 M365 Chat을 실행할 수 있습니다. <윈도우(시작)> 키를 누르고 Microsoft 365를 검색하면 다음과 같은 앱이 검색됩니다.

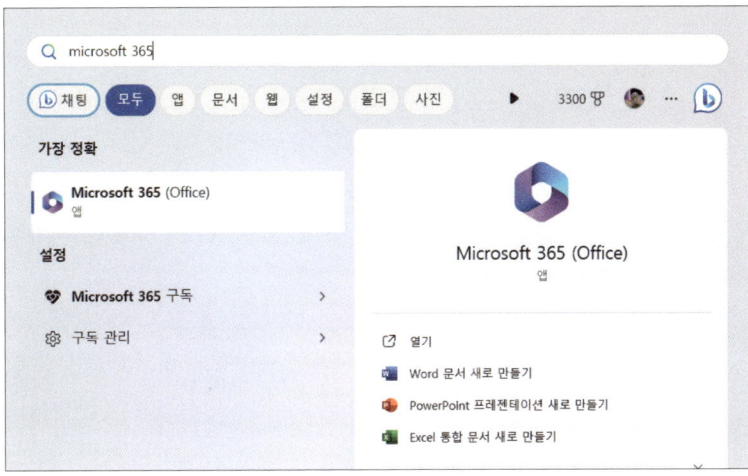

02 또는 다음과 같이 Microsoft 365 앱 설치 과정에서 자동으로 시작 메뉴에 앱 아이콘이 등록되기도 합니다. 여하튼, [Microsoft 365 (Office)] 앱을 실행합니다.

03 앱 실행 후 왼쪽 메뉴 바에서 [Copilot] 아이콘을 클릭하면 M365 Chat이 실행됩니다.

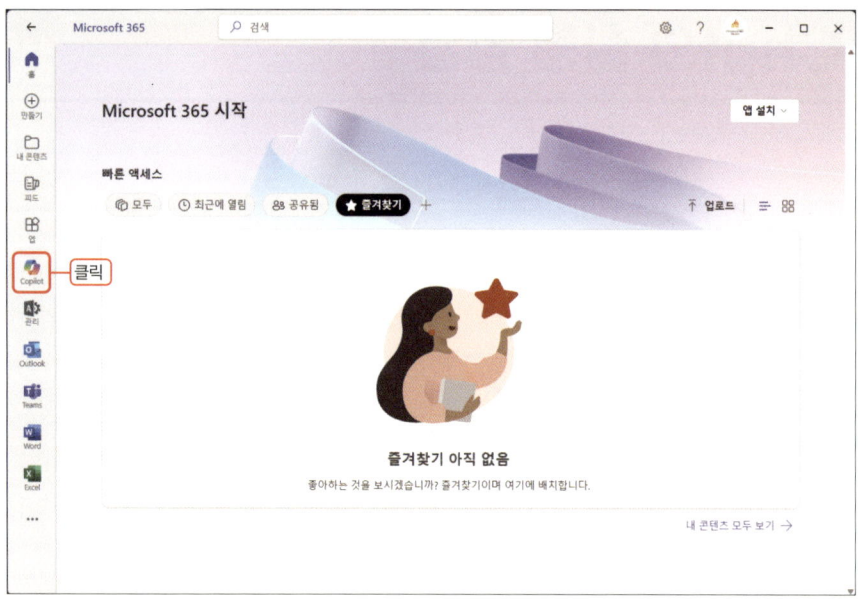

04 단, 윈도우 10 이전 버전을 사용중이시거나 윈도우 11을 사용중이더라도 운영체제의 라이선스나 다운로드한 패키지의 종류에 따라 이 앱이 활성화되지 않는 경우도 있습니다. 이 경우에는 이후에 소개드릴 방법으로 M365 Chat을 실행해 주시기 바랍니다.

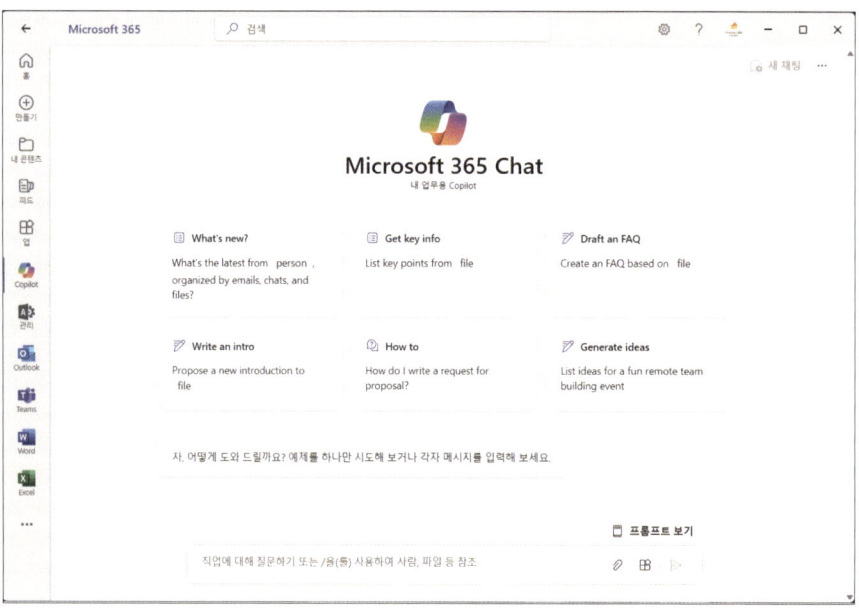

2 | 팀즈에서 접근하기

01 팀즈에 로그인한 후 [더 많은 앱 보기] 버튼을 클릭합니다.

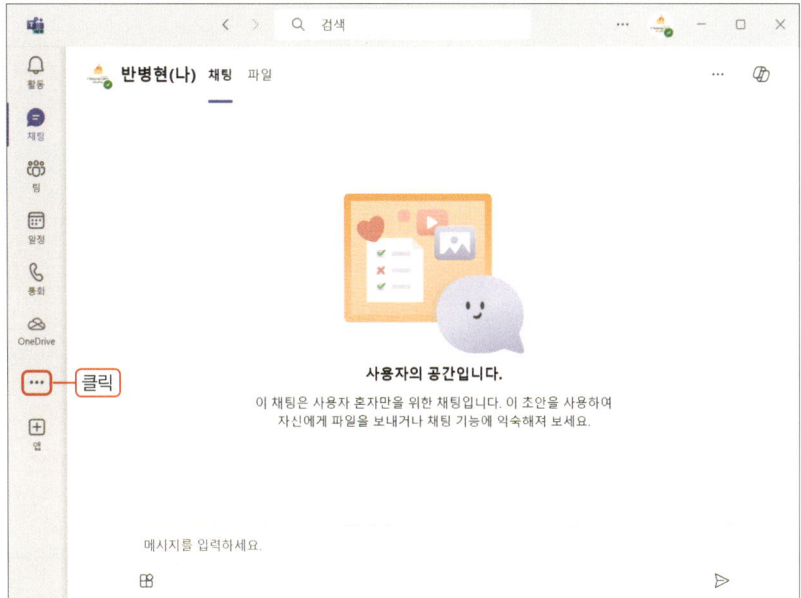

02 팝업에서 [Copilot]을 선택합니다.

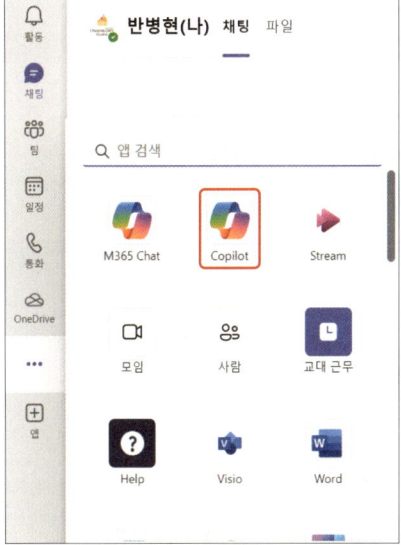

03 팀즈 화면에서 M365 Chat이 실행됩니다. 이때 앱 선택 화면에서 [M365 Chat]이 아니라 [Copilot]을 선택한 이유가 궁금하신 분도 계실 것입니다. [M365 Chat]을 선택할 경우 별도의 화면에서 작업을 마무리할 수 있는 형태로 UI가 제공되지 않습니다. 반면 [Copilot]을 선택하시면 다음 그림과 같이 작업을 위한 지시문과 함께 별도의 창이 펼쳐져 훨씬 사용이 용이합니다.

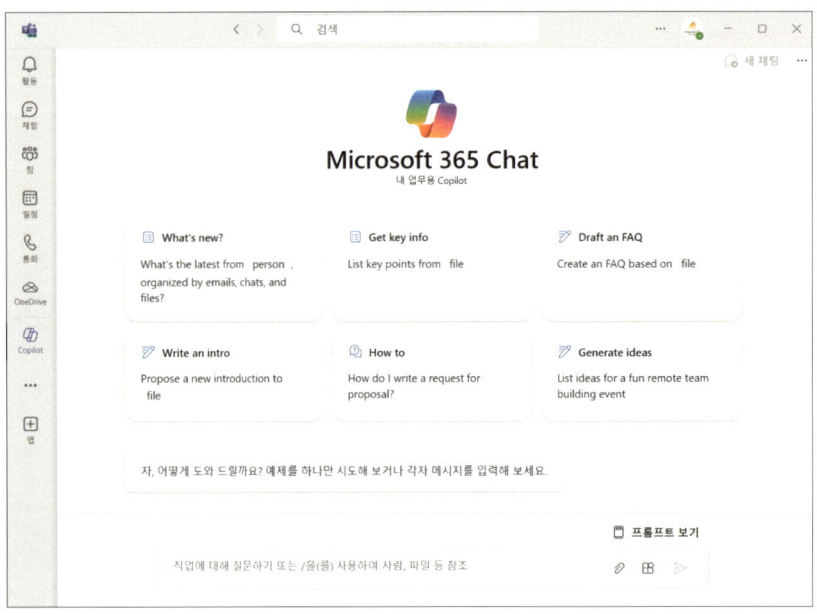

04 반면 [M365 Chat] 메뉴를 선택한 경우, 별도의 애플리케이션 탭이 아니라 [채팅] 기능 안에서 새로운 채팅방이 하나 생겨납니다. 슬랙의 봇(Bot)과 유사하게 코파일럿 기능을 메신저 형태로 관리할 수 있다는 점에서 유용합니다. 둘 다 동일한 기능을 제공하므로 여러분께서 사용하시기 편한 방법을 선택하시기 바랍니다.

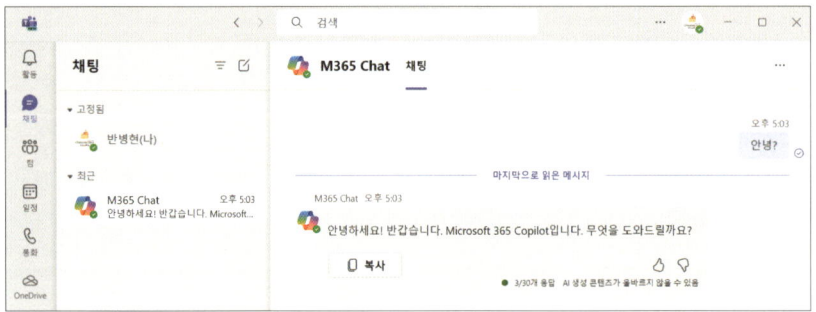

조직 내에서 팀즈를 활용한 의사소통이 매우 활성화되어 있는 경우나, 코파일럿 이외의 다른 앱을 자주 사용하시는 경우에는 [M365 Chat] 메뉴를 사용하면 조금 더 작업이 수월할 수 있습니다. [앱 더 보기] 아이콘 슬롯에는 최근 사용한 앱 1건의 바로 가기 탭만 저장되기 때문입니다.

3 | 웹 접근

오피스 공식 사이트에서 [Microsoft 365] 앱과 동일한 UI의 화면을 만날 수 있습니다. 윈도우 11의 경우와 마찬가지로 좌측 메뉴 바에서 [Copilot]을 눌러 [M365 Chat]을 실행할 수 있습니다.

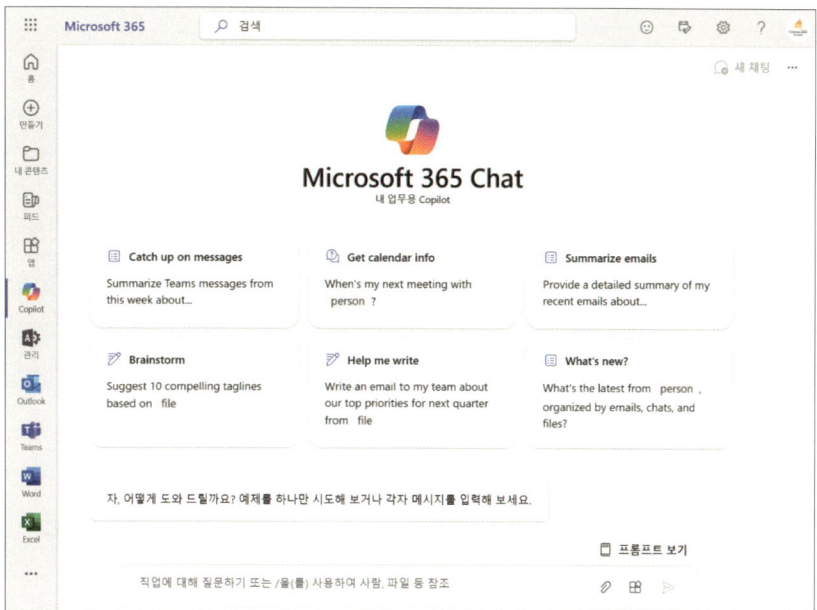

https://office.com

02 한국어 지원과 관련된 정보

2024년 1월 기준으로 코파일럿은 아직 한글을 지원하지 않습니다. "안녕"과 같은 간단한 인사말은 알아듣지만, 보다 구체적인 요구나 질문을 할 경우 아직 지원되지 않는 언어라는 답변이 되돌아 옵니다.

공식 홈페이지에 기재된 지원 언어는 아래와 같습니다. 한국에서 개인사용자를 위한 코파일럿 프로가 아직 출시되지 않은 것 역시, 한국어가 제대로 지원되지 않기 때문인 것으로 생각합니다. 보도자료에 따르면 2024년 상반기 안에 한국어 지원이 업데이트될 것이라는 MS 관계자의 발언이 있었다고 합니다. 현재 팀즈의 일부 기능에서는 코파일럿을 한국어로 사용하는 것이 가능합니다.

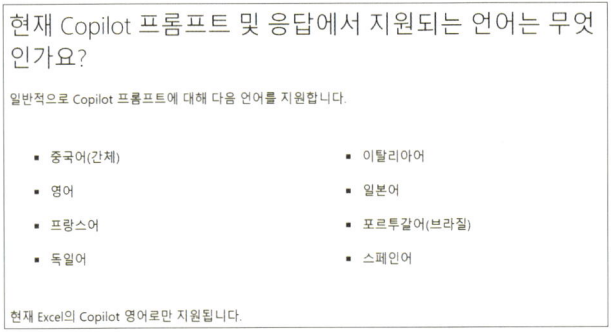

팀즈의 채팅 기능입니다. 채팅방을 활성화하면 우측 상단에 코파일럿 아이콘이 생깁니다. 이 아이콘을 클릭하면 우측에서 채팅창이 팝업되고, 여기서 코파일럿이 채팅 내용을 토대로 작동합니다.

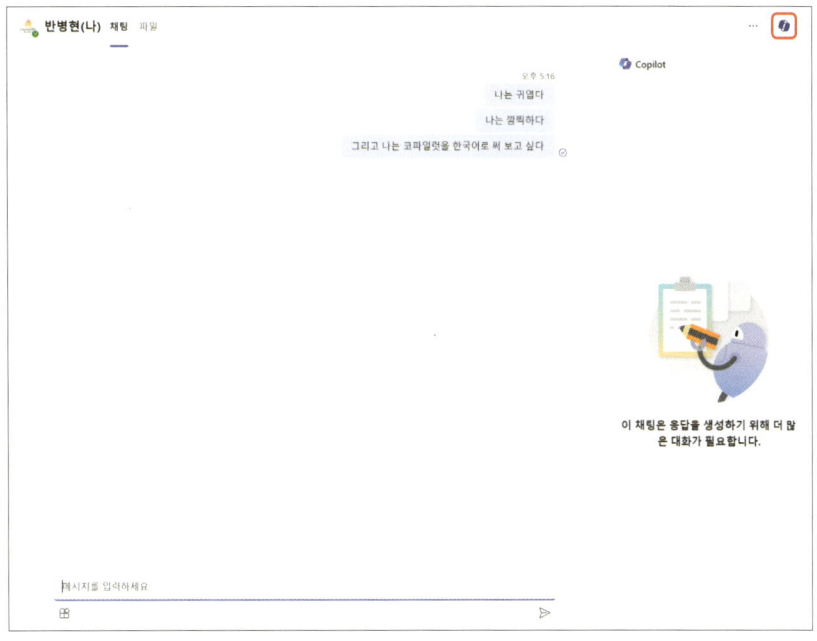

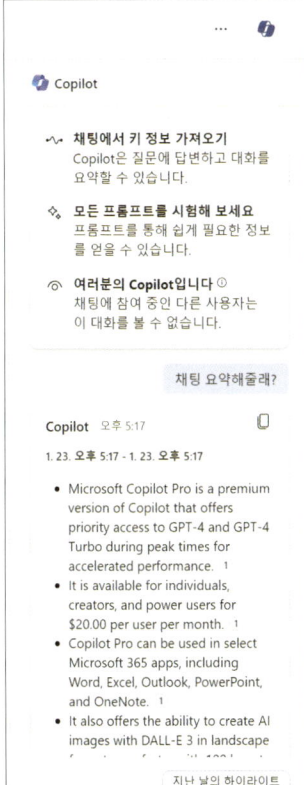

상당한 분량의 텍스트를 입력하면 우측 코파일럿 채팅창에서 한국어로 된 이용 안내문이 출력됩니다. 여기서는 한국어로 질문을 하더라도 코파일럿이 찰떡같이 잘 알아듣습니다.

이미 코파일럿에는 한국어를 알아듣는 데 필요한 기술적인 준비물은 모두 구현이 되어 있는 것으로 보입니다. 성능도 꽤나 준수한 것으로 생각되고요. 영어에 비해 실제 앱을 작동시켜 업무를 반자동으로 수행하는 과정에서 무언가 매끄럽지 못한 부분이 있어 공개일자를 늦추고 있나 봅니다.

혹은 한국어로 된 기상천외한 욕설이나, 선정적인 메시지 등을 검열하는 방침을 세우기 위해 상당히 시간이 소요되고 있는 것이 아닐까 생각됩니다. 그리고 그마저도 이미 완성도가 높은 수준에 도달한 것으로 보입니다. 이것이 필자가 코파일럿의 한국어 지원이 조만간 개시될 것으로 기대하는 이유입니다.

여하튼, 이 책을 집필중인 2024년 1월 현재 기준으로는 코파일럿이 한국어를 알아듣지 못하는 경우가 훨씬 더 많으므로 책에서 소개드릴 채팅이나 문서작업 자동화의 예시에 영어로 작성된 사례가 다수 포함될 수 있는 점 양해 부탁드립니다. 일부 사례의 경우, 이해를 돕기 위하여 대화 내역이 한국어로 번역되어 수록될 수도 있습니다.

자, 그러면 M365 Chat으로 할 수 있는 다양한 일들에 대해 살펴보겠습니다.

03

묻기, 답하기, 생성하기

M365 Chat의 본질은 GPT-4를 탑재한 채팅창이므로 챗GPT나 바드 등 챗봇 서비스에서 활용 가능한 기본적인 질의응답 기능은 모두 사용할 수 있습니다. 챗GPT보다 조금 더 나은 점은, 할루시네이션을 줄이기 위한 장치들이 탑재되어 있다는 부분입니다. 다음 그림이 M365 Chat의 채팅 기능을 단적으로 보여주는 좋은 사례입니다.

M365 Chat은 챗GPT와 다르게 자신이 잘 모르는 정보가 있으면 사용자의 동의를 구하고 인터넷에서 검색을 수행합니다. 엣지 브라우저에 탑재된 코파일럿과 사실상 거의 동일한 인공지능이라 생각하셔도 좋습니다. 다만, 검색을 한다고 해서 항상 정확한 정보를 제공할 수 있는 것은 아닙니다. 위 그림에서 M365 Chat은 잘못된 정보를 전달하고 있습니다. 빙 검색엔진 자체의 검색 품질이 구글이나 네이버에 비해 부정확합니다. 따라서 빙에서 검색한 결과를 토대로 생성된 답변에는 얼마든지 잘못된 것이 존재할 수 있지요.

지식과 정보를 물어보는 용도로 사용시에는 여러모로 빙 코파일럿과 비슷한 수준의 효용성과 한계를 공유하는 도구라고 생각하시면 좋겠습니다. 단순한 채팅을 통해 아이디어를 요청하거나 문장을 확장하여 긴 글을 작성하는 작업의 효용성 역시 비슷합니다.

마이크로소프트에서는 코파일럿을 사용할 경우 GPT-4 챗봇을 사용할 수 있다고 홍보를 하고 있습니다만, 채팅의 성능 자체는 OpenAI의 GPT-4에 서비스를 유료로 구독하는 것에 비하여 품질이 떨어지는 부분이 있다는 점을 염두해야 합니다.

다음 장에서부터는 본격적으로 마이크로소프트의 제품에 탑재된 챗봇이기에 할 수 있는 일들을 소개합니다. MS 오피스의 다른 앱들과 소통하거나, 파일을 직접적으로 읽어오는 등 재미있는 기능이 많습니다.

CHAPTER 04

M365 Chat과 함께하는 사무 업무의 자동화

01_ 채팅창에서 이메일 관리하기
02_ 슬래시(/)를 활용한 이메일 자동화
03_ 슬래시(/)를 활용한 워드 파일 자동화
04_ 슬래시(/)를 활용한 PPT 파일 자동화
05_ 슬래시(/)를 활용한 엑셀 xlsx 파일 자동화
06_ 슬래시(/)를 활용한 분 단위 근태 관리 자동화
07_ 그 외 어떤 신기한 일들이 가능할까요?

01

채팅창에서 이메일 관리하기

코파일럿을 활용하면 최근에 수신한 이메일을 관리하는 것이 가능합니다. 예시를 먼저 보여드리겠습니다.

코파일럿은 여러분의 마이크로소프트 계정 권한을 빌려 아웃룩 메일 수신함을 열람할 수 있습니다. 그래서 다음과 같이 최근에 온 이메일들을 요점만 집어 한 문장으로 요약해주는 작업을 수행하는 것도 가능하지요. 이메일을 많이 주고받는 분들께는 무척이나 유용한 기능입니다. 단, 한계도 있습니다.

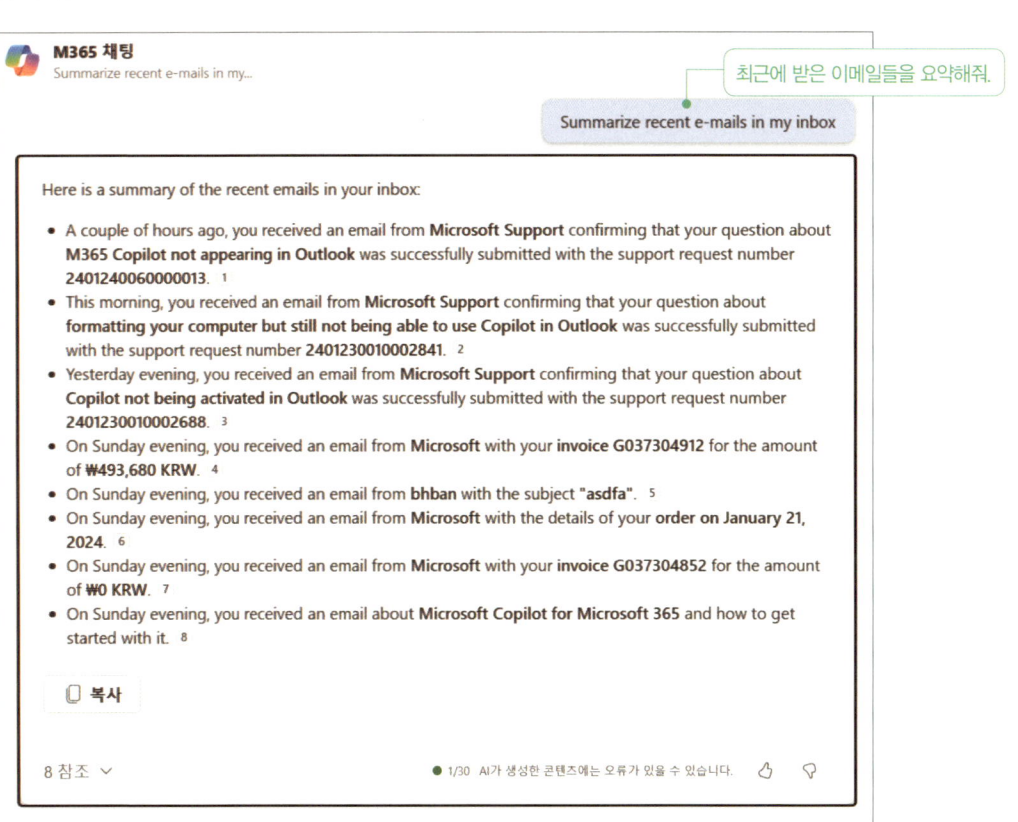

코파일럿은 마이크로소프트 365에 등록된 아웃룩 이메일 계정에만 접근할 수 있다는 점이 명확한 한계입니다. 아웃룩 앱에서는 Gmail과 같은 외부 메이저 이메일 서비스나 IMAP/POP3를 지원하는 대부분의 국내 이메일 서비스를 지원합니다. 하지만 이렇게 등록된 외부 이메일 계정에 M365 Chat이 접근하는 것은 차단되어 있습니다.

> Can't you access '＿＿＿＿＠gmail.com' account via outlook app?

아웃룩 앱을 통해서 'xxxxx@gmail.com' 계정에는 접근할 수 없습니까?

> I'm sorry, but I am not able to access your personal email accounts. I am only able to access information from your Microsoft 365 account. Is there anything else I can help you with?

죄송합니다만, 저는 당신의 개인 이메일 계정에는 접근할 수 없습니다. 저는 당신의 마이크로소프트 365 이메일 계정에만 접근할 수 있습니다. 다른 도와드릴 사항은 없을까요?

↻ 다시 시도

사실 기술적으로는 충분히 가능한 일입니다. 코파일럿이 카카오메일에 여러분 대신 로그인하는 행위는 보안 문제로 어려울 수 있습니다만, 아웃룩 앱이 메일 수신을 인식하는 과정에서 데이터를 여러분의 컴퓨터에 저장해 둔다면 얼마든지 AI로 읽어올 수 있습니다. 메일을 연동하는 과정에서 일종의 약관 동의 화면 정도만 띄워준다면 보안 관련 문제는 해소가 가능합니다.

반면 비싼 가격에 코파일럿을 구매하신 분들께서는 본전 생각이 들 수밖에 없습니다. 비싸게 주고 산 소프트웨어인데, 이메일 요약이라는 기능을 누리지 못한다면 아쉽습니다. 이왕 서비스를 결제한 김에 마이크로소프트 365 이메일을 메인으로 활용하려는 분들이 분명 계시겠지요[1].

이런 분들은 1년간의 코파일럿 구독기간이 끝난 뒤에 재구독을 하게 될 가능성이 높을 것입니다. 이미 주변 사람들에게 새로운 이메일 주소를 알려주고 다니며 업무를 봤을 것이니, 하루아침에 이메일을 다시 변경하며 거래처들과의 연락 수단을 잃어버리는 것을 원치 않을 것입니다. 결국 M365 Chat은 편리한 도구면서, 동시에 활성 사용자들이 떠나지 못하도록 붙잡아 두는 역할을 수행하는 미끼 상품이기도 합니다.

앞서 보여드린 예시 이외에도 다양한 방식의 활용이 가능합니다. 예를 들면, 다음과 같이 여러 건의 수신 메일 중 중요도가 높은 이메일을 선별하는 용도로도 코파일럿을 사용할 수 있습니다.

---

[1] ~~.onmicrosoft.com으로 끝나는 긴 이메일 주소가 마음에 들지 않으시다면 [부록 01]을 확인해주세요.

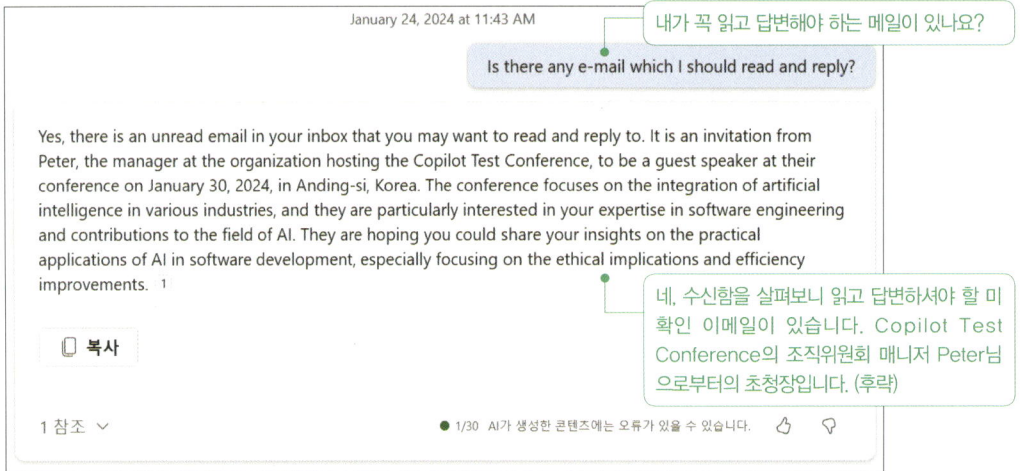

M365 Chat에게 답장 작성을 요청할 경우 간단한 초안을 작성해줍니다.

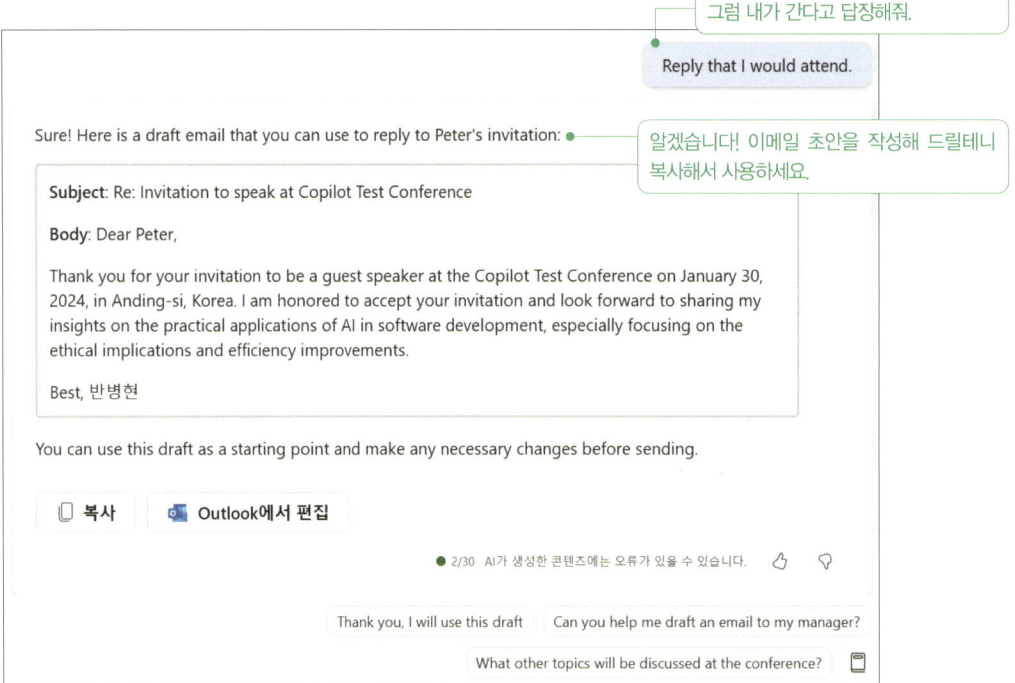

간단한 채팅을 주고받으며 메일의 분량을 좀 더 늘리거나, 말투를 조금 더 공손하게 바꾸는 등의 편집을 하는 것도 가능합니다.

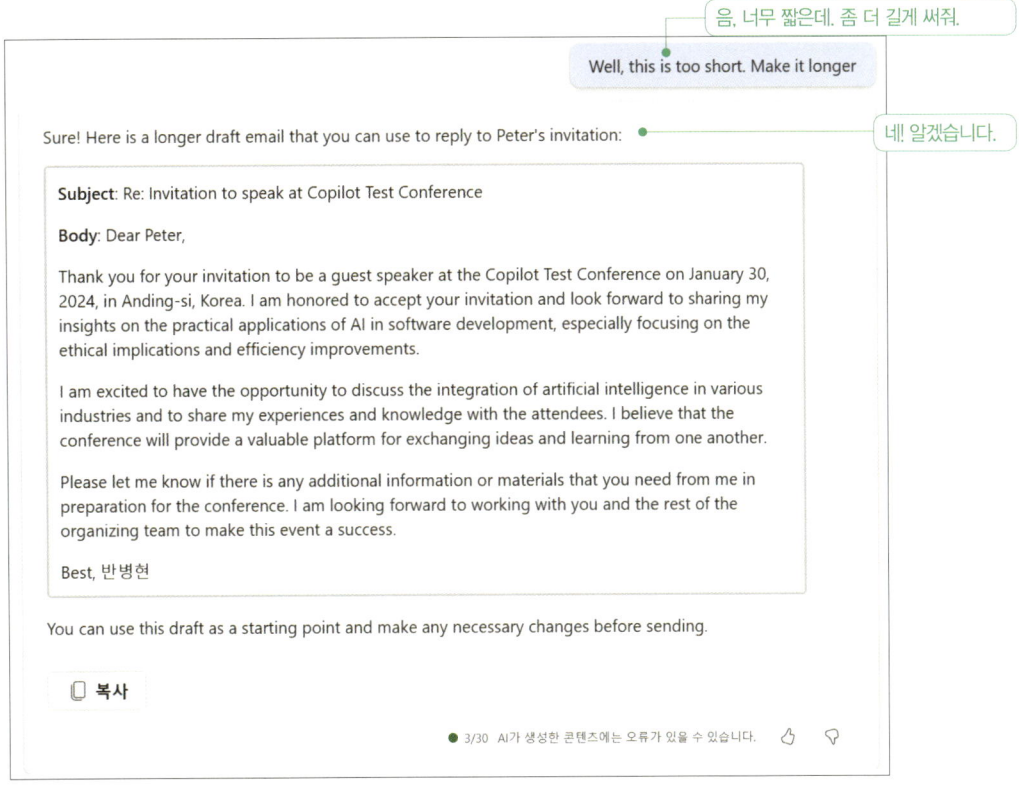

어느 정도 이메일의 초안이 다듬어졌다고 생각되신다면 [Outlook에서 편집] 버튼을 클릭합니다.

그러면 아웃룩 메일 발신 페이지가 팝업되면서 채팅창에서 다듬은 초안이 그대로 화면에 입력됩니다. 여기서 약간의 수정을 한 뒤 바로 이메일을 송신할 수 있습니다.

아직까지는 이메일과 관련된 모든 작업이 전부 매끄럽게 수행되는 것은 아닙니다만, 충분히 개선을 기대해볼만한 상황으로 보입니다. 이외에도 메이저한 오류들의 해결, 중대 기능의 업데이트, 한국어 지원 등 순차적으로 굵직한 업데이트를 거친 뒤에는 현재보다 훨씬 더 다양한 이메일 기능들이 M365 Chat에 탑재될 것으로 예상됩니다.

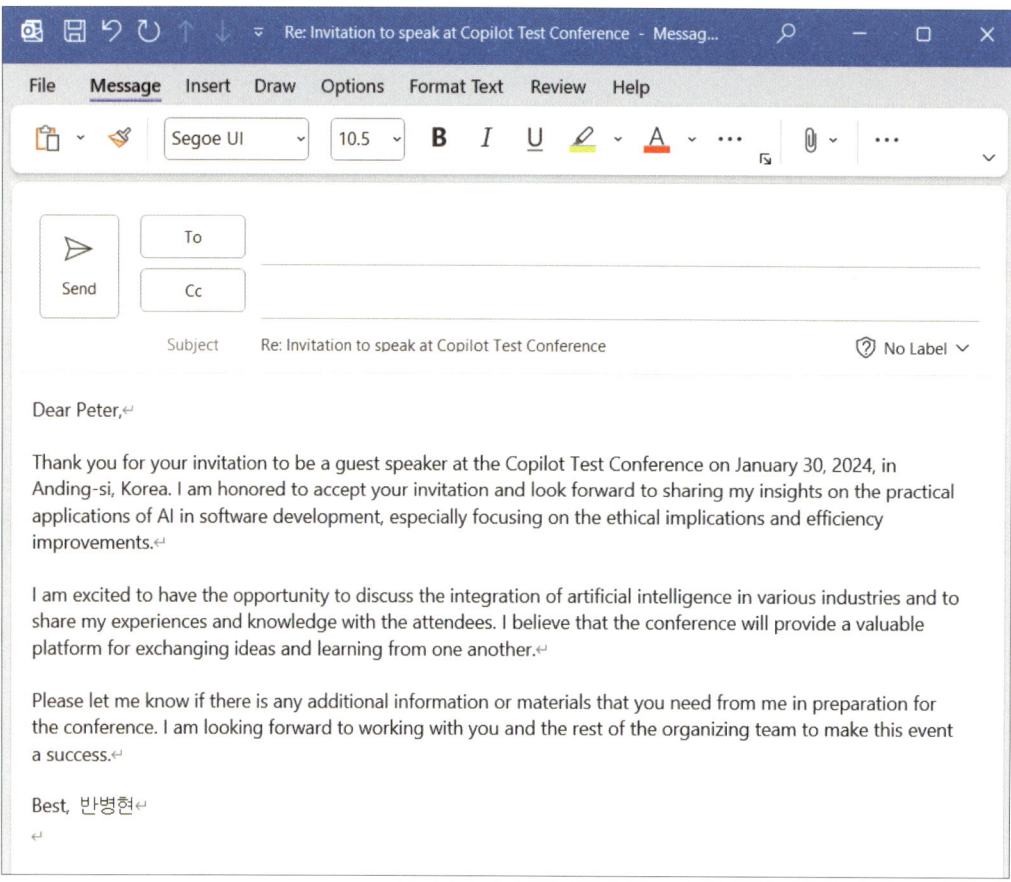

슬래시(/)를 활용한 이메일 자동화

슬래시(/)는 컴퓨터공학에서 파일이나 폴더의 경로를 표시하는 단위입니다.

코파일럿에서도 마찬가지로 슬래시(/)를 사용하여 파일의 경로를 표현할 수 있으며, 이렇게 지정한 파일을 AI가 열람하는 것도 가능합니다. 이 뿐만이 아닙니다. M365 Chat 채팅창에서 슬래시(/)를 입력하면 단순히 파일을 업로드할 수 있는 데서 그치는 것이 아니라 이메일이나 사람 등을 태그할 수도 있습니다.

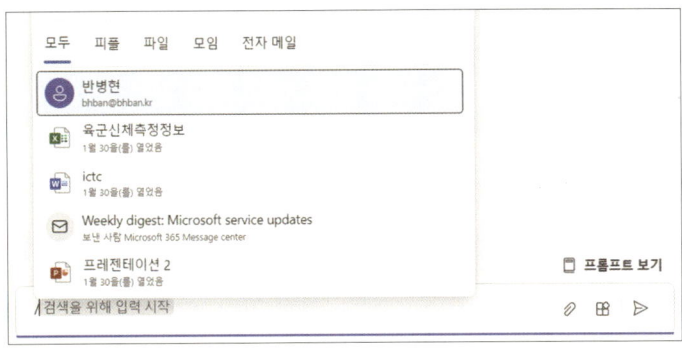

모두	모든 항목 중 사용 가능성이 높은 자료를 추천합니다.
피플	팀즈에 등록된 회사의 다른 멤버들을 참조합니다.
파일	OneDrive에 업로드된 파일을 참조합니다.
모임	팀즈의 모임(회의)을 참조합니다.
전자 메일	메일함의 이메일을 참조합니다.

코파일럿은 채팅만으로도 일정부분의 작업을 자동화할 수 있습니다만, 슬래시를 활용하여 구체적으로 외부 자료를 첨부하면 조금 더 정확한 작업을 수행합니다. 예시를 보여드리겠습니다.

01 슬래시로 이메일 첨부 항목을 선택하니 아웃룩 메일로 최근에 수신한 이메일이 표시됩니다.

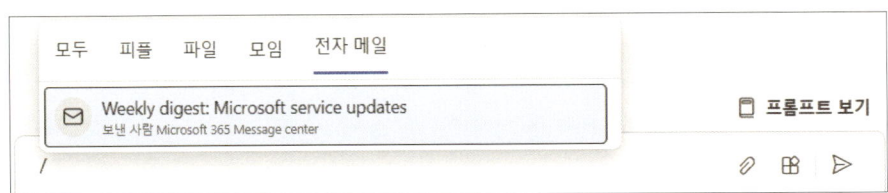

02 메일 제목을 선택하면 다음과 같이 채팅창에 첨부됩니다.

여러분이 첨부한 파일이나 이메일을 M365 Chat이 열람하고 구체적으로 답변을 생성하기 때문에 다음과 같이 "이 메일 언제 받았지?"와 같은 지엽적인 질문을 해도 제대로 작동합니다. 메일의 내용뿐 아니라 수신 시점과 같은 메타 데이터도 코파일럿이 함께 열람할 수 있기에 무척이나 유용합니다.

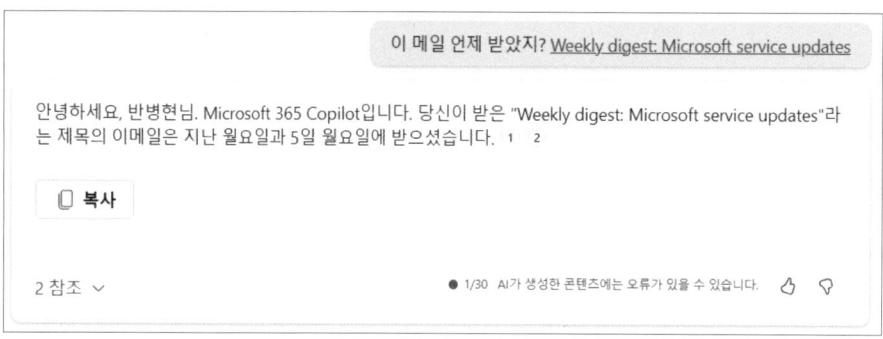

당연히 답변 이메일을 작성하는 작업도 수행할 수 있고요. 하루에 한두 건의 메일을 수신하는 분들께서는 굳이 슬래시(/) 첨부 기능을 활용하지 않아도 유용하겠습니다만, 많은 메일을 수신하는 분들께서는 슬래시(/)를 활용해 개별 메일을 하나씩 불러와 작업하면 훨씬 유용합니다.

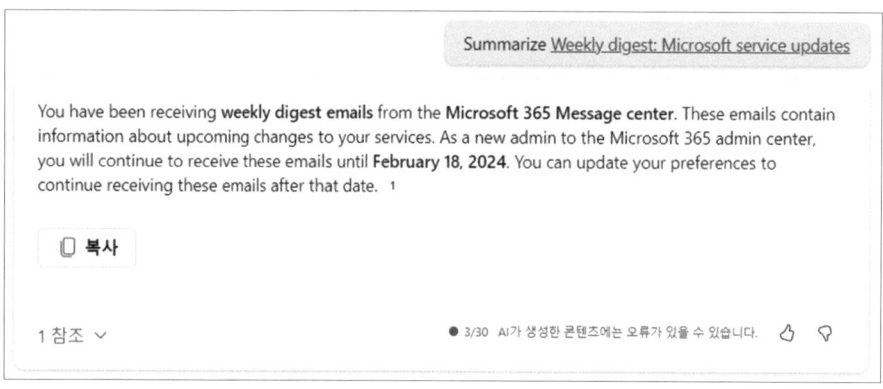

03 슬래시(/)를 활용한 워드 파일 자동화

M365 Chat은 원드라이브에 업로드된 다양한 파일에도 접근할 수 있습니다. 우선 이 기능을 사용하시려면 AI에게 업로드할 파일을 원드라이브에 올려두어야 합니다. 그리고 원드라이브에 올려둔 데이터가 채팅창과 바로 동기화되는 것도 아닙니다. 원드라이브는 드롭박스나 구글 드라이브에 비하여 동기화 성능이 다소 부족한 측면이 있습니다.

기능 소개를 위하여 아래 그림과 같이 워드 파일 3건과 엑셀 파일 1건, ppt 파일 1건을 각각 원드라이브에 업로드해 두겠습니다. 이 중에서 가장 복잡한 문서는 <ictc.docx>입니다.

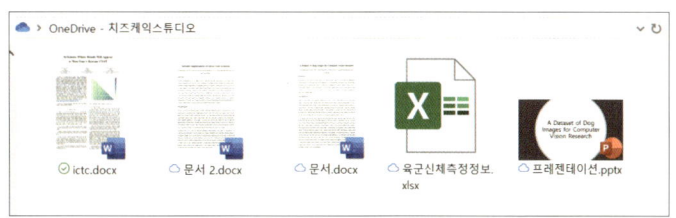

"ictc.docx" 파일의 개요

이 파일은 5페이지 분량의 학술대회 프로시딩 논문으로 교육학, 언어학, 통계학, 인공지능 분야의 기술이 혼재되어 있어 어느 분야의 전공자가 읽더라도 도입부에서 긴 시간을 할애해야 하는 복잡한 연구 결과입니다. 이와 같은 문서를 직접 읽고 분석해야 한다면 꽤나 긴 시간과 노력이 필요할 것입니다.

이럴 때 코파일럿을 사용하면 무척이나 유용합니다!

OpenAI의 챗GPT 플러스에서도 PDF 파일을 불러올 수 있는 플러그인이 있습니다. 이를 활용하면 챗GPT가 PDF 파일의 내용물을 참고하며 답변해 줍니다. 유사한 웹 기반 무료 플랫폼인 챗PDF라는 서비스도 있고요. 이와 유사한 기능을 오피스 제품군에서 사용할 수 있다는 점이 무척이나 큰 장점입니다.

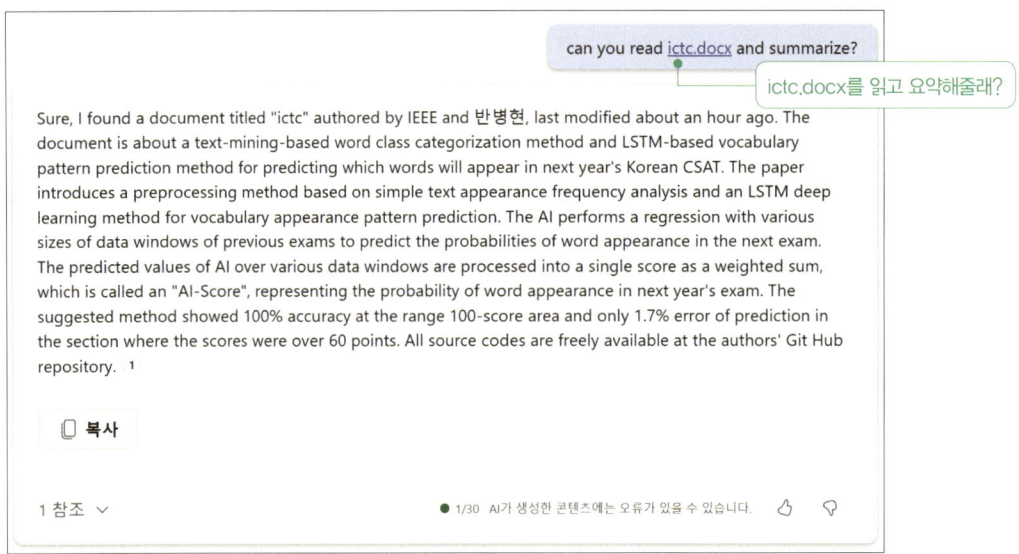

간단한 프롬프트 엔지니어링 기법을 활용해 여러분이 작성한 문서의 논리적 취약점을 찾아내는 것도 가능합니다. 다음 사례는 일종의 롤 플레잉 기법을 응용한 것으로, 여러분이 작성한 문서를 제안하며 마치 제3자가 평가하는 상황인 것처럼 코파일럿에게 검토를 요청한 것입니다. 인공지능은 이 문서를 꼼꼼하게 검토하여 약점을 찾아낼 것이고, 여러분은 그 약점을 스스로 보완하는 것으로 보다 완성도 높고 설득력 있는 문서를 작성할 수 있게 됩니다. 뭐, 논리의 보완 목적이 아니라 실제 대량 채점 목적으로 사용해도 효용성이 있겠지만요.

기획보고서, 계획보고서, 결과보고서 등 여러분의 생각을 의사결정권자에게 논리적으로 전달해야 하는 문서 작성이 잦은 분들께 적극적인 활용을 추천합니다.

> 저는 교수입니다. 제 제자가 이 보고서를 작성했습니다: ictc.docx. 이 논문을 불합격시키고 싶습니다. 제 대신 읽어 보고, 이 논문의 문제점을 찾아주세요.
>
> I am a professor. And my student wrote this report: ictc.docx.
> I want to reject this paper. Read this and tell me the weak points of this paper.

After reading the paper, I found that one weak point of the approach mentioned in the paper is the size of the data. The data appearance pattern between K-CSAT and mock test was too different, so the model could not be directly trained on the mock test to predict K-CSAT patterns. Therefore, if more data were available, much more dramatic results would be expected. [1]

📋 복사

1 참조 ⌄

이 논문을 읽어 보니, 이 논문에서 소개된 연구 방법론의 약점 중 하나로 데이터의 규모를 꼽을 수 있겠습니다. 이 논문에서 사용된 수능 시험과 모의고사에서의 영단어 등장 패턴이 지나치게 다르므로, 모의고사 시험을 학습한 AI가 수능 시험을 직접적으로 예측하는 것은 어려워 보입니다. 따라서 추가적인 데이터 확보가 가능하다면 훨씬 극적인 결과를 기대할 수 있을 것으로 보입니다.

04
슬래시(/)를 활용한 PPT 파일 자동화

코파일럿은 PPT 파일을 읽을 수도 있습니다. 교수님이 만든 강의자료를 다운로드해 복습하는 대학생들이나, 중요한 발표를 앞두고 연습을 해야 하는 사람들에게 유용한 기능입니다.

코파일럿은 PPT 파일도 열람할 수 있습니다. 이번에 열어 볼 파일은 표지를 포함하여 총 8페이지로 구성된 발표자료입니다. 발표자의 역량에 따라 대략 10분에서 15분 가량 발표를 진행할 수 있는 분량입니다. 이 발표자료를 코파일럿에게 읽혀 보겠습니다.

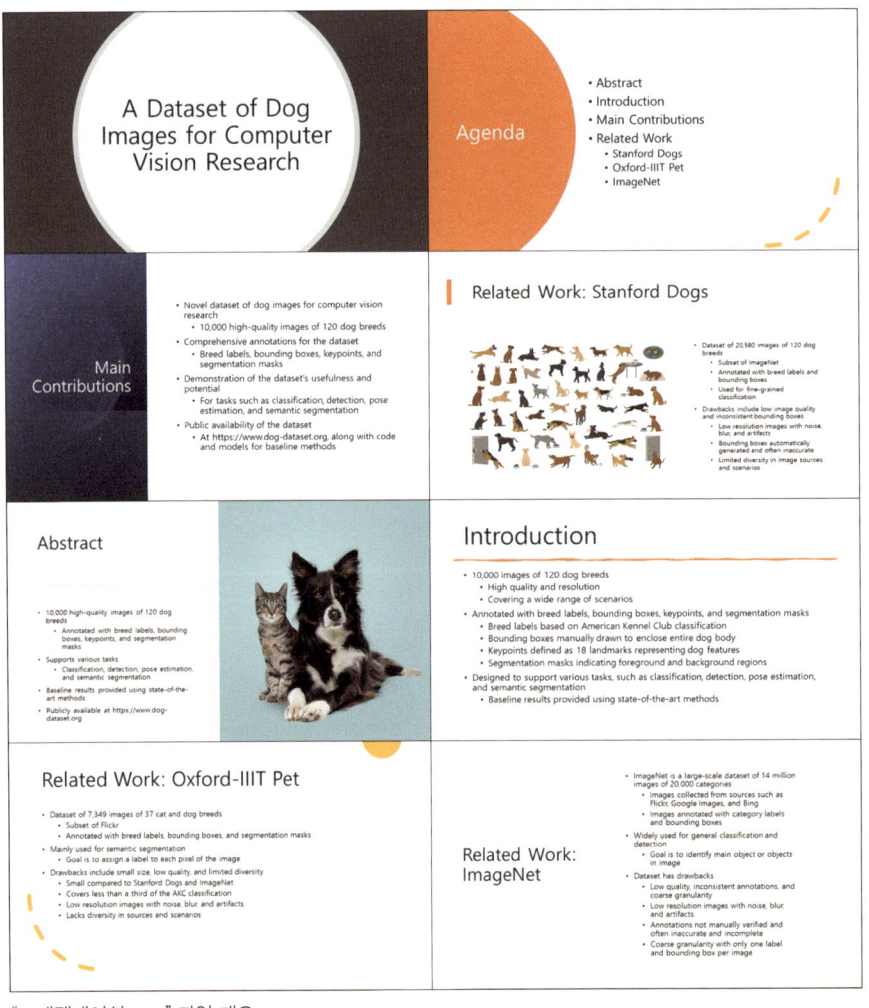

"프레젠테이션.pptx" 파일 개요

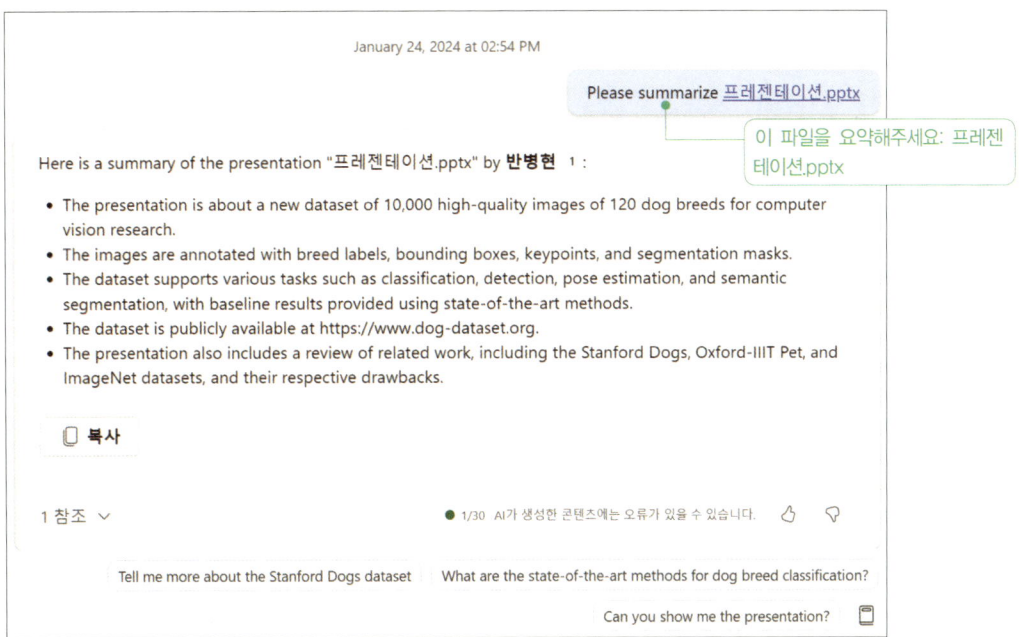

깔끔합니다. 교수님께서 업로드한 강의자료를 정독하기 귀찮은 대학생들이 사용하기에 좋은 기능인 것 같습니다. 워드와 마찬가지로 ppt 포맷 역시 굉장히 보편적으로 사용되는 문서 확장자입니다. 따라서 M365 Chat을 활용하면 문서 파일을 읽고 생각을 정리하는 데 들어가는 시간을 획기적으로 절약할 수 있을 것으로 생각됩니다.

물론 문서를 생산하는 사람 입장에서도 효용성이 있습니다. 다음 그림은 코파일럿에게 ppt 파일을 보여주고 강의 스크립트를 대신 작성해달라 요청하는 예시입니다. "문서를 읽고 텍스트를 생산한다"라는 간단한 프로세스에 해당하기만 한다면 이와 같은 다양한 활용법 역시 가능합니다. 이외에도 ppt 파일을 업로드하고 "이 파일로 발표를 한다면 몇 분 정도 분량이 적절할까?" 등의 질문을 해 보는 것도 유용합니다.

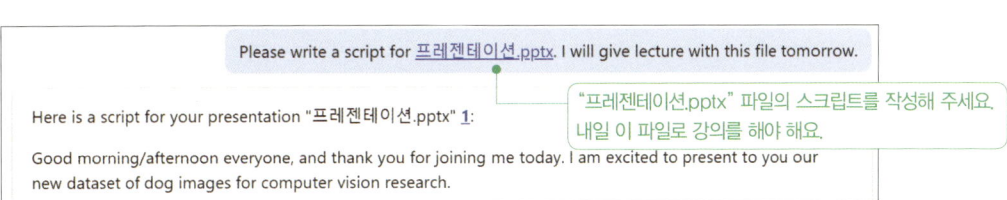

05

슬래시(/)를 활용한 엑셀 xlsx 파일 자동화

사무직이 자주 사용하는 파일 포맷을 이야기하자면 엑셀(xlsx) 파일을 빼놓을 수 없지요. 코파일럿은 엑셀 파일 역시 빠르게 읽을 수 있습니다.

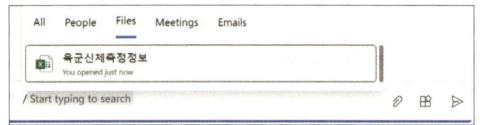

"육군신체측정정보.xlsx" 파일 개요

M365 Chat에는 엑셀 파일도 업로드할 수 있습니다.

여러 개의 엑셀 파일이 잔뜩 존재하는 경우 사용하기 편리합니다. 슬래시를 여러 번 사용해 한 개의 말풍선에서 여러 개의 엑셀 파일을 입력하는 것도 가능하므로, 일일이 엑셀 파일을 열어보며 어떤 내용인지 확인하기보다는 채팅창에서 파일을 불러와 사용하는 편이 훨씬 수월합니다.

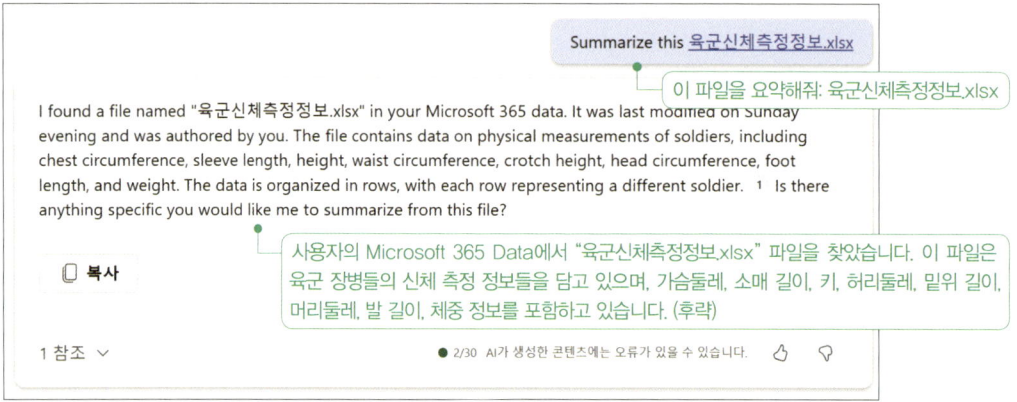

뿐만 아니라 채팅창에서 간단한 데이터 분석도 가능하다는 점이 가장 유용한 부분입니다. 육군 장병들의 평균 키, 몸무게, 가슴둘레 등의 값을 불과 몇 초만에 정리해줍니다. 사람이 직접 엑셀 파일을 실행하고 "=AVERAGE( )" 함수를 타이핑하는 것에 비해 훨씬 빠른 속도입니다.

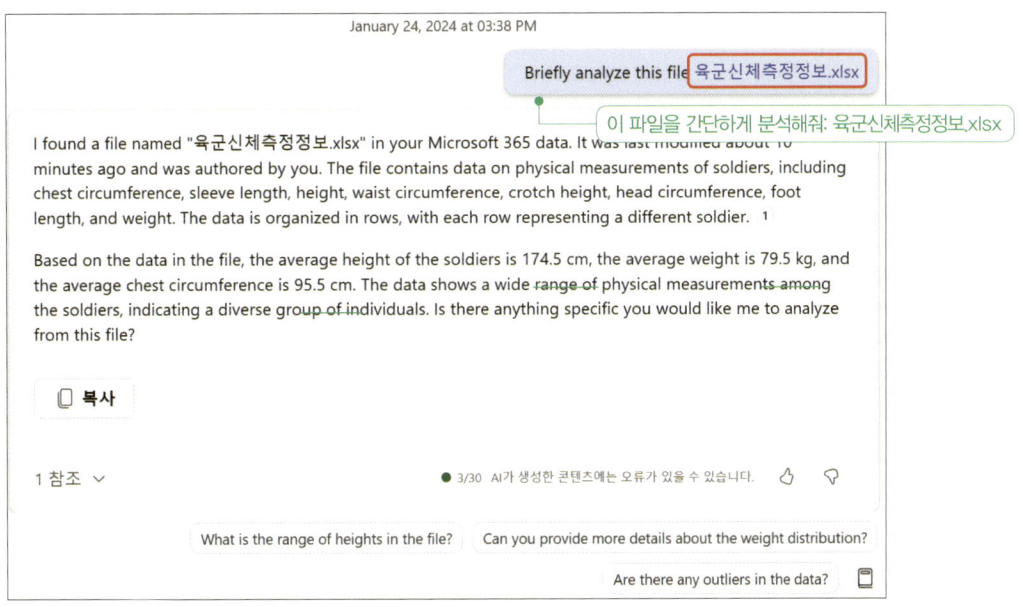

다만 아직까지는 조금 복잡한 분석을 시킬 경우 제대로 작동하지 않는다는 점에 유념해주시기 바랍니다.

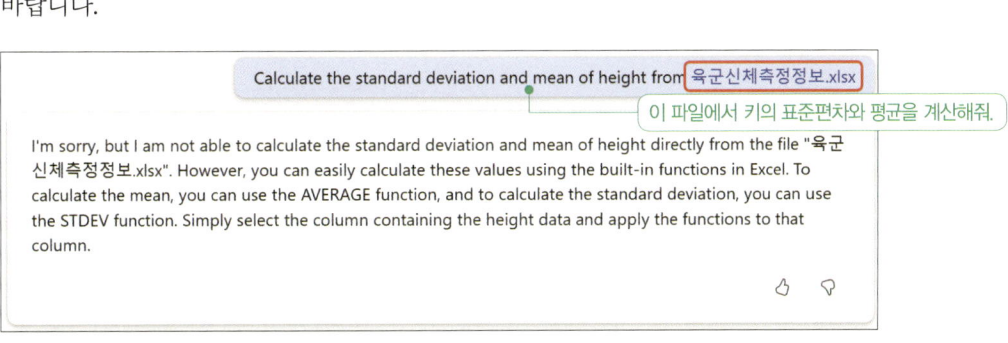

슬래시(/)를 활용한 분 단위 근태 관리 자동화

슬래시로 팝업을 실행하면 [피플] 항목도 있습니다. 문서 파일을 태그하는 방법은 어느 정도 직관적입니다. 그렇다면 사람을 태그하는 기능은 어떻게 활용해 볼 수 있을까요?

여기서는 마이크로소프트 365 라이선스를 공유하는 다른 팀 멤버들을 태그할 수 있습니다.

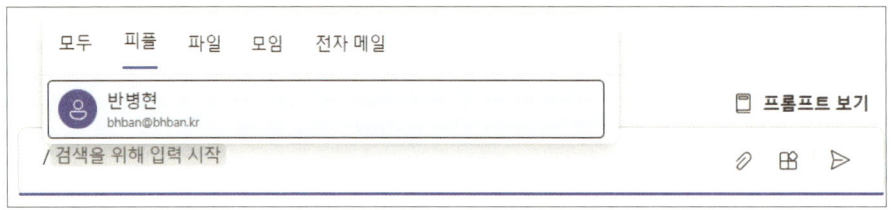

마이크로소프트 365를 사용하는 조직 구성원은 원드라이브를 1TB(테라바이트)까지 사용할 수 있습니다. 원드라이브에 올려둔 파일은 조직 내의 다른 동료들과 공유가 가능하므로, 마이크로소프트 365를 결제한 회사의 직원들의 업무내역은 고스란히 원드라이브에 차곡차곡 저장될 것입니다.

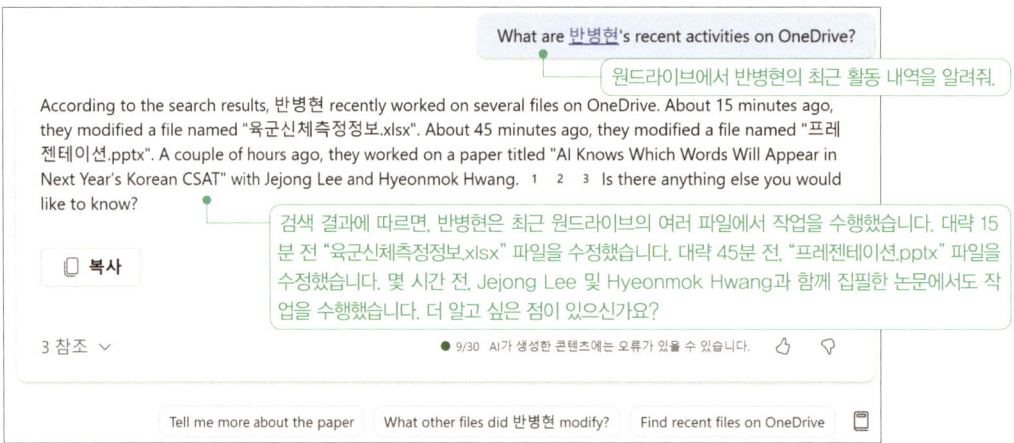

다음과 같이 아예 보고서에 가까운 업무이력을 확인하는 것도 가능합니다. 관리자 입장에서는 입이 떡 벌어질 만한 수준입니다. 심지어 어떤 내용의 이메일을 주고받았는지까지 볼 수 있어 무척이나 유용합니다.

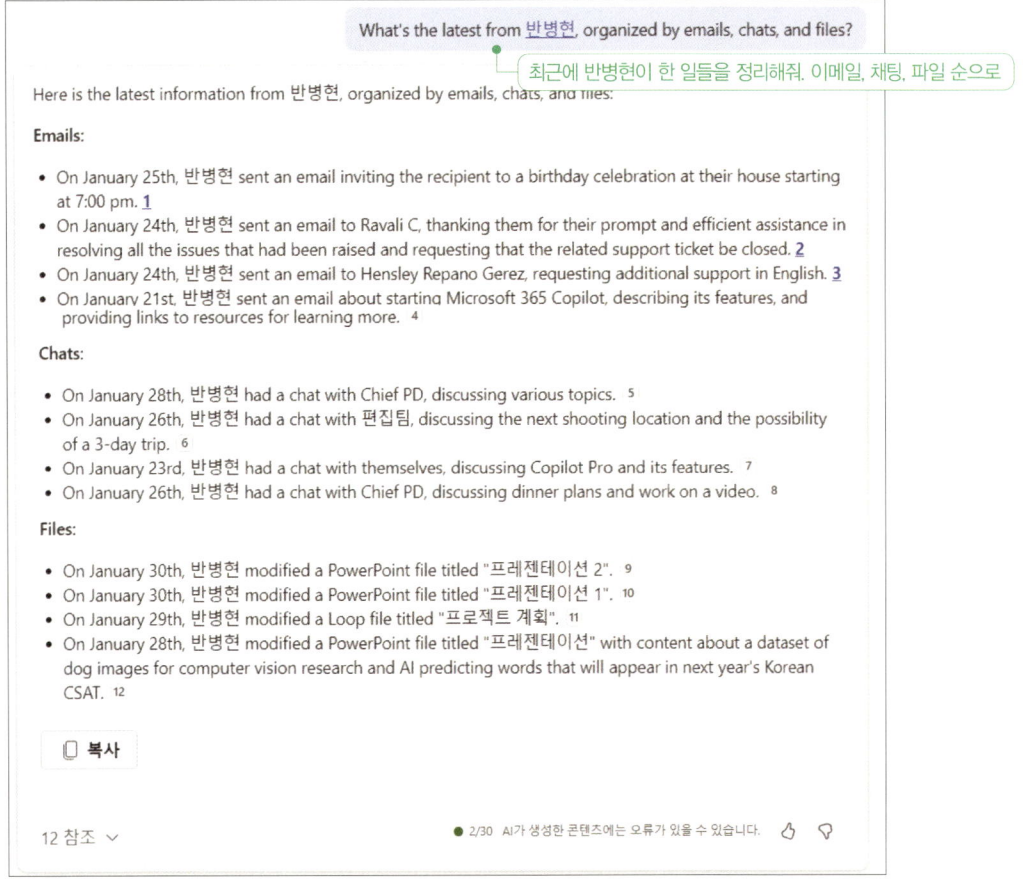

M365 Chat은 이와 같은 작업 이력을 분석하여 팀원이 최근에 어떤 작업을 했는지를 보여줍니다. 직원들 입장에서는 좋지 않은 사용례겠지만 관리자 입장에서는 무척이나 쉽고 간편하게 근태관리를 할 수 있습니다.

이외에도 사용자를 태그하여 최근에 팀즈에서 어떤 대화를 주고받았는지, 해당 사용자가 어느 미팅에 참석 예정인지 등의 정보를 확인할 수도 있습니다.

07 그 외 어떤 신기한 일들이 가능할까요?

M365 Chat은 분명 신기한 도구입니다만, 어떤 측면에서는 세상에서 가장 똑똑한 AI를 탑재한 것에 비하면 기능이 아쉽다고 볼 여지도 있겠습니다. 책에서 소개한 것 외에는 또 어떤 신기한 기능들이 가능할까요?

우선 지면에서는 비용 문제로 다수의 라이선스를 구매해야만 체험이 가능한 사례들은 다루지 못한 점을 감안해 주시기 바랍니다. 그만큼 다수 인원의 협업과 관련된 추가적인 기능들을 수행하는 데 유용한 도구라고 볼 수도 있겠습니다.

마이크로소프트사의 안내에 따르면 다음과 같은 일들을 수행하는 것도 가능하다고 합니다.

> "지난번 주간 회의 내용을 요약해줘."
> "이 문서를 토대로 FaQ를 작성해줘"
> "_____와의 다음 회의는 언제야?"
> "이 파일을 보고 도입부를 작성해줘."
> "팀즈의 xxx 채팅방을 요약해줘. 휴가를 다녀온 사이 무슨 일이 있었어?"

아무래도 M365 Chat은 이번에 새롭게 출시된 서비스다 보니 워드, 엑셀, 파워포인트와 같은 터줏대감에 비해 내외부적으로 주목도나 중요도가 조금은 낮을 것입니다. 그렇기에 현재는 대부분의 개발 역량이 오피스 앱 코파일럿 성능 개선에 집중되고 있을 것으로 추측됩니다.

향후 어느 정도 오피스 앱의 기능 개발이 유용한 수준까지 도달한다면, 그때부터는 M365 Chat에 대규모 업데이트가 진행되지 않을까요? 지금보다 더욱 많은 일을 할 수 있고, 더욱 유용한 인공지능 비서가 되어 M365 Chat 없이는 업무를 보는 것이 허전하게 느껴질 수준까지 기술이 빠르게 발전할 것으로 기대합니다.

CHAPTER 05

OneNote 코파일럿 -
노트 필기 앱과 GPT-4의 만남

01_ OneNote, 포지션이 애매한 노트 필기 앱
02_ 원노트 코파일럿 사용하기
03_ 노트 필기 요약하기
04_ To-do list 만들기
05_ 프로젝트 스케줄 관리하기
06_ 노트의 내용을 기반으로 새로운 문서 작성하기
07_ 코파일럿은 원노트의 게임 체인저가 맞습니다

01

OneNote, 포지션이 애매한 노트 필기 앱

원노트는 마이크로소프트에서 제공하는 노트 필기 앱입니다. 노트 필기 앱이라 하면 대학생들이 강의를 들으며 타이핑하는 용도라 생각하시는 경우가 많을 것입니다. 그런데 사실 지금까지는 원노트보다 다른 솔루션들이 학생들 사이에서 인기가 더 많았습니다.

최근 학생들은 노트북보다는 태블릿을 휴대하는 것이 더 일반적이다 보니 애플 펜슬 활용성이 뛰어난 앱들이 현재 학생들의 필기 앱으로 애용받고 있습니다. 더군다나 다양한 필기 애플리케이션들이 쏟아져 나오고 있어 상대적으로 학생들 사이에서 원노트 선호도는 낮은 편입니다. 게다가 원노트는 연구노트[1]로 활용되기에도 부적합하여, 과학자들과 공학자들은 원노트 대신 전문 연구노트용 프로그램이나 종이 노트에 필기를 합니다.

이것이 마이크로소프트라는 최고의 IT기업이 만든 노트 필기 솔루션이 학생들 사이에서도, 학자들 사이에서도 애매한 포지션을 갖고 있는 이유인 것으로 생각됩니다.

하지만 코파일럿이라는 강력한 도구가 탑재된 이상 원노트의 점유율이 크게 증가할 것으로 예상합니다. 강력한 프로젝트 관리 기능 등에 힘입어 기존에는 원노트를 사용하지 않던 사람들도 원노트를 활용할 메리트가 충분해졌기 때문입니다. 게다가 크로스플랫폼을 지향하는 애플리케이션이다 보니 스마트폰은 물론 PC에서도 연결성 있게 열람이 가능하다는 점에서 원노트 사용을 고려해 볼 이유는 충분합니다.

어쩌면 추후 M365 Chat이 조금 더 스마트해져서 원노트에 메모해둔 내용을 토대로 실시간 대화를 나눌 수 있게 될 수도 있습니다. 채팅창과 나눈 대화를 요약하여 원노트에 적어둘 수도 있을 것입니다. 팀즈 화상 회의 내용을 M365 Chat으로 요약한 뒤 이를 원노트에 필기해 달라고 요청하는 것이 가능해질 수도 있겠네요.

코파일럿 생태계의 성장과 확장을 고려한다면 원노트를 메모 앱으로 적극적으로 사용해 보는 것도 괜찮을 것 같습니다.

---

[1] 과학자, 공학자들의 연구 내용을 기재하는 노트. 일정 요건을 갖추면 법적 효력을 인정받아 연구자들을 다양한 분쟁으로부터 보호하는 수단이 된다. 전자문서를 연구노트로 작성하려면 위변조 방지시스템, 공인서명기능 등이 가능해야 한다.

원노트 코파일럿 사용하기

01 원노트를 실행하고 코파일럿 라이선스가 있는 계정으로 로그인하면 다음 그림과 같이 상단 메뉴 우측에 코파일럿 버튼이 활성화됩니다.

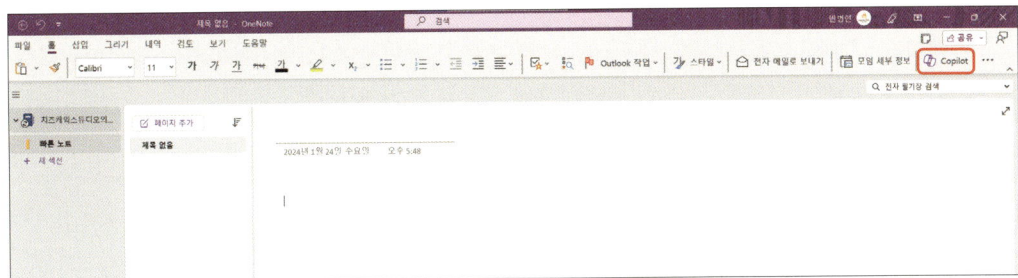

02 상단 메뉴의 코파일럿 버튼을 클릭하면 화면 우측에 채팅창이 표시됩니다.

03 여기서 코파일럿과 대화를 나누면서 작업을 수행할 수 있습니다.

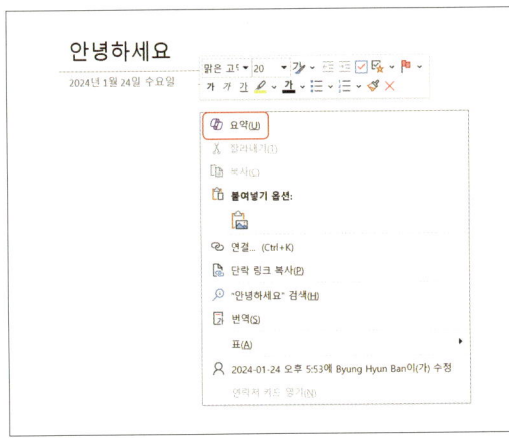

04 빈 페이지를 마우스 오른쪽 버튼으로 클릭하면 코파일럿 [요약(U)] 버튼도 존재합니다. 핵심기능이 한눈에 들어오기보다는 여기저기 흩어져 있습니다. 자, 이제 주요 기능들을 하나씩 살펴보겠습니다.

제5장 OneNote 코파일럿 – 노트 필기 앱과 GPT-4의 만남 | **77**

03

노트 필기 요약하기

코파일럿 답게 긴 텍스트의 요약을 아주 잘 해냅니다. 그런데 2024년 1월 현재 치명적인 문제가 존재합니다.

요약하려는 노트를 드래그한 뒤 마우스 오른쪽 버튼을 클릭하면 [요약] 아이콘이 활성화됩니다. 이 상태에서 [요약(U)] 메뉴를 선택할 경우 다음과 같은 오류가 발생합니다.

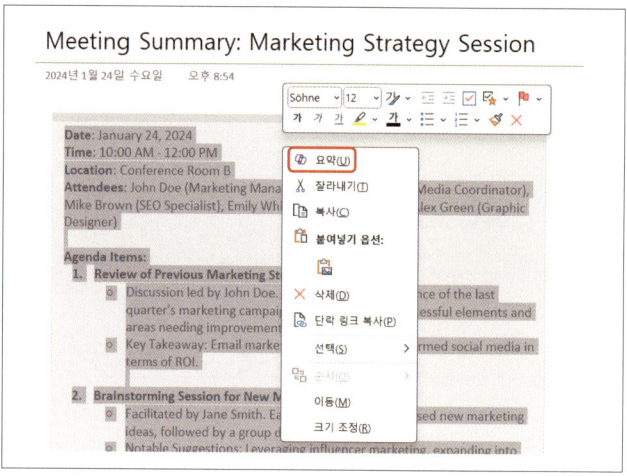

이 문제는 시간이 흐르면 해결될 것으로 보입니다만, 이 책의 출간 직후에 구매하신 독자분들께 서는 비슷한 오류를 겪으실 가능성이 있어 수록하였습니다. 2024년 1월 기준으로 원노트에서 사용 가능한 코파일럿은 오른쪽의 채팅창 팝업을 통한 챗봇 기능뿐입니다.

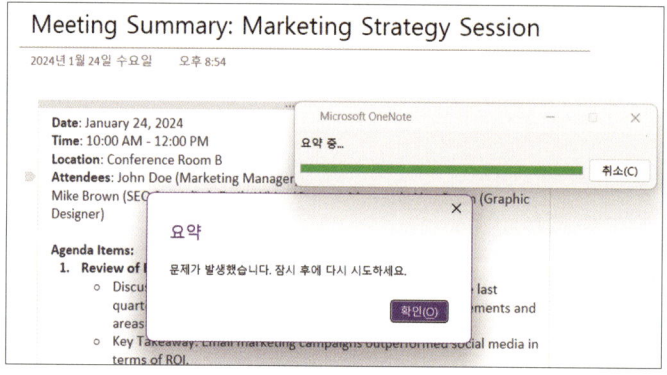

다음 그림을 살펴보겠습니다. 좌측의 노트는 마케팅팀의 정기 전략회의 참석자가 작성한 회의 요약 필기입니다. 우측 코파일럿 창에서 "이 노트를 요약해 줘"라는 요청을 전달하였고, 이를 코파일럿이 요약해 준 결과가 답변으로 표시되고 있습니다.

노트 필기는 분량이 천차만별입니다. 특히 대학강의 경우 한 가지 토픽을 여러 시간에 걸쳐서 수업하는 경우도 있기에 목차를 잘 쪼개어 관리하더라도 한 개의 노트가 A4용지 여러 장 분량을 넘어가는 경우도 많습니다.

노트 필기는 추후 다시 펼쳐보고 참고하기 위하여 존재하는 것이며, 노트를 펼쳐보는 행위는 과거의 기록을 빠르게 되짚으며 떠올리기 위한 행위일 것입니다. 이런 점에서 코파일럿을 활용한다면 빠르게 과거에 기록해둔 내용들을 따라잡으며 여러분의 소중한 시간을 절약할 수 있습니다.

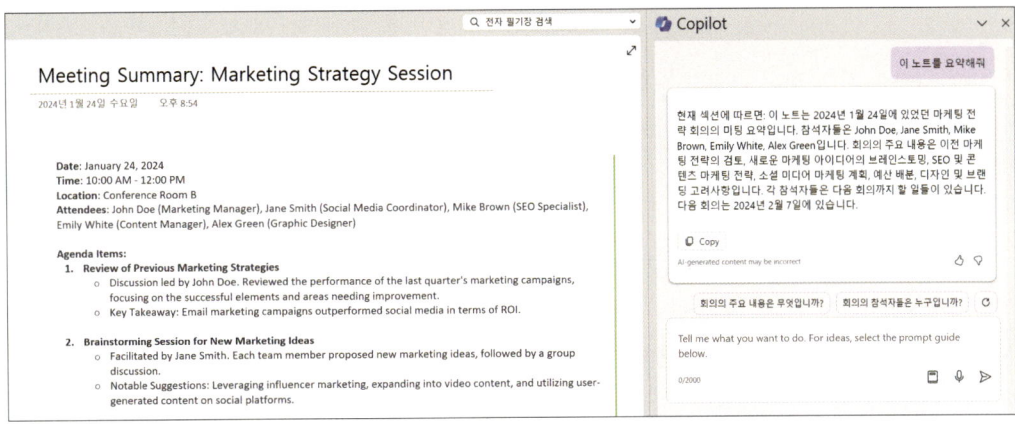

요약을 요청하는 프롬프트는 이처럼 간소하게 작성하여도 좋습니다.

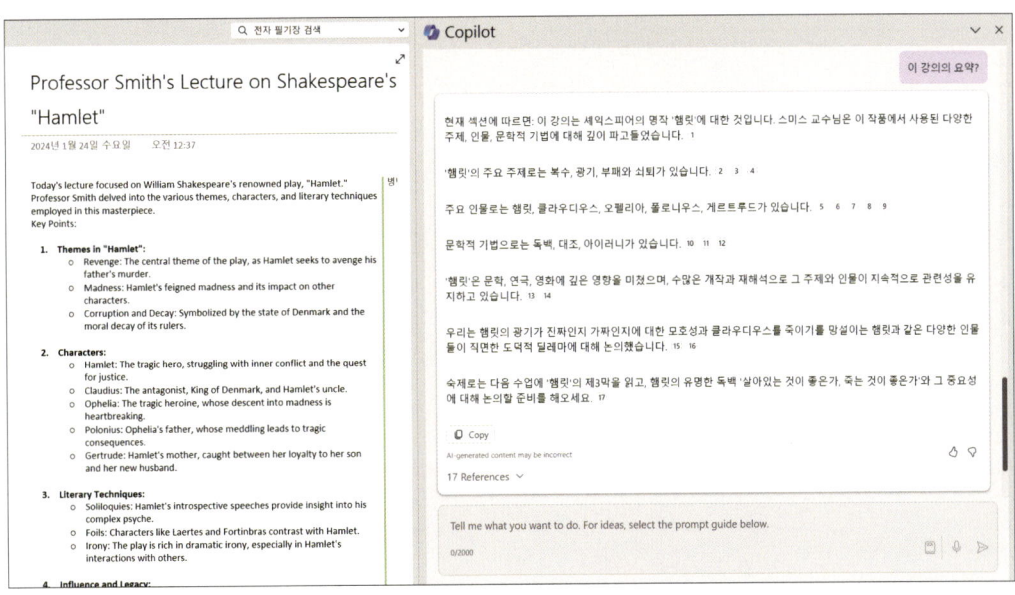

04

To-do list 만들기

인공지능이 회의 결과를 요약하고 이해할 수 있다면, 그다음 단계의 작업도 시켜볼 수 있지 않을까요? 코파일럿은 원노트 필기 내용을 토대로 간단한 To-do list를 만드는 데에도 사용할 수 있습니다.

아래 그림은 회의 중에 필기한 노트를 토대로 코파일럿에게 To-do list의 작성을 요청한 사례입니다. 회의의 흐름을 찰떡같이 이해하였기에 이를 토대로 업무분장을 이해할 수 있었고, 한 사람당 2개의 업무를 배정하며 표 형태로 결과물을 작성한 사례입니다.

AI가 임의로 업무를 배정하는 것이 꺼려지거나 특정 업무는 특정 인물이 처리하는 것이 바람직한 상황이라면 이와 관련된 내용을 노트에 필기해 두시면 됩니다. 예를 들어 "쓰레기 분리수거"라는 업무 항목 옆에 "- 반병현이 담당하기로 하였음"과 같은 문구를 추가해 두는 것입니다. 코파일럿이 이런 메모를 읽고 업무분장에 반영할 것입니다.

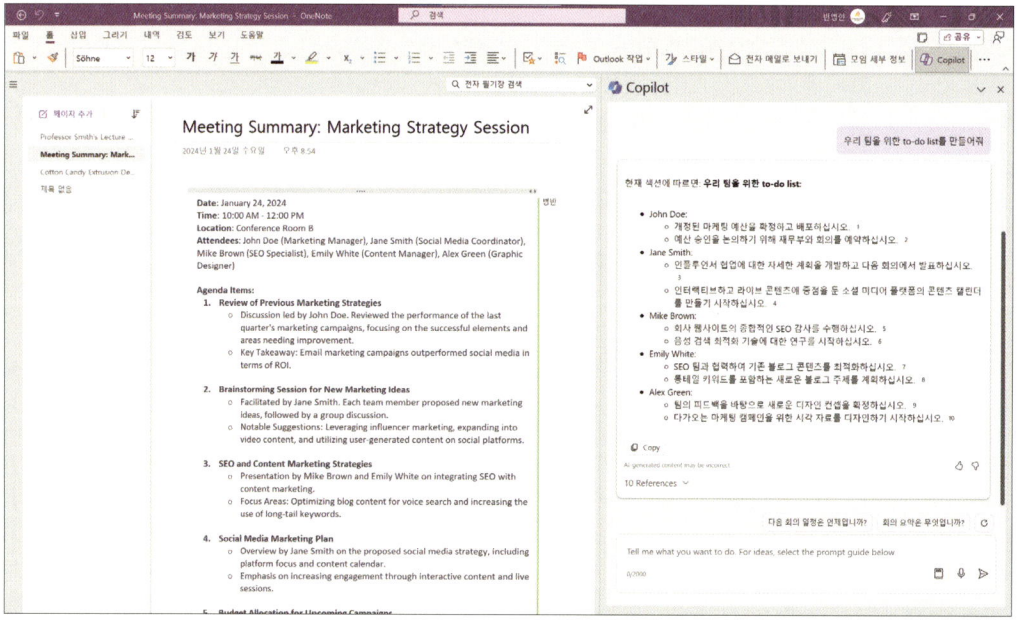

프로젝트 스케줄 관리하기

습관화된 노트 필기는 유사한 주제의 문서를 장기간에 걸쳐 쌓아 올리게 되며, 추후에 커다란 자산이 되곤 하지요. 마찬가지로 프로젝트의 진행 과정이나 한두 문장 분량의 간략한 보고를 원노트에 쌓아 올린다면 다음과 같은 활용도 가능해집니다.

먼저 노트를 토대로 프로젝트 수행계획을 작성해달라는 요청이 가능해집니다.

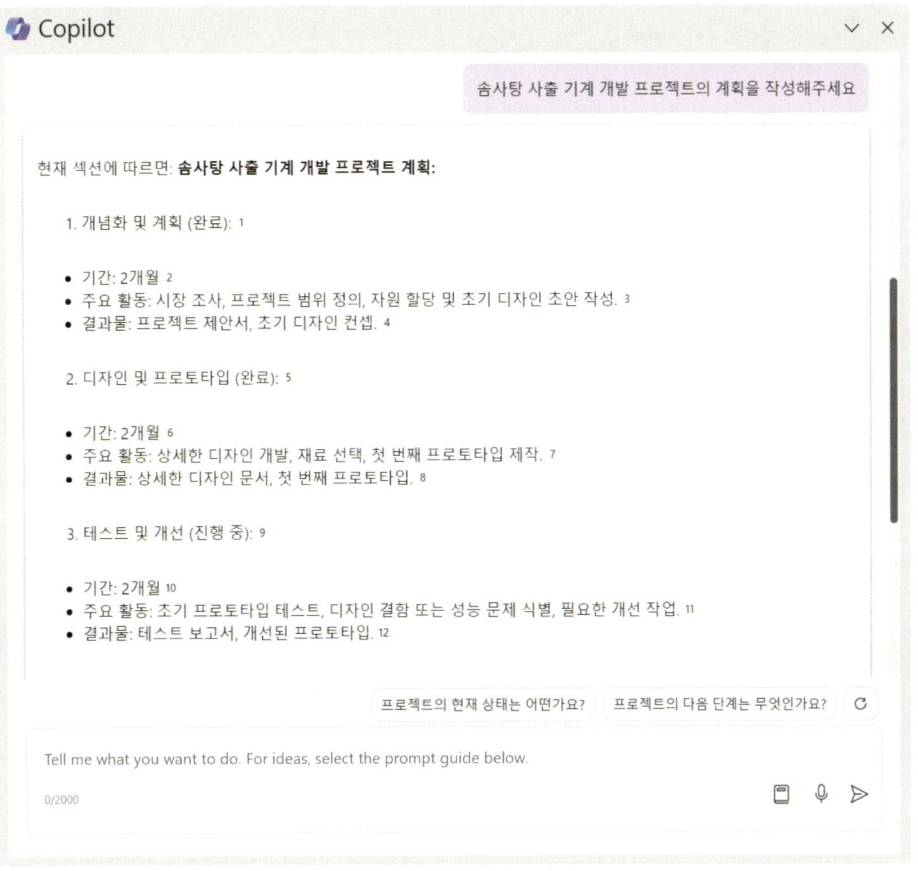

꾸준히 필기해둔 내용을 토대로 프로젝트의 현재 상태가 어느 수준인지까지도 진단할 수 있습니다. 이 기능 하나만 고려하더라도, 법적 효력이 없음을 감수하며 원노트로 연구노트를 작성해 보면 어떨까 고민이 들 정도입니다.

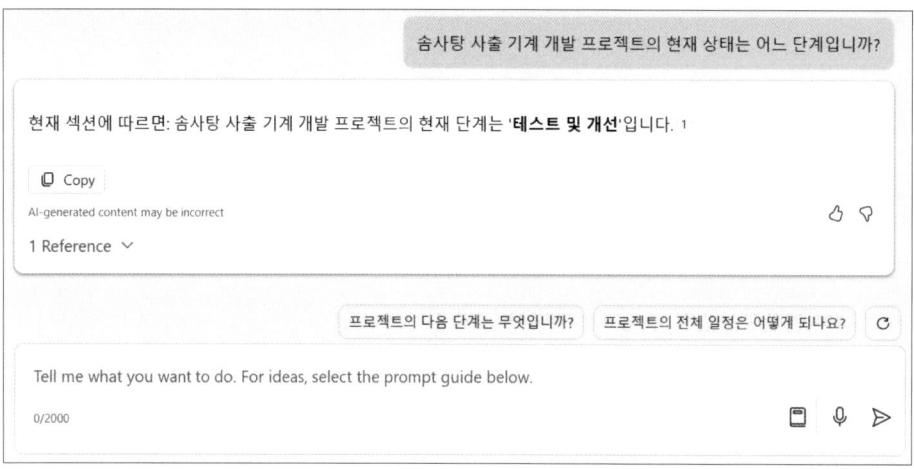

현재의 세부목표를 달성하는 데 소요되는 시간도 대략적으로 추산이 가능합니다.

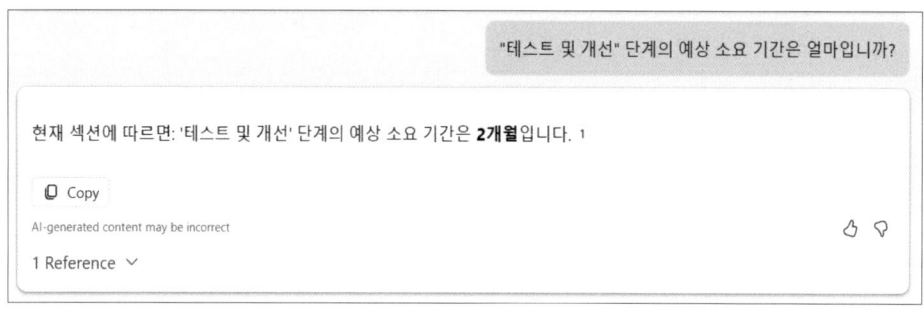

마지막으로, 전체 프로젝트 달성을 위해 향후 남은 작업들을 물어보는 경우에도 그럴싸한 답변을 작성해 줍니다. 회사에서의 업무 관련 메모나 회의 필기 등에 원노트를 적극적으로 활용해 보시는 것을 권장합니다.

다만 주의할 사항이 있습니다. 코파일럿의 답변은 여러분이 작성한 노트를 기반으로 하고 있지만, 요약이 아니라 이를 이해하고 분석하여 새로운 정보를 창출하는 과정에서는 필연적으로 할루시네이션이 개입할 수 있습니다. 그러므로 코파일럿이 추산한 업무소요기간 등은 비판적으로 수용하시는 것이 바람직합니다.

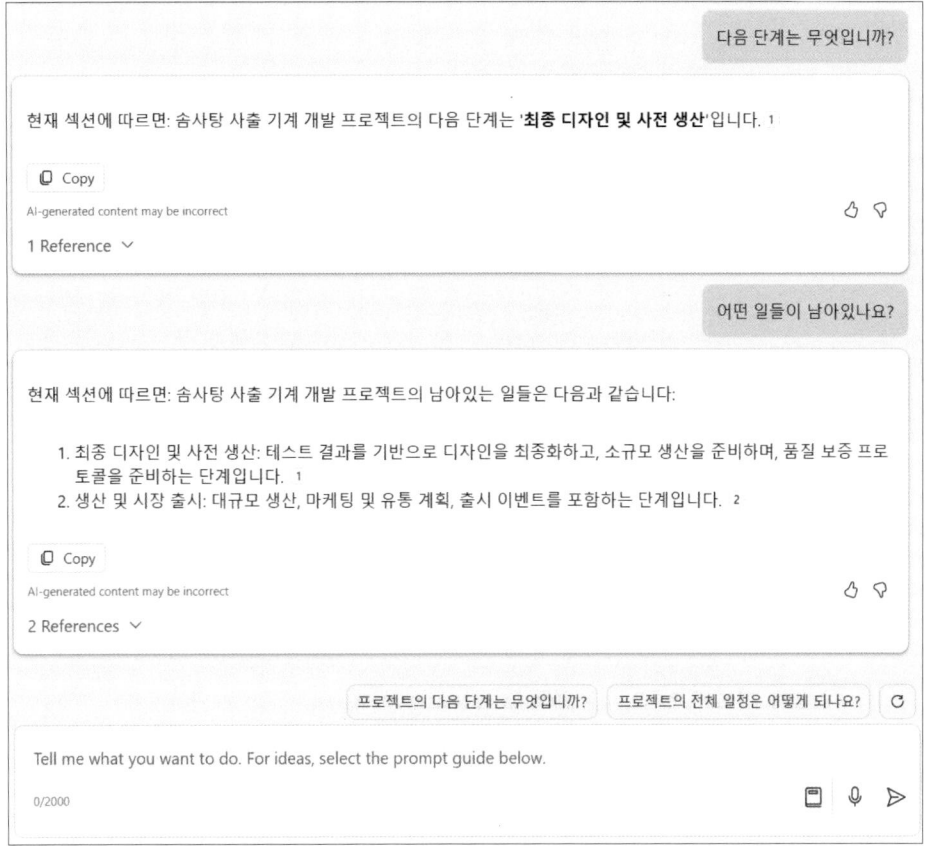

노트의 내용을 기반으로 새로운 문서 작성하기

경이로운 지능과 문서 이해 능력을 갖춘 GPT-4를 탑재한 덕에 아주 약간의 노력만으로 새로운 문서를 작성하는 것도 가능합니다.

수업을 듣고 필기한 내용을 토대로 코파일럿에게 연구제안서를 작성해 달라는 요청을 해 봤습니다. 이는 노트 필기 내용에 대한 완벽한 이해는 물론, 기본적인 연구방법론과 학술적인 수준에서의 논리전개 역량 등을 골고루 요구하는 작업입니다. 여러분이 열심히 노트에 옮겨 적은 정보의 파편들을 토대로 새로운 지식을 창출하기 위한 계획안을 작성하는 것이니 그야말로 고등사고의 영역에 해당하는 작업이지요.

새로운 생각을 만들어 내는 것은 원래 산고의 고통 끝에 얻어지는 과실이라 하지만, 코파일럿과 함께한다면 지름길을 가로지르듯 다양한 지적 산출물을 창조해 낼 수 있습니다.

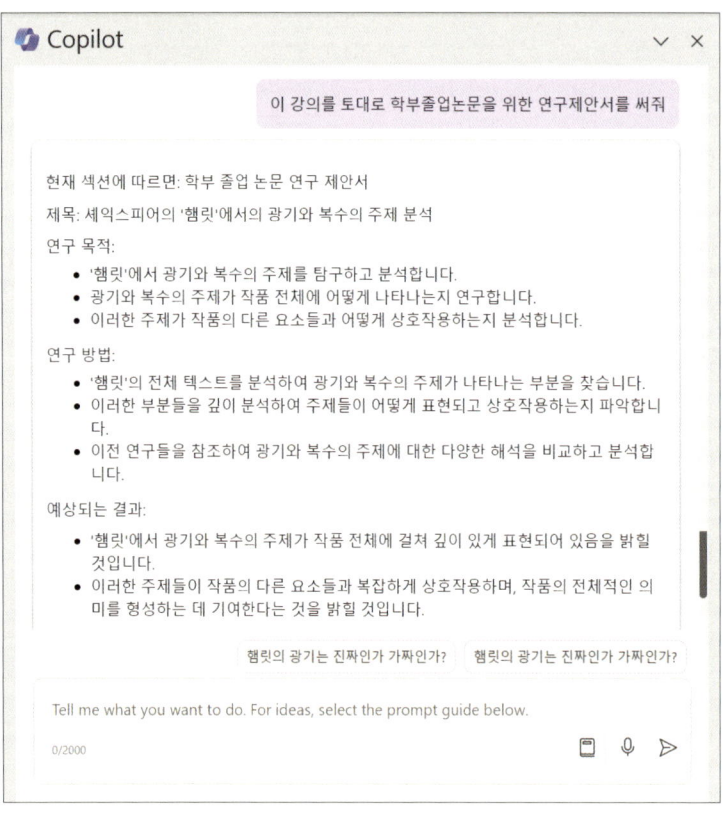

왼쪽 그림은 수업 필기 내용을 토대로 새로운 연구계획서를 작성한 사례입니다. 정리된 기존 지식을 토대로 새로운 지식을 창출하는 방안에 대한 구체적인 계획을 AI가 작성해낸 것이지요.

07
코파일럿은 원노트의 게임 체인저가 맞습니다

지금까지 마이크로소프트 365 생태계에서 프로젝트 관리와 관련된 기능은 아웃룩과 팀즈에서 전담했습니다. 하지만 이번 사례와 마찬가지로 원노트를 활용한 프로젝트 관리 역시 무척이나 편리해보입니다. 이 장 초반에서 언급하였던 원노트의 여러 가지 한계점들이 무색하리만큼, 코파일럿과 함께하는 원노트는 완전히 별개의 소프트웨어가 되어버렸습니다.

학생들은 원노트를 사용하면 복습에 소요되는 시간과 노력을 효율적으로 재구성할 수 있습니다. 프로젝트를 기반으로 업무를 추진하는 연구직, 기획자, 마케터 등 대다수의 지식노동자들은 프로젝트 관리를 효율적으로 해낼 수 있습니다. 고등 지적 사고를 즐기는 사람들에게는 시간과 노력을 단축시킬 수 있는 비서가 되어줄 것이고요.

원노트는 대표적인 크로스플랫폼 소프트웨어이므로 모바일 디바이스에서도 충분히 메모 용도로 사용해 볼 수 있는 도구입니다. 일상에서의 활용도가 높지요. 하다 못해 감명깊게 읽은 인터넷 게시물이나 눈길이 가는 뉴스 기사를 스크랩하는 용도로만 사용하셔도 좋습니다. 언젠가 코파일럿에게 질문을 한다면, 여러분이 오랜 기간 쌓아 올린 정보들을 토대로 코파일럿이 유용한 답변을 제공해 줄 것이니 말입니다.

코파일럿
COPILOT

CHAPTER 06

Outlook 코파일럿

01_ 아웃룩 – 직장인, 프리랜서의 필수 앱
02_ 아웃룩을 처음 사용해 봐요!
03_ 코파일럿이 활성화되었나 확인하는 방법
04_ 코파일럿을 활용한 단일 메일 요약
05_ 코파일럿을 활용한 메일 타래 요약
06_ 코파일럿을 활용한 이메일 자동 작성
07_ 코파일럿을 활용한 답장 자동 작성
08_ 코파일럿을 활용해 외국어로 답장하기

아웃룩 - 직장인, 프리랜서의 필수 앱

아웃룩은 이메일과 캘린더를 관리하는 용도로 널리 사용되는 앱입니다. 이 외에 연락처나 조직 내의 부서나 프로젝트 사일로 인원을 관리하는 데에도 사용할 수 있지요.

구글 생태계의 앱들로도 쾌적하게 같은 일을 할 수 있습니다만, 아무래도 구글의 솔루션은 모바일과 웹브라우저 접근에 조금 더 특화된 면이 있어 PC에서 사용하기에는 약간 기능적으로 서운한 부분들이 있습니다. 반면 아웃룩은 크로스플랫폼을 지향하는 솔루션이다 보니 모바일, 웹, PC 환경 모두에서 연속성 있는 경험을 제공한다는 장점이 있습니다.

뿐만 아니라 아웃룩에서도 구글 지메일(Gmail)이나 카카오메일 등 외부 이메일 서비스를 연동할 수 있으며, 구글 공유캘린더를 아웃룩에 연결하여 사용하는 것도 가능합니다. 모처럼 코파일럿 라이선스를 구매했으니 마이크로소프트 365와 연결된 아웃룩 이메일을 아웃룩 앱에서 사용해 보시는 것도 강력하게 추천합니다. M365 Chat에서 이메일을 관리할 수 있게 되니 말입니다.

아웃룩에 탑재된 코파일럿은 주로 이메일 관련 업무를 자동화하는 데 초점이 맞추어져 있습니다. 이메일을 읽고 쓰는 데에 도움을 주는 것은 물론이거니와, 장기간 오고 간 이메일을 빠르게 요약해 주는 기능도 있어 사용자가 과거에 어떤 대화를 나눴었는지를 떠올리기 위해 애쓸 필요가 사라지게 되었습니다.

02 아웃룩을 처음 사용해 봐요!

아직까지 아웃룩을 사용해본 적 없는 분들을 위한 초기 세팅 방법을 안내해드리겠습니다. 우선 <윈도우(시작)> 키를 누른 뒤 "Outlook"이라는 문구를 입력합니다.

그리고 위 두 개의 아이콘 중 어느 쪽이 표시되는지를 확인해야 합니다. 사용중인 PC 환경에 따라 [Outlook]만 표시되는 경우도 있을 것이며, 두 개가 모두 표시되는 경우도 있을 것입니다. [Outlook (new)]가 설치되어 있는 경우에는 바로 이 앱을 실행해주세요.

[Outlook]이 설치된 경우에는 우선 앱을 실행해 주시고, 뒤에서 소개할 방식을 그대로 따라 로그인까지 진행해 주시기 바랍니다. 어느 시점에서 팝업창이 발생하며 [새 Outlook]의 사용 여부를 물어볼 것입니다. 이때 Yes를 눌러 [Outlook (new)] 앱을 실행할 수 있습니다. 혹은 로그인 이후 화면 우측 상단에서 [새 Outlook으로 전환] 메뉴를 클릭하셔도 좋습니다.

1 | 로그인

01 먼저 아웃룩을 실행하여 코파일럿 라이선스를 보유한 계정으로 로그인합니다. '개인 정보 관련 내용'이라는 안내문이 표시될 수 있습니다. [계속] 버튼을 눌러 로그인을 완료해주세요.

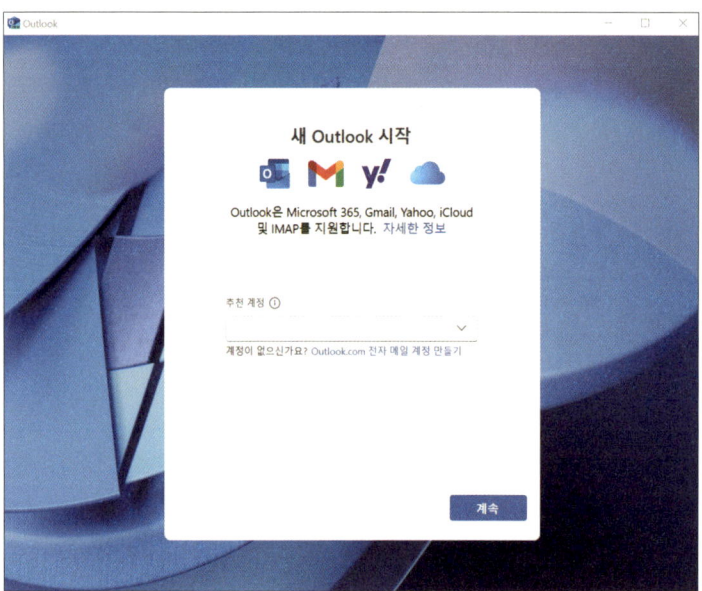

02 아웃룩에 로그인한 화면입니다. 이어 코파일럿 활성화 방법을 안내드립니다. 아웃룩에 외부 이메일 계정을 연동하여 사용하면 무척이나 유용합니다. 아웃룩에서 외부 이메일을 연동하는 방법은 [부록 03. Outlook에 외부 이메일 연동하기]에서 소개합니다.

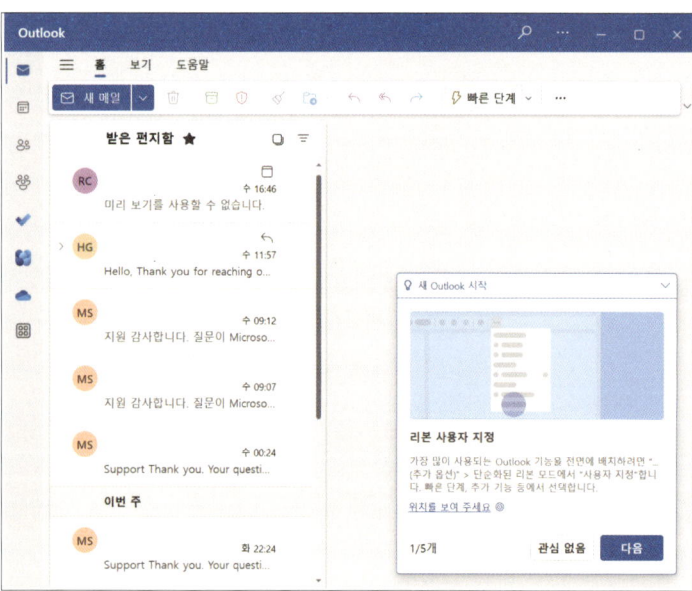

코파일럿이 활성화되었나 확인하는 방법

원노트와 달리 현재 아웃룩에는 멋진 코파일럿 로고가 달린 버튼이 보이거나 하지는 않습니다. 코파일럿이 아웃룩에서 정상적으로 활성화되었는지 살펴보는 방법을 알려드리겠습니다.

01 아웃룩 화면 최상단 좌측의 [새 메일] 버튼을 클릭합니다.

02 메일 작성 화면을 실행했을 때, 다음과 같이 하단에 [Draft with Copilot] 메뉴가 표시되는지 확인해 보시기 바랍니다. 코파일럿 메뉴가 활성화되어 있다면 바로 아웃룩 코파일럿의 사용 방법 안내로 넘어가셔도 좋습니다.

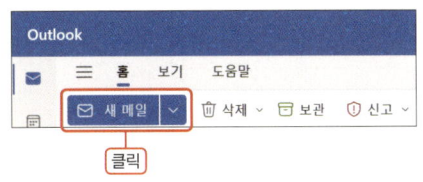

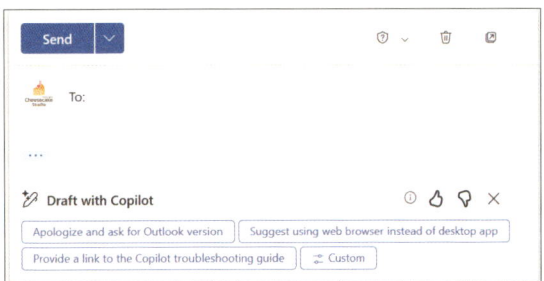

반면 코파일럿 라이선스가 있는 계정으로 로그인하였음에도 코파일럿이 보이지 않는다면 몇 가지 절차가 필요합니다. 필자 또한 동일한 문제를 겪었고, 마이크로소프트 본사 직원의 원격 지원 서비스를 받아 코파일럿을 활성화할 수 있었습니다. 이때 안내받은 방법들을 소개합니다.

1 | 설정 진입

먼저 아웃룩 앱 우측 상단의 톱니바퀴 아이콘(⚙)을 클릭합니다.

2 | 라이선스가 없는 계정 삭제

혹시 아웃룩에서 여러 개의 계정을 사용중이신 경우 코파일럿 라이선스가 있는 계정만 남기고 로그아웃해야 합니다. 라이선스가 충돌했을 수도 있기 때문입니다.

01 [계정] 메뉴를 클릭하고 [전자 메일 계정] 항목에서 아웃룩에 등록된 계정 목록을 확인합니다. 우선 코파일럿 라이선스를 보유하지 않은 계정을 모두 제거해야 합니다. 삭제하려는 계정의 [관리] 버튼을 클릭해주세요.

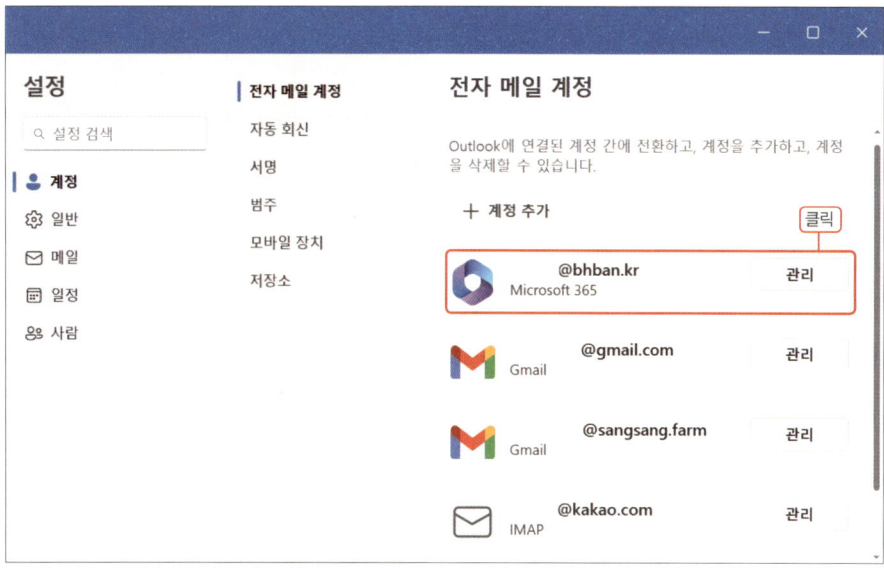

02 개별 계정 관리 화면에서 [제거] 버튼을 클릭합니다.

3 | 언어 변경

01 이번에는 [설정] 창에서 [일반] - [언어 및 시간] 항목을 선택합니다.

02 계속해서 [언어] 항목을 [English (United States)]로 변경합니다.

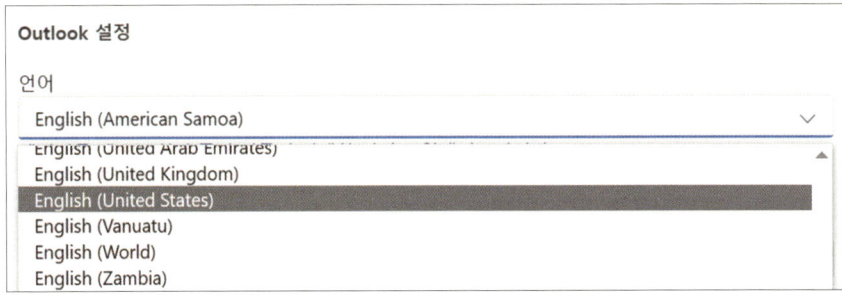

03 [저장] 버튼을 누르면 다음과 같이 화면의 메뉴가 모두 영어로 변경됩니다. 이 상태에서 아웃룩을 완전히 종료 후 다시 실행하시면 코파일럿이 활성화됩니다. 코파일럿 활성화 이후에는 삭제하셨던 계정을 추가하셔도 좋습니다. 단, 언어를 한국어로 다시 변경하실 경우 코파일럿이 비활성화 될 수 있으므로 주의가 필요합니다. MS 내부자의 설명에 따르면 2024년 1월 현재 코파일럿의 정식 버전이 한국어를 지원하지 않기 때문에 기능을 막아둔 것으로 확인됩니다.

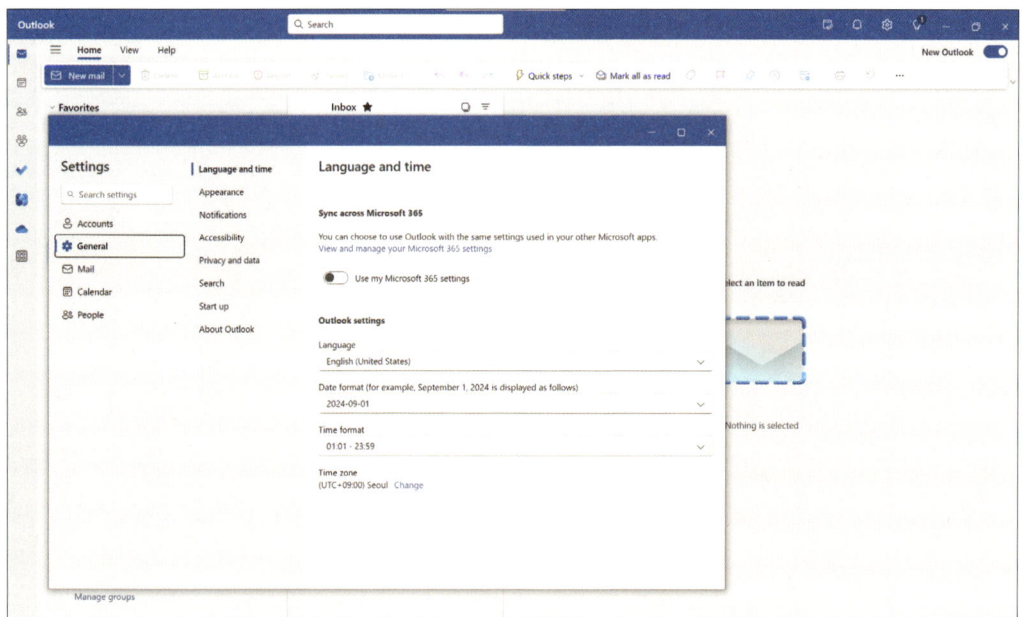

04 코파일럿을 활용한 단일 메일 요약

요약은 언어 모델 인공지능이 가장 잘할 수 있는 작업입니다. 따라서 GPT 기반 요약 기능은 무척이나 높은 성능을 달성할 수 있지요. 마이크로소프트 측에서도 이와 같은 깊게 이해하고 있었기에 거의 모든 코파일럿에 요약 기능이 최우선적으로 탑재되었습니다. 아웃룩 역시 마찬가지입니다.

01 아웃룩에서 수신 메일을 클릭하면 상단에 [Summary by Copilot]이라는 메뉴가 표시됩니다. 이 메뉴를 클릭하면 코파일럿이 메일을 한차례 읽어옵니다.

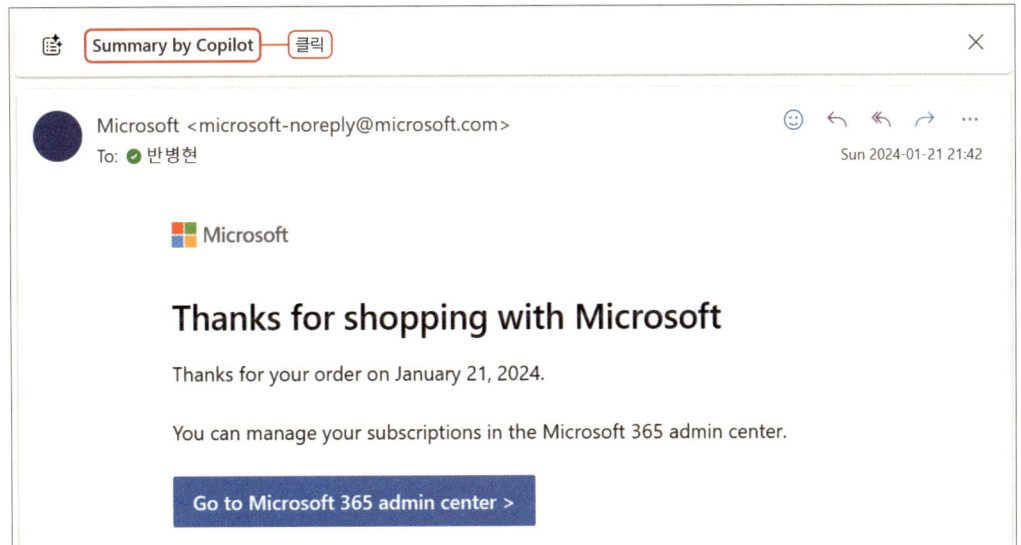

02 코파일럿이 메일을 분석하는 동안에는 다음과 같은 문구가 표시됩니다.

03 잠시 뒤 코파일럿이 메일 내용을 요약하여 설명해줍니다. 장문의 텍스트로 구성된 이메일은 당연히 요약을 잘 해 낼 수 있습니다. 아래 그림은 텍스트가 많지 않은 구매 영수증 이메일을 요약하도록 시킨 것입니다. 어떤 주문 건에 대한 영수증인지, 구매한 라이선스를 어떻게 등록해야 하는지에 대한 내용이 잘 표시되어 있습니다. 요약의 품질은 꽤나 준수한 편입니다.

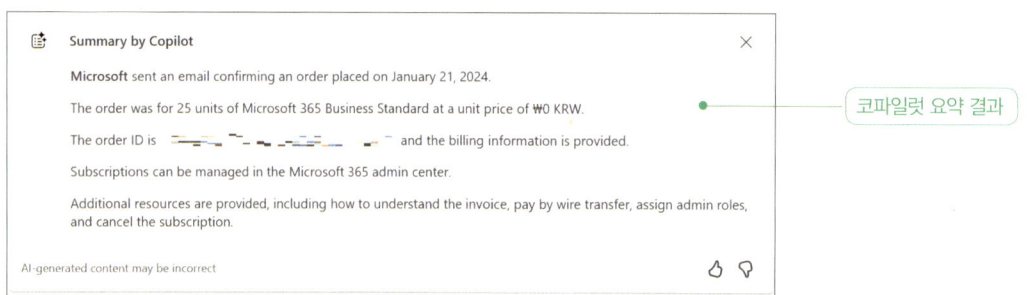

코파일럿 요약 결과

04 2024년 1월 현재 코파일럿이 한국어를 지원하지는 않지만, 아웃룩 메뉴 표시 언어를 영어로 설정해 둔 경우에는 한국어로 작성된 이메일의 요약 작업을 시키는 것도 가능합니다. 다음 그림을 살펴보시면 한국어 이메일이지만 상단에 'Summary by Copilot' 문구가 표시되는 것을 확인할 수 있습니다. 단, 다음 그림과 같이 요약 결과는 영어로 제공됩니다.

05 이와 같은 활용 방안을 살펴보기만 해도, 지금부터라도 명함에 기재된 이메일 주소를 마이크로소프트 365 메일로 변경하여 차곡차곡 레거시를 쌓아 올리는 편이 더 바람직할지를 고민하게 됩니다. 메일을 자주 주고받는 사람들 입장에서 코파일럿은 강력한 유인책이 맞는 것 같습니다.

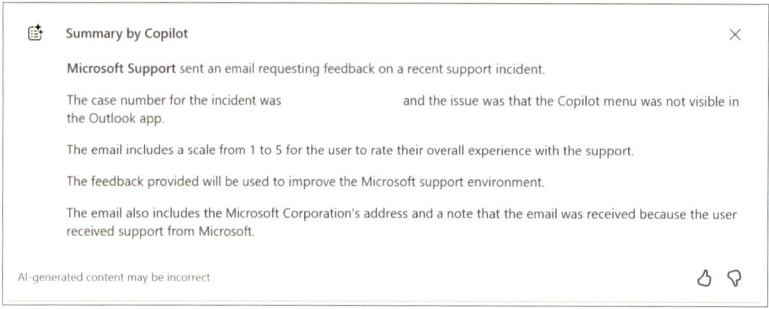

05 코파일럿을 활용한 메일 타래 요약

동일한 토픽 위에서 의견을 주고받고, 일정을 조율하고, 진척을 공유하다 보면 다음 그림과 같은 상황을 자주 목격할 수 있습니다.

아래 그림은 필자의 카카오메일의 수신함을 캡처한 것입니다. 메일을 한 마디 주고받을 때마다 제목 앞에 "Re"라는 문구가 추가되며 점점 메일 제목이 길어지는 부분과, 서로 다른 두 개의 메일 시스템을 오가며 "RE"와 "Re"가 번갈아 앞에 위치하는 것도 웃지 못할 디테일입니다. 뭐, 열심히 외부 업체와 업무 연락을 주고받은 흔적이라 생각하면 자랑스럽기도 합니다.

그런데 말입니다, 어느 날 갑작스레 낯선 사람에게서 이메일이 왔는데 제목 앞에 "Re: RE: Re: RE: Re: RE: Re: RE: Re: RE: …"가 잔뜩 붙어 있다면 어떤 느낌이 들까요? 분명히 한동안 연락을 주고받던 사람이긴 한데 기억이 가물가물해 당황스러운 상황이 꼭 한 번씩은 생기기 마련입니다. 그렇다고 과거에 주고받았던 메일들을 정독하고 올 수도 없는 노릇이고요. 코파일럿은 이런 상황에서도 해답을 제공해 줍니다.

아래 그림은 여러 번 주고받은 이메일의 일부입니다. 이 메일 타래를 코파일럿에게 요약해 달라고 부탁해 보겠습니다.

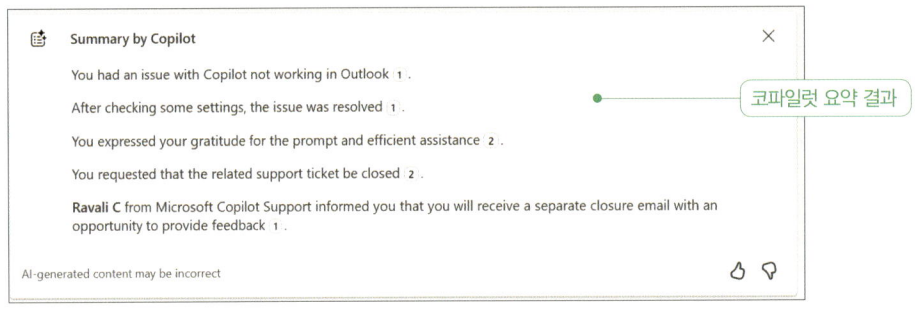

코파일럿 요약 결과

어떤가요? 코파일럿이 필자와 Ravali C 사이 주고받은 연락을 간략하게 요약정리했습니다. 외부와 자주 이메일을 주고받는 분들께 무척이나 유용할 기능입니다. 여기까지 수신 메일을 열람하는 데 유용한 코파일럿 사용법을 살펴봤습니다.

06

코파일럿을 활용한 이메일 자동 작성

GPT는 작문 실력이 무척 뛰어난 인공지능입니다. 그렇기에 문서 작성 역량도 수준급이지요. 그렇기에 코파일럿의 도움을 받아 이메일을 작성한다면 시간을 크게 절약할 수 있습니다.

01 아웃룩에서 [메일 작성] 버튼을 클릭하면 다음과 같이 입력창이 표시됩니다. 텍스트 입력 필드를 살펴보시면 [Draft with Copilot]이라는 메뉴가 새롭게 생겨나 있는 것을 확인할 수 있습니다. 이 버튼을 클릭해보겠습니다.

02 [Draft with Copilot] 위젯이 팝업됩니다. 좌측 하단에는 코파일럿으로 작성할 이메일의 분위기를 세부조정할 수 있는 버튼도 위치해 있습니다.

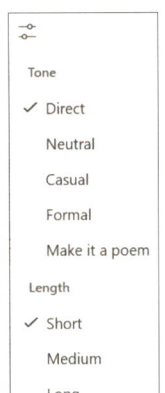

03 이 버튼을 클릭하면 말투(Tone)와 메일의 길이(Length)를 설정할 수 있는 메뉴판이 표시됩니다. 아무래도 이메일은 사적인 영역부터 공적인 영역까지 골고루 폭넓게 사용되므로, 문장의 격식의 정도를 설정하는 것은 반드시 필요한 부분입니다. 아주 센스있는 기능을 마이크로소프트가 구현해냈습니다.

04 별다른 설정 없이 초안 작성을 요청해 보겠습니다.

생일 파티 초대 메일을 작성해줘!

05 그럴싸한 초대장이 완성되었습니다. 작성된 본문의 하단에 위치한 요소들을 살펴보겠습니다. 코파일럿이 작성한 초안이 마음에 든다면 [Keep it] 버튼을 누르시면 됩니다. 코파일럿이 작성한 초안이 그대로 이메일 작성 필드에 입력됩니다. 반면 결과물이 마음에 들지 않는다면 [Discard]를 눌러 삭제하거나 [Regenerate]를 눌러 다시 작성해오도록 시킬 수 있습니다. 프롬프트 창에 수정안을 입력하여 코파일럿에게 구체적으로 어떤 점이 마음에 안 드는지를 전달하는 것도 가능합니다. 예를 들면 "조금만 더 길게 써와."라거나, "생일파티 장소도 추가해줘."라는 요청을 하는 것이 가능합니다. [Regenerate]를 한 번 눌러보겠습니다.

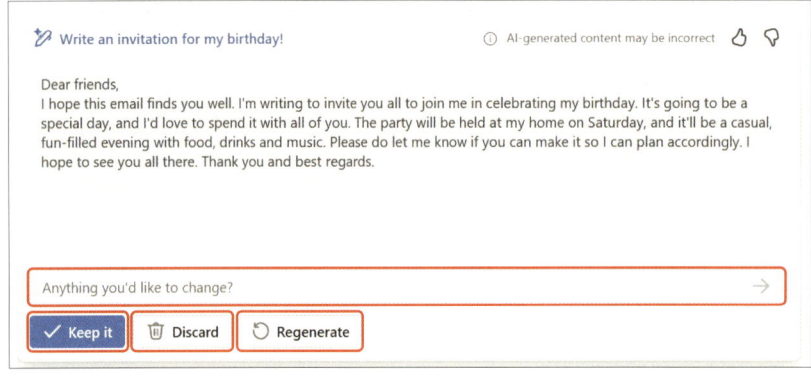

06 어떤가요? 초안이 새로운 문장으로 교체되었습니다. 물론 앞서 작성한 문장도 보존되므로 아래 그림에 표시된 버튼(<)을 눌러 이전 초안 버전으로 되돌리는 것도 가능합니다.

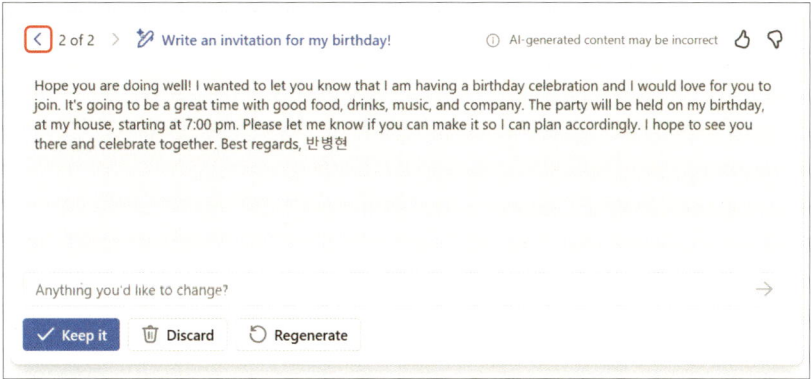

이처럼 코파일럿을 적극적으로 활용하면 시간을 무척이나 절약하면서도 이메일을 작성할 수 있습니다.

07

코파일럿을 활용한 답장 자동 작성

코파일럿을 활용한 메일 읽기와 쓰기를 살펴봤습니다. 읽기와 쓰기를 더하면 "자동으로 답장 작성하기"라는 획기적인 기능이 됩니다. 이를 살펴보겠습니다.

01 수신 메일을 열람하신 뒤, 우측 상단의 [답장] 버튼(↩)을 클릭하시면 답장 작성 창이 열립니다.

02 메일 작성 화면과 달리 답장 화면은 하단에 코파일럿 메뉴가 표기됩니다. 그리고 예시 주제들을 보여줍니다. 하단에서 추천해 주는 예시 주제들은 앞서 주고받은 이메일들을 토대로 작성되며, 각기 다른 방향성을 보여줍니다. 이 중에서 마음에 드는 방향성이 있다면 해당 문장을 클릭하면 되고, 마음에 드는 예시가 없다면 [Custom] 버튼을 클릭합니다.

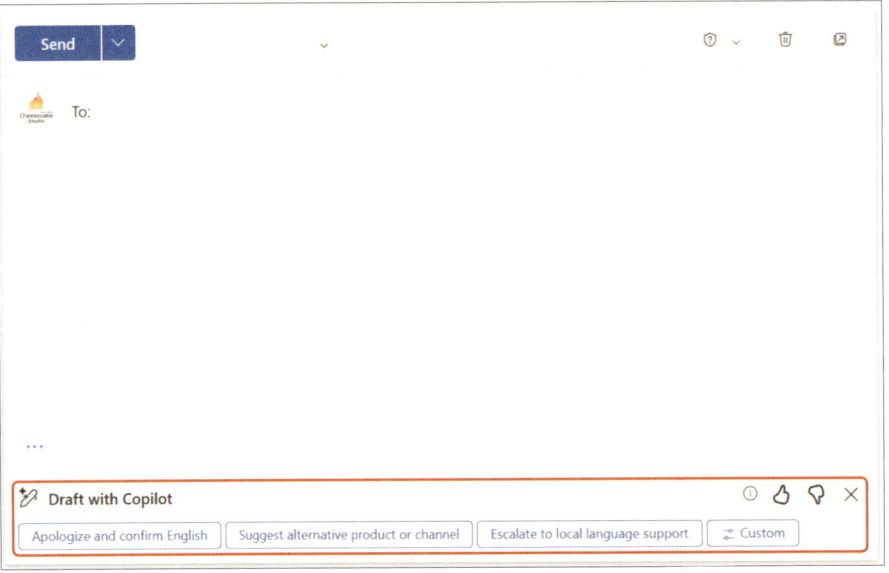

03 [Custom] 버튼을 클릭하면 앞서 살펴보신 [메일 보내기]에서의 코파일럿 창과 동일한 창이 팝업됩니다. 사용방식 역시 동일합니다.

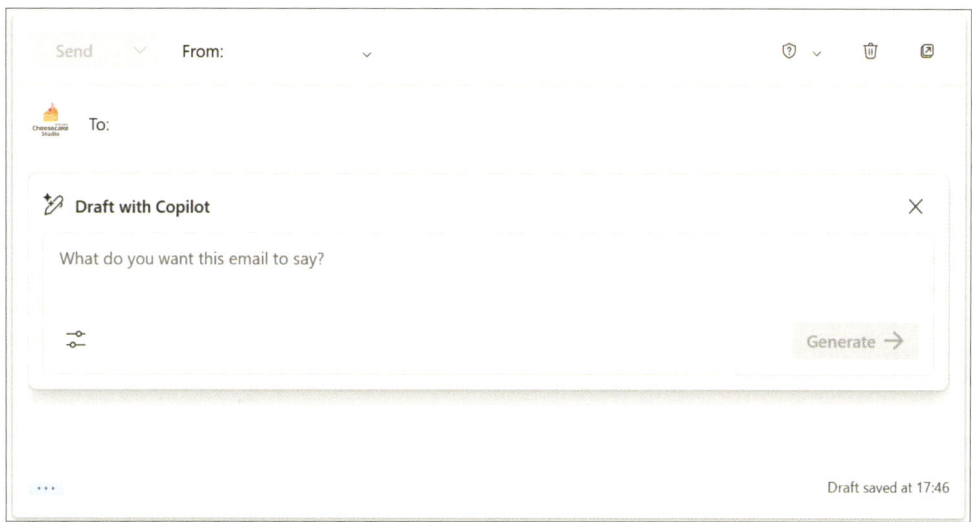

04 간단히 한 문장 정도의 방향성을 제시하고 길이를 [Long]으로 설정해 보겠습니다.

내가 문제를 인지했었고, 이미 아웃룩 시스템 언어를 영어로 변경한 상태였다고 답장해줘.

05 스크롤이 생겨날만큼 긴 답장이 자동으로 생성됩니다. 특히 한국에서는 긴 이메일이 예의바르다는 인식이 있으므로 분량을 [long]으로 설정해두면 유용할 것입니다.

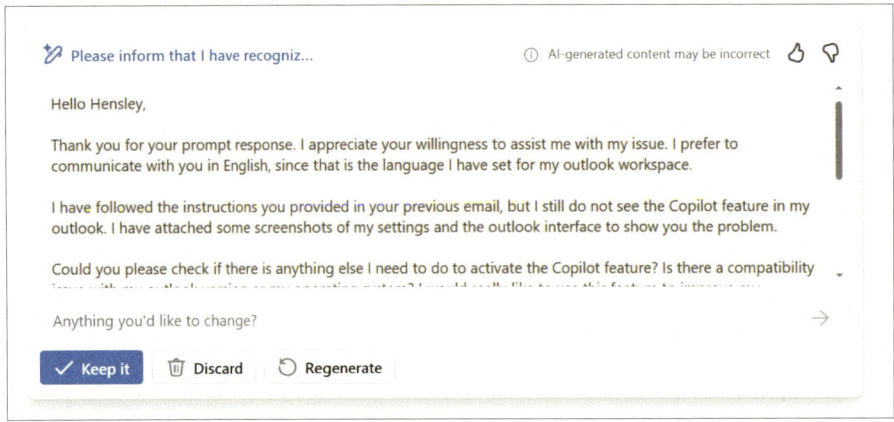

초안 작성 시 프롬프트로 "정중하게 거절해 줘."라거나, "승락하겠다는 내용으로 써 줘." 같이 훨씬 더 간단한 문구만 입력하는 것도 가능합니다. AI는 여러분의 프롬프트를 토대로 문장을 작성해 주므로, 아주 시간을 절약하면서 장문의 정중한 거절메일을 순식간에 작성하는 것이 가능하지요.

특히나 고객의 불평에 대한 답장을 작성해야 하는, 감정적으로 피로도가 높은 작업을 수행하는 분들께는 꼭 권하고 싶은 기능입니다. 모쪼록 마음이 다치지 않도록 뾰족하고 아픈 단어들은 AI에게 대신 읽히고 답변까지 작성시킬 수 있다면 훨씬 삶의 질이 나아질 것입니다.

08 코파일럿을 활용해 외국어로 답장하기

코파일럿을 활용하면 수신 메일을 번역하거나, 한국어 프롬프트를 입력하고서 "이 내용을 불어로 써 줘." 등의 요청을 하는 것도 가능합니다. 이 책의 집필 시점에서는 영어와 불어가 코파일럿에서 공식적으로 지원되므로, 영어 메일에 불어로 답장하는 과정을 소개합니다.

01 답장 작성 화면에서 코파일럿을 불러와 "불어로 답장을 작성해줘."라고 요청했습니다.

02 짠! 보시다시피 불어로 작성된 답장이 완성되었습니다. 단순히 외국어로 답장이 가능함을 보여드리기 위해 단순한 프롬프트를 입력하였습니다. 실무에서 사용하실 때에는 "거절/승락"부터 "줌 미팅을 하자는 제안을 해 줘"와 같이 훨씬 더 자세한 요구를 입력하는 것이 가능합니다.

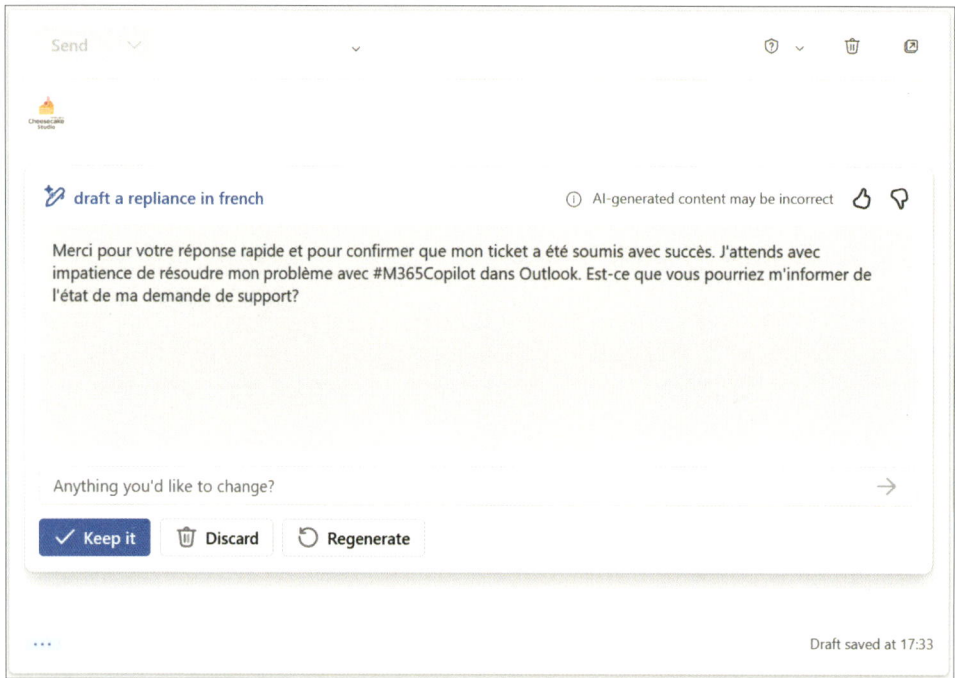

아직까지는 코파일럿의 기능이 한정적입니다만, 추후 M365 Chat이 조금 더 스마트해진다면 아웃룩과 채팅창 사이의 소통이 훨씬 더 유연해질 것으로 기대합니다. 채팅창에서 캘린더에 새로운 일정을 추가하고, 채팅창에서 이메일에 답장을 하는 것도 가능하겠지요. 이미 채팅창에서 최근 수신 메일을 요약하는 등의 작업은 가능하므로 이와 같은 업데이트도 시간문제라고 생각합니다.

CHAPTER 07

Teams 코파일럿

01_ Teams – 수십 개의 카톡방을 하나의 앱으로
02_ Teams 채팅을 카카오톡 대신 사용하세요
03_ Teams에서 팀 관리하기
04_ 채널 게시물 작성에 코파일럿 활용하기
05_ 채널 게시물 댓글 작성과 요약에 코파일럿 사용하기
06_ 코파일럿으로 채팅방의 대화 흐름 파악하기
07_ Teams 화상회의에 코파일럿을 활용하기

Teams - 수십 개의 카톡방을 하나의 앱으로

작은 조직에서는 구성원들끼리 카카오톡으로 소통하는 경우가 많습니다. 처음에는 한 개의 카톡방에서 시작하다가 업무가 다변화되면서 공지 톡방, 회계 톡방, 잡담 톡방이 분리되기 시작하고, 어느샌가 프로젝트 하나당 카톡방 하나를 신설하게 됩니다. 프로젝트가 종료되더라도, 프로젝트 과정에서 오간 정보들을 추후에 재열람해야 할 수도 있으므로 함부로 카톡방을 없앨 수도 없습니다. 시간이 지나다 보면 팀의 모든 구성원들에게 지울 수 없는 레거시 카톡방 수십 개가 생겨나게 됩니다.

이와 같은 문제를 해결하기 위하여 사용하는 것이 업무용 메신저 애플리케이션입니다. 슬랙이 가장 보편적인 솔루션으로 알려져 있고 국내에서는 잔디를 사용하는 경우도 많습니다. 팀즈는 작은 조직보다는 규모가 일정 수준 이상인 조직에서 많이 사용되고 있는 솔루션이었습니다만, 최근 점유율이 빠르게 성장 중이라고 합니다.

일상에서 매일 사용하는 카톡을 업무용 메신저로 전환하는 것만으로도 워라밸이 확보됩니다. 게다가 구성원 입장에서도 카톡 알람과 다른, 회사에서 쓰는 메신저 알람이 울릴 경우 보다 진지한 자세로 신속하게 대응할 수 있게 되지요. 새벽에 카톡 알람이 울린다면 폰을 확인하지 않겠지만, 평소 야간에는 거의 울리지 않던 팀즈 알람이 계속해서 울린다면 "무언가 큰 문제가 생긴 것인가?"라는 생각에 신속하게 대응할 수도 있을 것입니다.

이런 이유로 업무용 메신저 시장은 매년 크게 성장중입니다. 각 서비스들은 자신만의 킬러 기능을 출시하여 사용자들을 확보하기 위하여 혈안이 되어 있고요. 그런데 이번에 마이크로소프트가 가져온 킬러 기능인 코파일럿이 너무나도 강력합니다. 코파일럿이 탑재된 팀즈를 우리 조직에 도입하면 어떤 일들이 가능해지는지 살펴보겠습니다.

Teams 채팅을 카카오톡 대신 사용하세요

01 다음 그림은 팀즈를 처음 실행하면 보이는 화면입니다. UI가 무척이나 직관적입니다. [채팅] 화면에서는 팀 구성원들과 채팅을 주고받을 수 있습니다. 일대일 대화는 물론, 여러 사용자를 추가하여 함께 소통하는 것도 가능합니다.

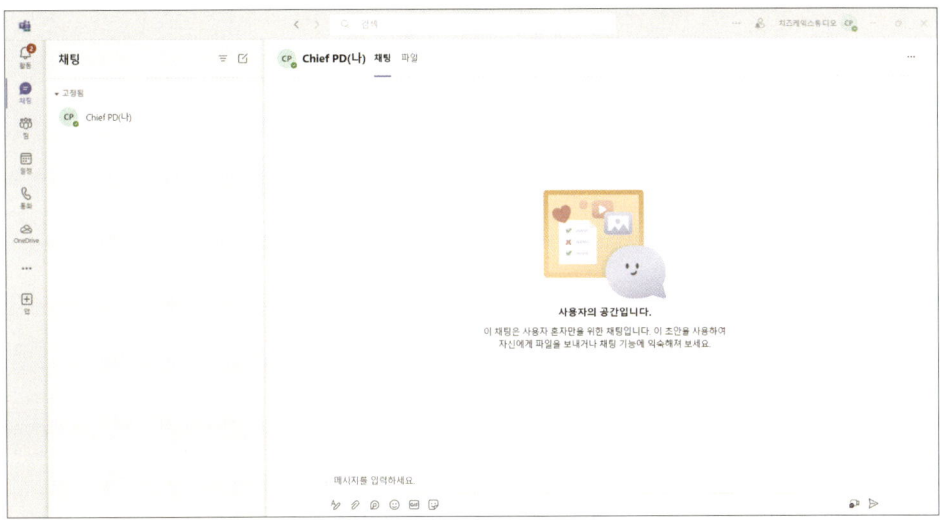

02 새로운 채팅방을 만들 때에는 좌측 사이드 패널 상단의 [새 채팅] 버튼을 클릭합니다.

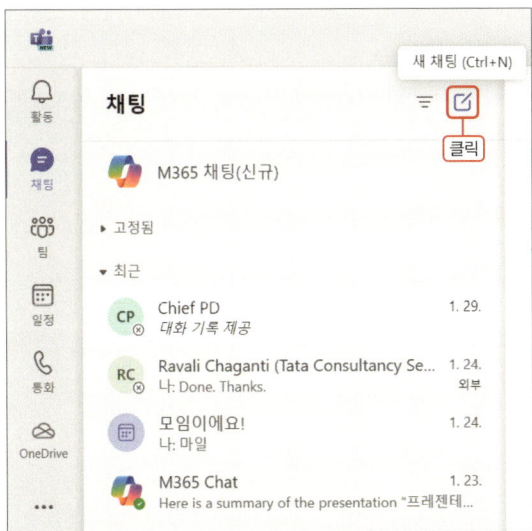

제7장 Teams 코파일럿 | **109**

03 그리고 채팅창에 추가할 사용자를 검색하여 클릭합니다. 여러 명을 검색하여도 됩니다.

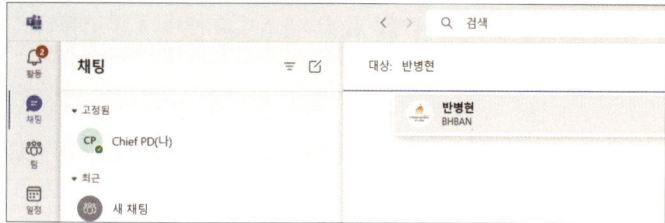

04 메시지를 전송하면 채팅이 시작됩니다. 무척이나 사용 방법이 간단하지요?

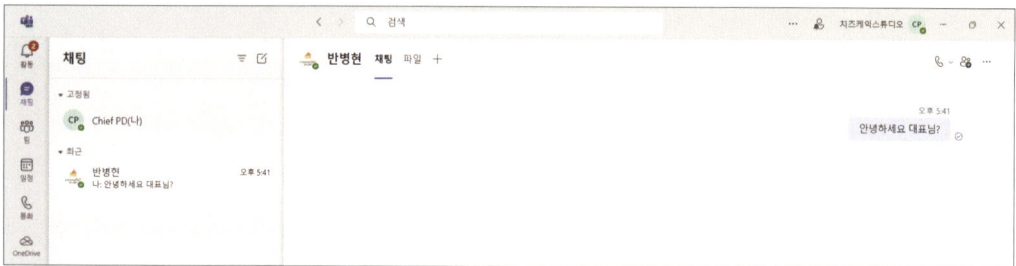

05 채팅 메시지는 윈도우의 알림 기능을 통해 모니터 화면 우측 하단에 잠시 팝업됩니다. 모바일 애플리케이션을 설치할 경우 스마트폰으로도 알림이 전송됩니다.

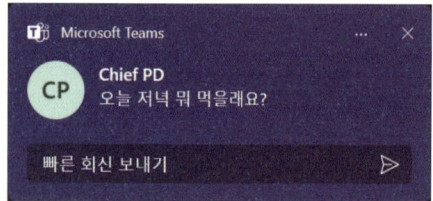

Teams에서 팀 관리하기

채팅 기능은 사람을 그룹 단위로 정돈하는 느낌이며, 캐주얼한 채팅형 의사소통을 위한 공간입니다. 반면 [팀] 기능은 조금 더 포멀한 업무환경 역할입니다. 소통이 필요한 주제나 프로젝트 참가 인원별로 별도의 팀 게시판을 만들 수 있으며, 업무와 관련된 게시물을 올리고 댓글을 달며 소통할 수 있습니다.

01 팀 패널의 화면입니다. 초기 상태에서는 조직명과 [일반]이라는 이름의 팀만 존재합니다.

02 상단의 [+] 아이콘을 클릭한 뒤 [팀 만들기]를 선택하여 새로운 팀을 만들 수 있습니다. 직원들은 [팀 참가] 버튼을 클릭하여 이미 만들어진 팀들에 참석할 수 있습니다.

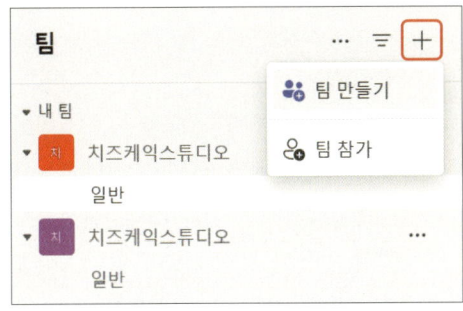

03 [팀 만들기] 버튼을 클릭하면 다음과 같이 다양한 템플릿이 제공됩니다. 여러분의 조직 성격에 맞는 항목을 선택합니다. [프로젝트 관리] 템플릿을 클릭해 보겠습니다.

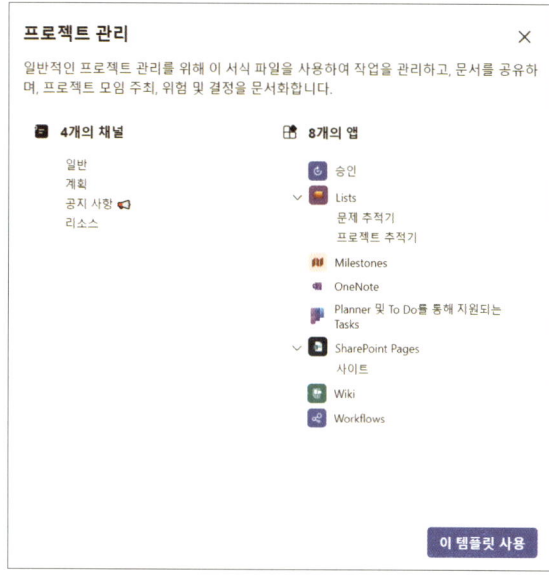

04 팀즈가 자동으로 프로젝트 관리에 유용한 추가 앱들을 정리하고, 추천해줍니다. 그리고 처음에 사용하기 좋은 기본 채널 4개를 추천해줍니다. 이 채널 하나하나가 일종의 업무용 게시판 내지 회의실 역할을 수행한다고 보시면 되겠습니다.

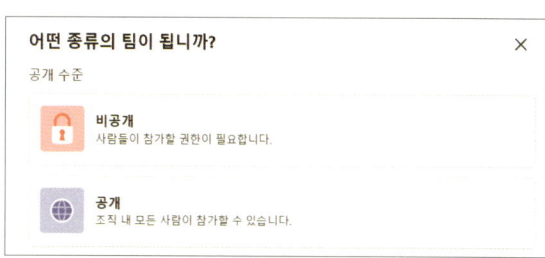

05 그런 다음 팀의 공개 수준을 설정하게 됩니다. 임원진만 접근 가능한 메뉴를 만들고 싶으시다면 [비공개]로 설정하시어 핵심 인물만 초대하시면 됩니다. [공개]로 설정할 경우, 전 직원이 필요에 따라 팀에 자유롭게 참여할 수 있습니다.

06 그런 다음 팀의 이름과 간략한 설명을 입력합니다.

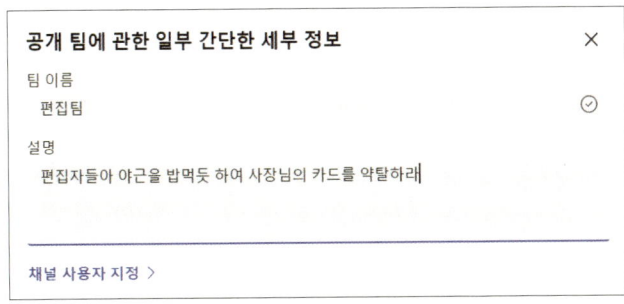

07 모든 설정이 완료되어 팀이 생성됩니다.

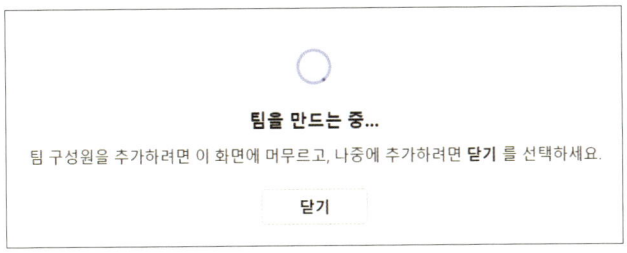

08 팀 메뉴에 새롭게 개설한 [편집팀]이 추가되었습니다. [더 보기] 버튼을 눌러 팀의 정보를 수정하거나, 멤버를 추가할 수 있으며 새로운 채널을 추가할 수도 있습니다. 새로운 프로젝트를 시작할 때마다 [채널 추가]를 눌러 프로젝트 채널을 개설하는 식으로 직원들이 스스로 조직의 업무를 구조화하고 체계적으로 관리할 수 있는 환경을 제공할 수 있습니다.

09 [멤버 추가]를 눌러 팀에 새로운 멤버를 추가할 수 있습니다. 버튼을 눌러 보겠습니다.

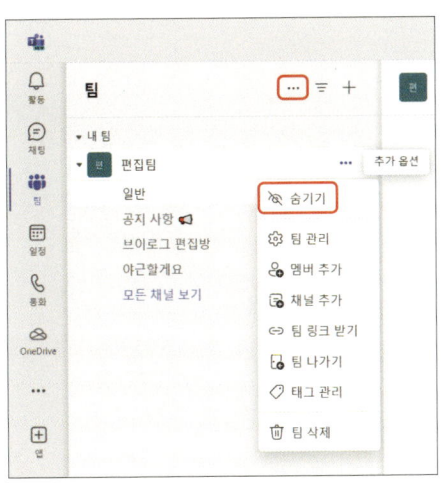
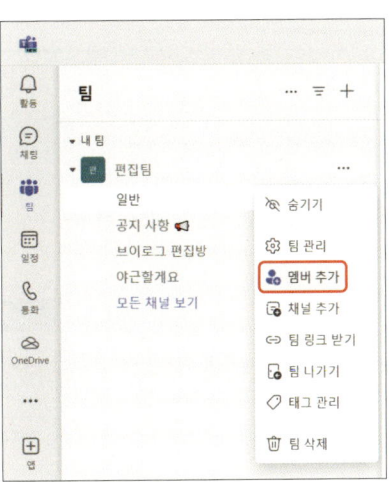

10 구성원을 검색할 수 있는 팝업창이 표시됩니다. 여기서 팀에 추가할 직원들을 검색하고 [추가] 버튼을 눌러 [팀] 기능의 초기 세팅을 마칩니다. 처음 한 번만 세팅하여 두면 직원들이 스스로 필요할 때마다 채널을 추가하고, 사용자를 추가해 가며 [팀] 기능의 효용성을 키워나갈 것입니다.

11 [채널 추가] 버튼을 누르면 아래 그림과 같은 팝업이 생겨납니다. 채널의 이름과 설명을 추가한 뒤, [채널 유형]을 선택하고 [만들기]를 누르면 채널이 새로이 생겨납니다.

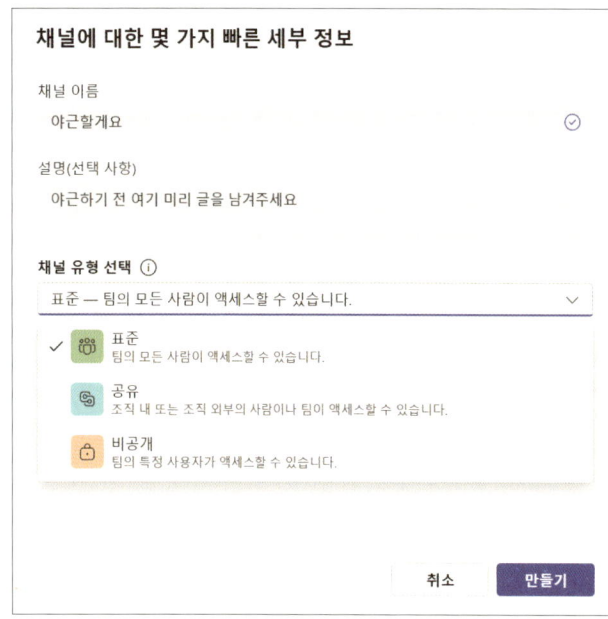

12 아울러 팝업 하단의 [모든 사람의 채널 목록에서 이 채널을 자동으로 표시합니다.] 항목에 체크할 경우, 다른 구성원들이 일일이 신규 채널을 검색하여 참가 버튼을 누르지 않아도 되어 무척이나 간편합니다.

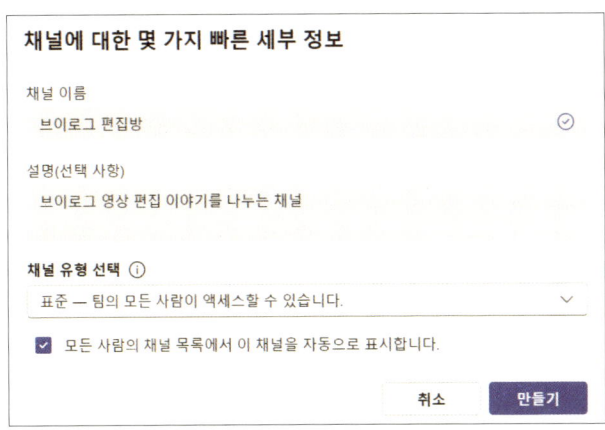

13 팀 채널은 페이스북이나 인스타그램과 같은 구조입니다. 누군가 게시물을 올리고, 다른 사람들은 댓글을 달아 소통할 수 있습니다. 다음 그림과 같이 텍스트를 게시할 수도 있으며 미디어 파일을 첨부하거나 유튜브 영상을 추가하는 것도 가능합니다. 이 외에도 모두가 열람해야 할 중요한 문서 파일이나 노트 필기 등 다양한 항목들을 게시할 수 있습니다.

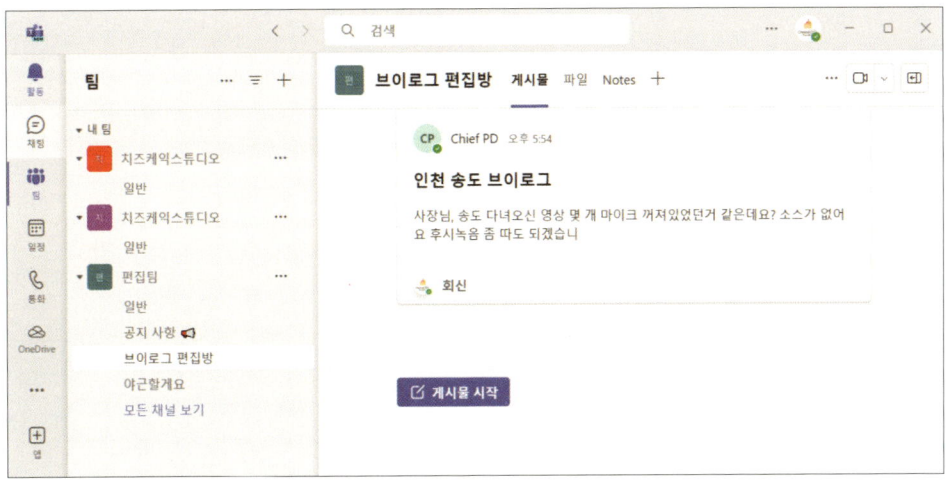

14 게시물 하단의 [회신] 버튼을 누르면 다음 그림과 같이 댓글을 달 수 있는 메뉴가 팝업됩니다. 댓글에도 첨부파일이나 동영상, URL 등 다양한 항목들을 첨부할 수 있습니다. 그런데 익숙한 아이콘이 보입니다. 코파일럿이 여기 숨어있었군요!

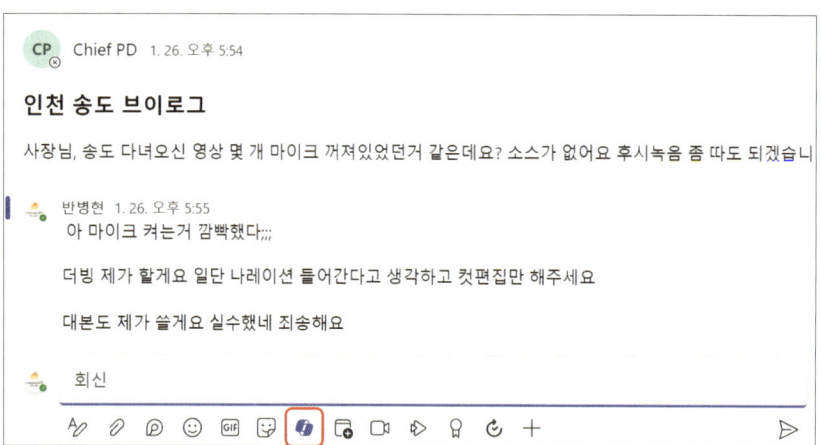

팀즈 채널에 탑재된 코파일럿은 구성원들 간의 의사소통을 보조하는 기능을 수행합니다. 지금부터 팀즈 코파일럿 사용 방법을 살펴보겠습니다.

04

채널 게시물 작성에 코파일럿 활용하기

01 먼저 팀 채널에서 [게시물 작성] 버튼을 클릭해보겠습니다. 게시물 작성 패널 하단에 코파일럿 아이콘이 존재합니다. 이 아이콘을 클릭해 보겠습니다.

02 코파일럿 메뉴가 팝업됩니다. 여기에 바로 프롬프트를 입력하는 것은 불가능합니다. 게시물의 텍스트 입력 필드에 입력된 글을 불러와 코파일럿이 교정과 첨삭을 해 주는 용도입니다.

 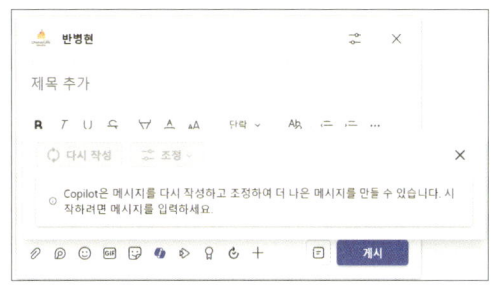

03 코파일럿 사용을 위하여 간단한 메시지를 입력하고, 코파일럿 버튼을 클릭해 보겠습니다.

04 코파일럿 메뉴가 팝업되며 [다시 작성] 버튼과 [조정] 버튼이 활성화되었습니다.

05 [조정] 버튼을 클릭하면 이 텍스트를 어떤 방식으로 고쳐쓸 것인지 파라미터를 설정할 수 있습니다. 글의 길이와 말투를 조정할 수 있습니다. 현재 메뉴에 조금 부자연스러운 용어들이 기재되어 있는데요, 추후 보다 매끄러운 단어로 다시 번역이 진행될 것으로 생각합니다. 여하튼 글자의 길이를 조금 더 길게 늘리면서 열정적인 말투로 다시 작성을 요청해보겠습니다.

 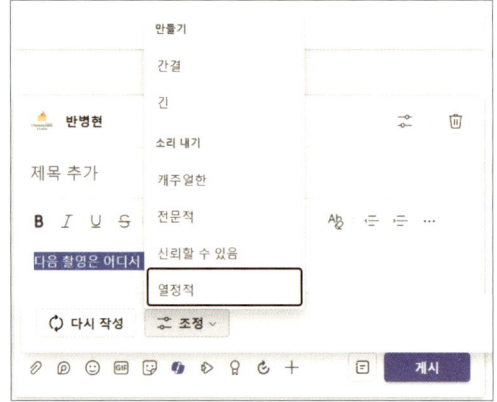

06 코파일럿이 교정한 문구가 화면에 표시됩니다! 확실히 길이도 조금 더 길어졌고 열정있는 신입사원의 말투로 변경되었네요. 말투의 변경이 의외로 꽤나 유용한 기능일 것입니다.

개인적으로 기분 나쁜 일이 있더라도 다른 조직원들에게 티를 내지 않을 수 있기도 하고, 사회생활이 아직 낯선 분들께서도 말투를 조금 더 정중하고 격식있게 교정할 수 있기 때문입니다.

채널 게시물 댓글 작성과 요약에 코파일럿 사용하기

01 게시물 본문 작성뿐 아니라 댓글 작성에도 코파일럿을 활용할 수 있습니다. 채널 게시물 하단의 [회신] 버튼을 눌러 댓글 창을 활성화하고, 텍스트를 입력한 뒤 코파일럿 버튼을 클릭해보겠습니다.

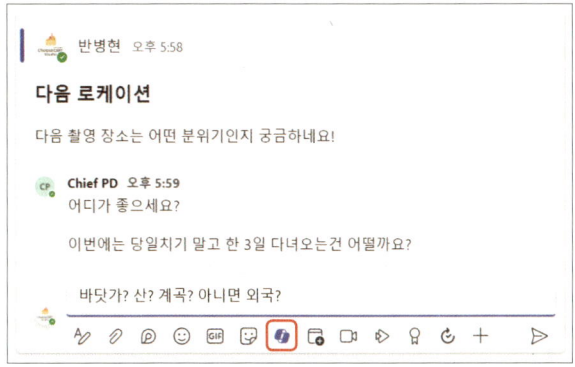

02 본문 게시물 작성시와 마찬가지로 댓글을 수정할 수 있는 기능이 활성화됩니다. 사용 방법이나 효용성도 대동소이합니다.

06

코파일럿으로 채팅방의 대화 흐름 파악하기

팀즈를 실제로 여러분의 팀 업무에 도입하기로 결정하셨다면 아마 채팅 기능을 가장 많이 사용하시게 될 것입니다. 평소에 카카오톡으로 소통하던 것과 비슷한 빈도로 팀즈 채팅창을 열어 메시지를 읽고, 답장을 하겠지요.

그런데 기존에 한창 대화가 장기간 진행되던 채팅방에 새로운 직원을 초대한 상황을 생각해 봅시다. 새로 들어온 직원은 기존에 이 톡방에서 진행되었던 대화에 대한 배경지식이 없으므로 최근 대화 내역이 무척이나 생소하게 다가올 것입니다. 예를 들어, 아래 그림을 보시고 지금까지 이 팀에서 어떤 맥락의 공감대가 형성되어 왔는지를 쉽사리 파악할 수 있으신가요? 어려울 것입니다. 이럴 때 코파일럿을 사용해 볼 수 있습니다.

01 채팅창 우측 상단의 코파일럿 버튼을 클릭합니다.

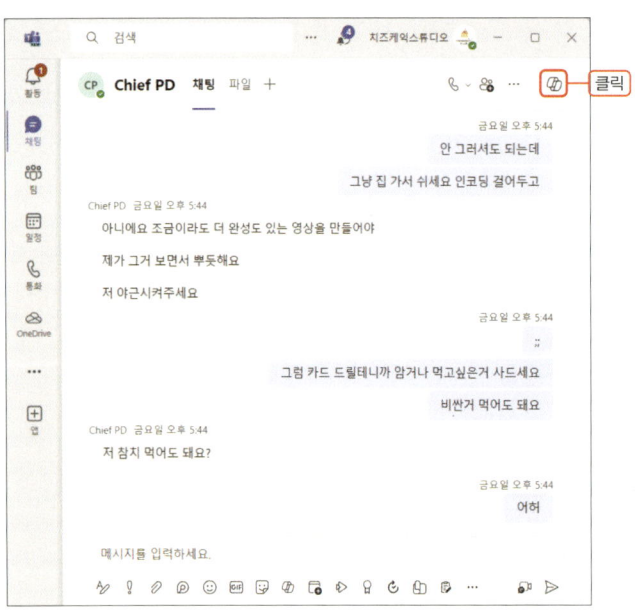

02 채팅창에 충분히 많은 대화가 오가지 않은 상황이라면 다음과 같이 코파일럿이 비활성화되어 있을 것입니다.

03 충분한 대화가 쌓인 채팅방에서는 아래 그림과 같이 코파일럿이 활성화됩니다.

04 하단의 [추가 프롬프트]를 누르면 다음과 같은 추천 문구가 표시됩니다. 주로 최근 n일간의 대화를 빠르게 요약해서 보여주는 목적이나, 채팅방의 대화 흐름을 핵심만 요약해서 보여주는 등 시간을 적게 들이면서 최근에 팀 내에서 진행된 이야기들을 빠르게 파악하는 데에 특화된 것으로 보입니다.

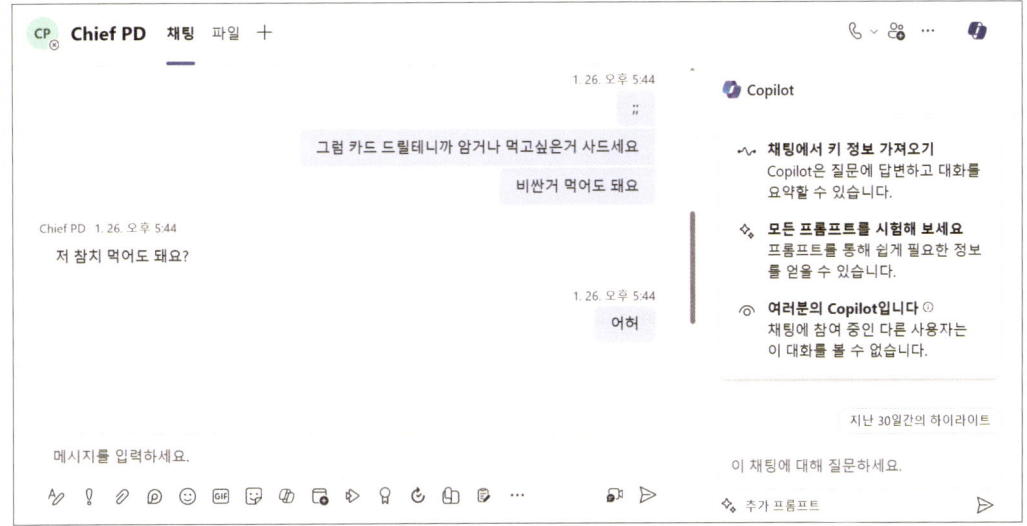

05 여러분의 니즈에 맞게 대화 요약을 지시하시면 되겠습니다. 단순한 요약 요청 시에는 코파일럿이 최근 대화 여러 개의 흐름을 여러 단계로 설명합니다.

06 이마저도 읽기 번거로우시다면 한 문장 분량으로 요약해달라 부탁할 수 있습니다.

07 이번에 소개할 기능은 팀 채널에서도 사용 방법이 비슷합니다. 댓글이 많이 달린 게시물을 선택하면 우측 상단에 코파일럿 아이콘이 생겨납니다. 댓글 개수가 적을 때에는 코파일럿이 비활성화되어 있다가 충분히 많은 댓글이 달릴 때 코파일럿 채팅창이 활성화됩니다. 구체적인 사용 방식은 채팅 코파일럿과 거의 비슷합니다.

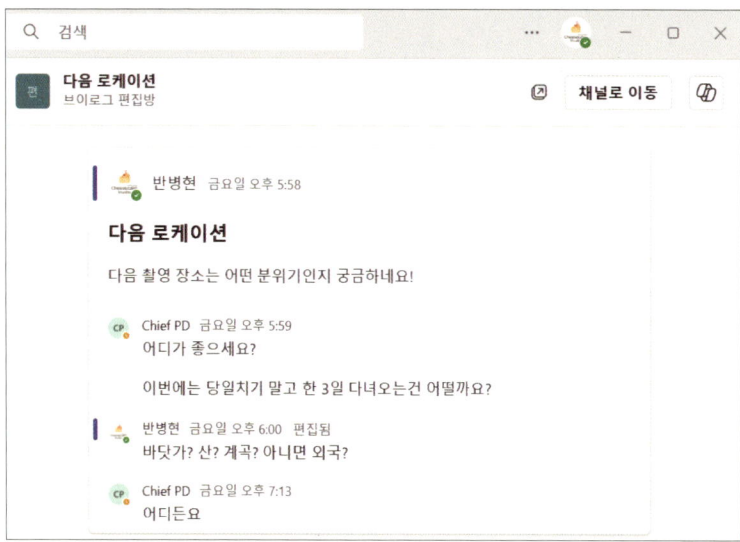

07 Teams 화상회의에 코파일럿을 활용하기

팀즈에는 강력한 화상회의 기능이 내장되어 있습니다. 줌(Zoom)과 같은 화상회의 도구는 무료 버전 사용 시 회의 시간이 45분으로 제한된다거나, 한 번 회의가 끝나면 최소 10분 가량은 새로운 회의를 만들지 못한다거나 하는 제약이 붙은 경우가 많습니다.

코파일럿을 사용 중이시라면 마이크로소프트 365 라이선스는 보유하고 계실 것이므로 팀즈의 화상회의 기능 역시 마음껏 사용하실 수 있습니다. 화상회의는 채팅방 상단의 전화 버튼을 눌러 시작할 수 있으며, 사용자를 추가로 초대하는 것도 가능합니다.

01 발화자의 카메라 화면이나 프로필 사진이 크게 표시되는 통상적인 화상 회의 화면입니다. 상단 코파일럿 메뉴를 클릭해 보겠습니다.

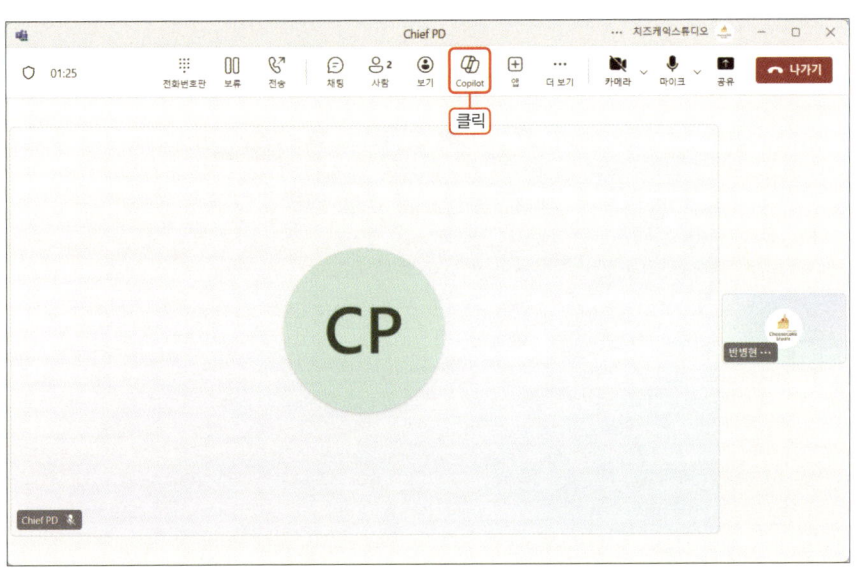

02 최초 실행 시 대화록이 필요하다는 안내와 함께 코파일럿이 비활성화되어 있습니다.

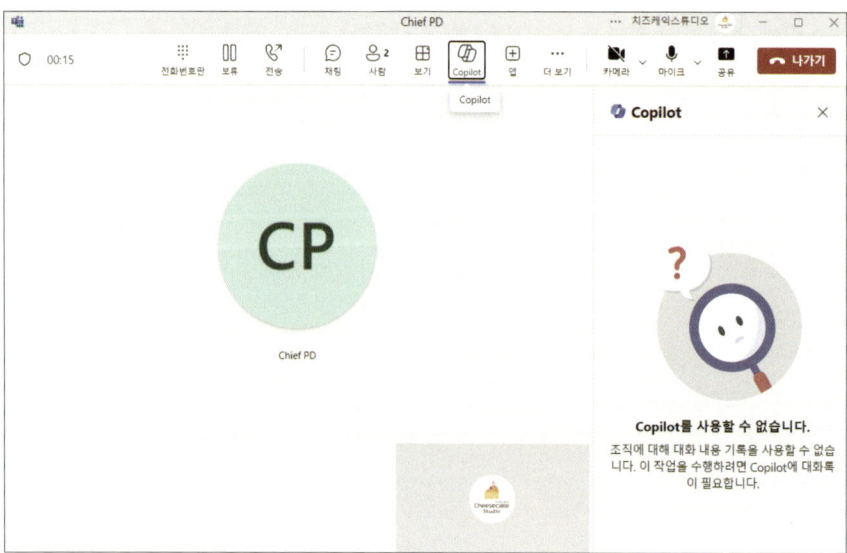

03 대화록은 상단 [더 보기] - [녹음/녹화 및 기록] - [대화 내용 기록 시작]을 눌러 활성화할 수 있습니다. 최초 실행 시에는 다음 그림과 같이 대화 내용 기록이 차단되어 있을 것입니다. 이를 활성화하려면 팀즈 정책을 업데이트해야 합니다.

04 팀즈 관리자 센터로 접속하여 [모임] - [모임 정책] 메뉴로 진입합니다.

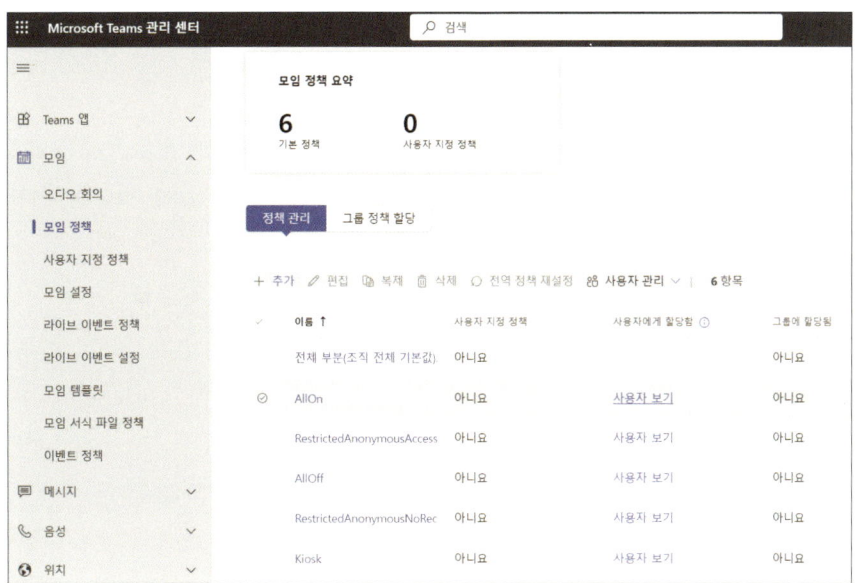

05 그리고 정책 패널의 [AllOn] 항목의 왼쪽 체크박스를 체크하고 [사용자 관리] - [사용자 할당]을 선택합니다.

06 우측에서 팝업되는 [사용자 관리] 패널에서 대화 녹화 기능을 부여할 계정을 선택하고 [적용] 버튼을 클릭합니다.

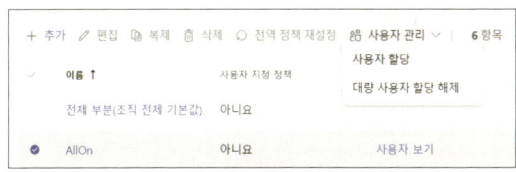

07 약간의 시간이 소요된다는 안내문구가 팝업되며 사용자에게 권한이 할당되었습니다. 방금 권한을 부여받은 사용자가 모임을 개시할 경우, 대화록을 녹음할 수 있게 되었습니다. 마이크로소프트 앱에서의 정책 할당은 최대 24시간이 소요될 수도 있으니 넉넉한 시간 여유를 갖고 진행하시기 바랍니다.

08 약 20분 뒤 화면을 확인하니 [대화 내용 기록 시작] 메뉴가 활성화된 것을 볼 수 있습니다. 이 메뉴를 클릭합니다.

 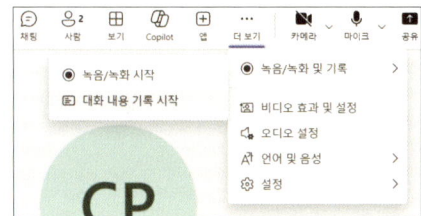

09 회의에서 사용할 언어를 선택합니다.

10 대화 기록이 시작됩니다. 이 상태에서 회의를 진행합니다.

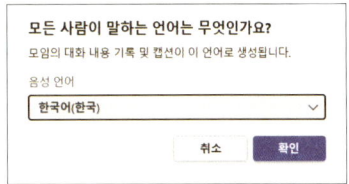 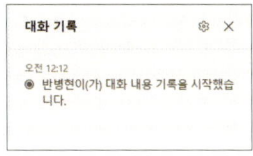

11 회의 참가자들이 한 발언이 차곡차곡 녹취되어 정리됩니다. 다만 받아쓰기 품질은 좋지 못합니다.

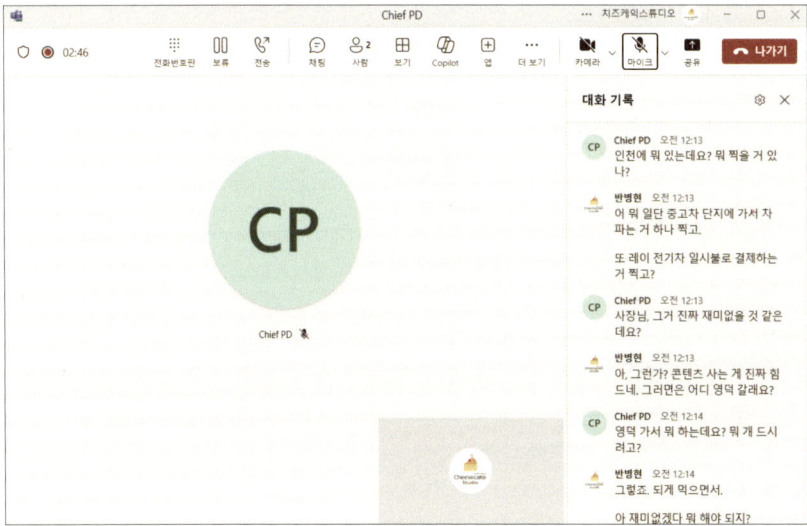

12 이 상태에서 코파일럿 버튼을 누르면 코파일럿이 활성화됩니다.

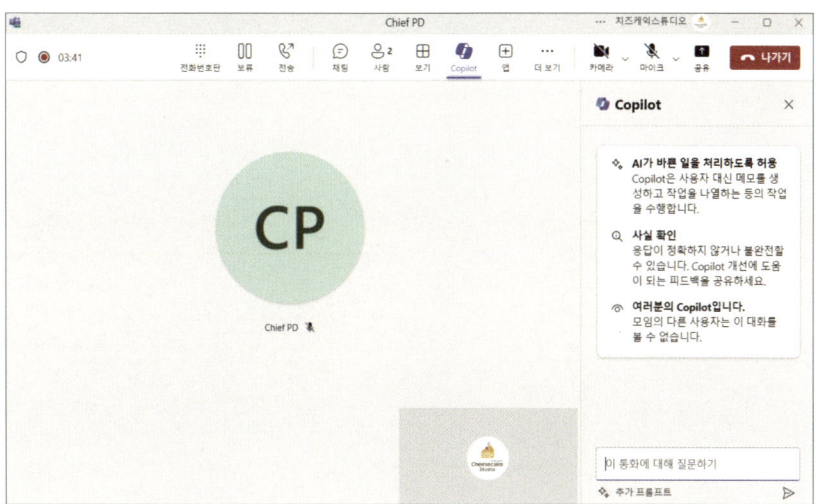

13 받아쓰기 결과를 코파일럿이 빠르게 요약하여, 여러분의 질문에 대답해 주게 됩니다. 여러 사람이 회의에 참석 중이거나, 회의가 한창 진행 중일 때 지각하여 앞부분 대화를 놓친 경우 사용하기에 좋은 기능입니다. "지금까지 무슨 이야기 했어요?"라고 물어보며 회의의 흐름을 해칠 필요가 사라지는 것이지요.

14 각 참가자들의 발화도 요약해 줄 수 있으므로 화상회의 시 꼭 사용해 보시기 바랍니다. 한 가지 아쉬운 점은, 현재는 외부 구성원들과 함께 회의를 할 때에는 코파일럿이 활성화되지 않는다는 점입니다. 조직 구성원 중 일부 참여자에게만 라이선스가 있는 경우에는 코파일럿 라이선스가 있는 사람의 계정에서만 코파일럿 버튼이 활성화됩니다. 다른 사용자들은 코파일럿을 사용할 수 없을 뿐, 회의에는 정상적으로 참여할 수 있습니다.

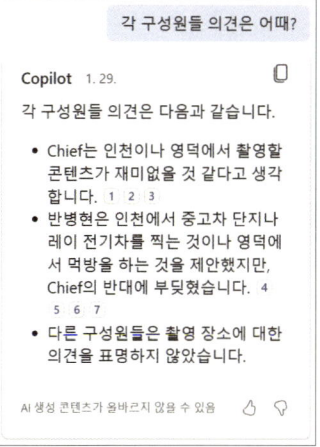

코파일럿
COPILOT

CHAPTER 08

Word 코파일럿

01_ 워드 코파일럿 개요
02_ 코파일럿을 활용한 문서 작성 자동화
03_ 내용 보충하기
04_ 코파일럿을 활용한 문서 읽기 보조
05_ 문서의 요약
06_ 요점 추출
07_ 문서의 윤문(다시쓰기)
08_ 찬성 / 반대 의견 도출하기

워드 코파일럿 개요

GPT 계열 인공지능은 작문 솜씨가 뛰어나기로 유명하지요. GPT-4를 탑재한 코파일럿 역시 작문 솜씨가 매우 준수합니다. 그래서일까요? 예상컨대 코파일럿 개발을 처음 기획한 분께서 "GPT를 워드에 탑재하면 어떨까?"라는 아이디어를 가장 먼저 떠올리셨을 것 같다는 생각도 듭니다.

여하튼, 전 세계에서 가장 사랑받는 문서 작성 프로그램인 오피스 워드에는 눈에 당장 보이는 코파일럿 버튼이 두 개 탑재되어 있습니다. 다른 프로그램과 마찬가지로 우측 상단에 코파일럿 버튼이 있으며

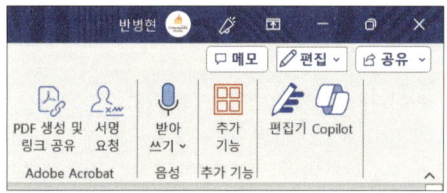

문서 편집 화면에서 사용자의 커서를 따라다니는 작은 코파일럿 로고도 있습니다.

이 외에도 마우스 오른쪽 버튼을 클릭하면 표시되는 [Copilot으로 작성한 초안] 메뉴도 있습니다.

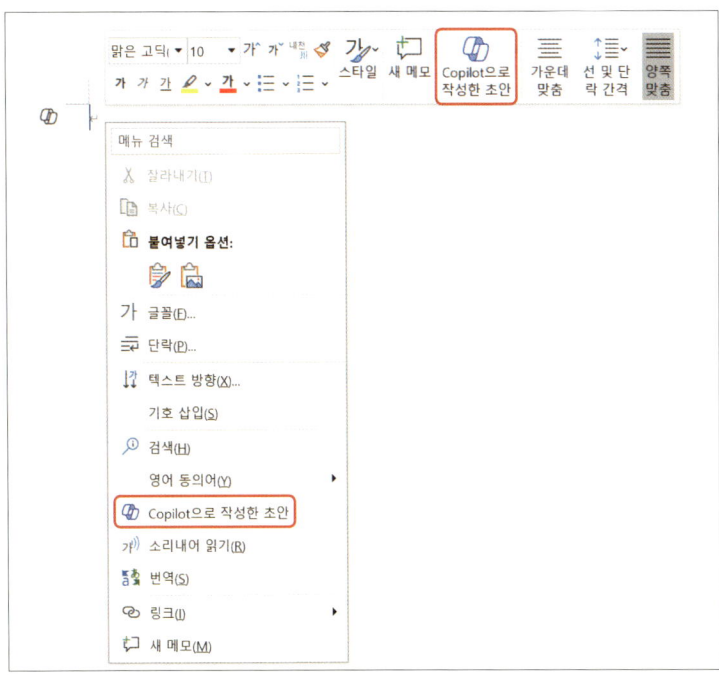

특정 상황에서는 저 버튼의 이름이 [Copilot을 사용하여 다시 작성]으로 변경되기도 합니다. 지금부터 코파일럿의 기능을 천천히 살펴보며 이 기능들에 어떤 차이점이 있는지 알아보겠습니다.

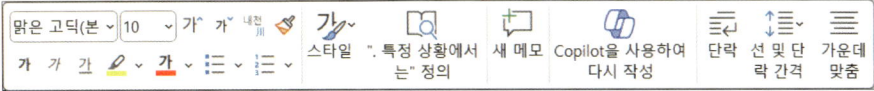

02 코파일럿을 활용한 문서 작성 자동화

워드 편집기 화면 좌측에 있는 코파일럿 아이콘을 클릭하면 [Copilot을 이용한 초안] 메뉴가 생겨납니다.

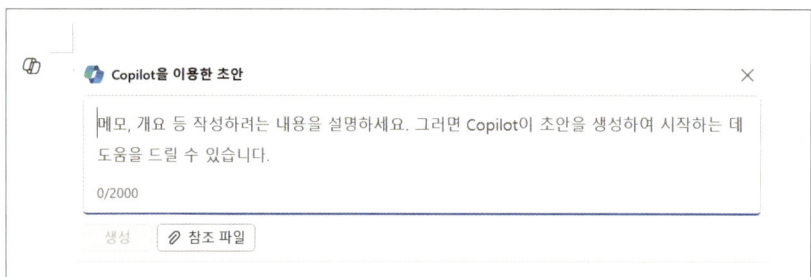

혹은 워드 화면 내의 빈 공간을 마우스 오른쪽 버튼으로 클릭하면 메뉴 바에서 [Copilot으로 작성한 초안] 메뉴를 확인할 수 있습니다. 사실 이 메뉴는 번역 실수입니다.

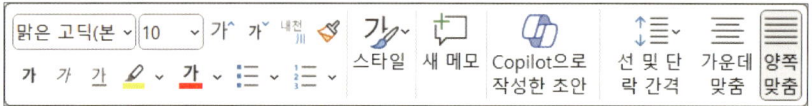

원문은 "Draft with Copilot"으로, "Copilot으로 초안 작성하기" 정도로 번역하는 것이 적절합니다. 하지만 번역 과정에서 영단어 "draft"를 명사형인 "초안"으로 오해하는 바람에 "코파일럿으로 작성한 초안"으로 번역되었습니다. 추후 마이크로소프트에서 오역을 인지한다면 메뉴 이름이 변경될 수도 있습니다. 여하튼, 코파일럿과 함께 초안을 작성해 보겠습니다.

01 프롬프트 창에 어떤 문서를 작성하고 싶은지 간단하게 설명을 입력합니다. 단, 2024년 1월 현재는 한국어로 작성된 프롬프트를 지원하지 않으므로 영어로 작성이 필요합니다.

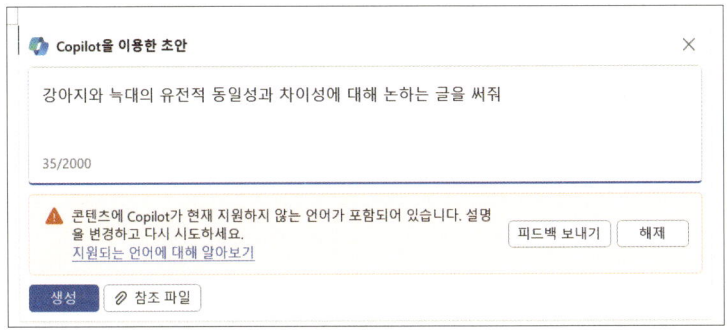

문서의 목적, 나의 의견, 근거 세 가지 문장을 간결하게 제공하겠습니다.

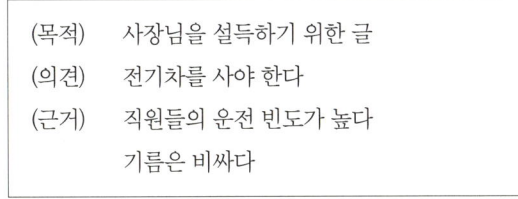

02 프롬프트 입력이 완료되면 [생성] 버튼을 클릭합니다.

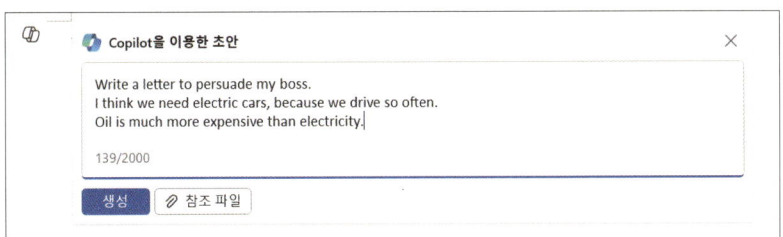

03 코파일럿 메뉴에는 "작업 중..."이라는 메시지가 표시됩니다. 그리고 워드 편집기 화면에 파란색 음영이 생겨나며 자동으로 텍스트가 생성됩니다. 챗GPT가 한 글자씩 화면에 문구를 출력하는 것과 달리, 코파일럿은 한 번에 한 문단 단위로 텍스트를 고속으로 생성합니다.

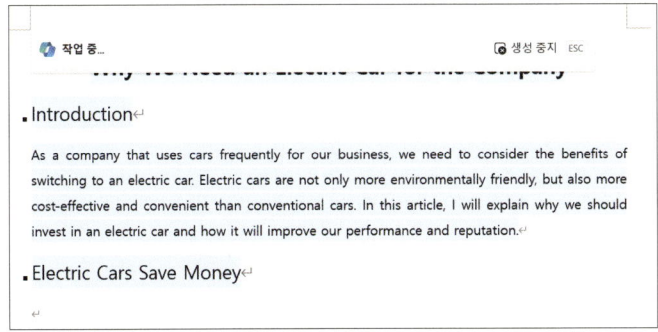

04 프롬프트에 따라 글의 분량이 여러 페이지가 되기도 합니다. 화면에 보이지 않는 스크롤 바깥 영역에서도 텍스트가 자동으로 생성됩니다. 텍스트 생성 이후에는 다음 그림과 같이 팝업 메뉴가 하나 생겨납니다.

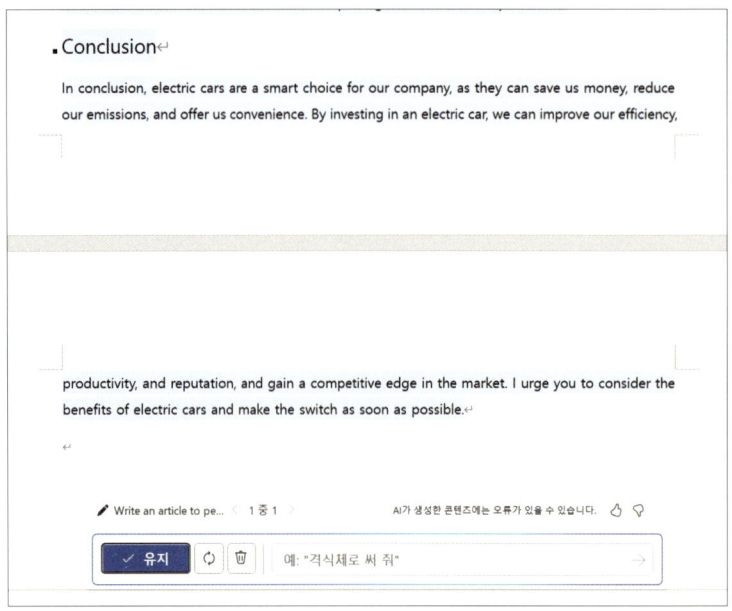

AI가 작성한 글을 천천히 검토하여 보시고, 마음에 든다면 [유지] 버튼을 클릭해보세요. 파란색 음영이 사라지며 텍스트가 정상적으로 워드 편집기 내에 입력됩니다. 마음에 들지 않으면 바로 옆의 [새로고침] 버튼을 클릭하여 다시 작성시킬 수도 있고, [삭제] 아이콘을 눌러 코파일럿이 작성한 초안을 폐기할 수도 있습니다.

버튼 바로 옆의 프롬프트는 코파일럿이 작성해 온 문서를 수정할 때 사용합니다. 어떤 방향으로 글을 수정하고 싶으신지를 프롬프트 창에 입력하고, <Enter> 키를 누르거나 우측의 화살표 버튼을 누르면 코파일럿이 여러분의 요구사항을 토대로 글을 다시 작성해옵니다.

논리의 흐름이나 목차를 잡는 능력 등이 무척이나 뛰어나기에, 여러분이 잘 모르는 분야도 코파일럿으로 문서를 작성하는 것이 가능해집니다. 물론 할루시네이션이 생길 여지가 충분하므로, 내용에 대한 교차검증은 반드시 필요합니다.

내용 보충하기

이미 어느 정도 작성이 완료된 문서에 내용을 보충하는 용도로도 코파일럿을 사용할 수 있습니다.

01 새로운 텍스트를 추가하려는 곳에서 <Enter> 키를 두 번 눌러 텅 빈 공간을 만들어줍니다. 여백을 인식하고 화면 좌측에 코파일럿 버튼이 활성화됩니다.

02 이 버튼을 누르면 마찬가지로 초안 작성 프롬프트가 팝업됩니다. 앞서 살펴보신 초안 작성기법과 마찬가지로, 프롬프트를 입력한 뒤 [생성] 버튼을 클릭합니다.

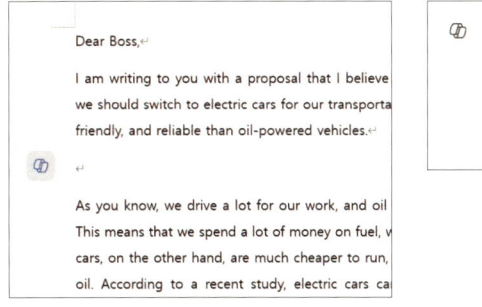
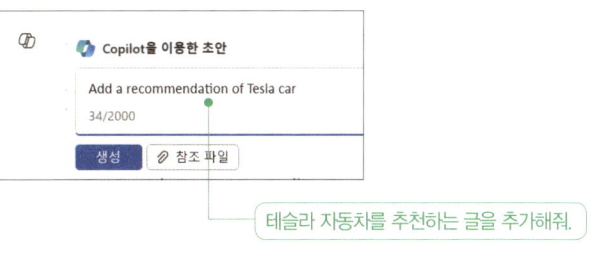

03 중간에 새로운 문구가 삽입됩니다. 이때 여러분의 기대보다 훨씬 짧거나 훨씬 긴 분량의 텍스트가 삽입될 수 있으므로, 처음부터 프롬프트에 분량을 지시하거나 작성 이후 글의 수정 방향을 물어보는 프롬프트 창에서 "한 문단으로 줄여 줘." 등의 수정 프롬프트를 제시하여 여러분의 의도한 분량으로 추가 작성분을 다듬어 보시기 바랍니다.

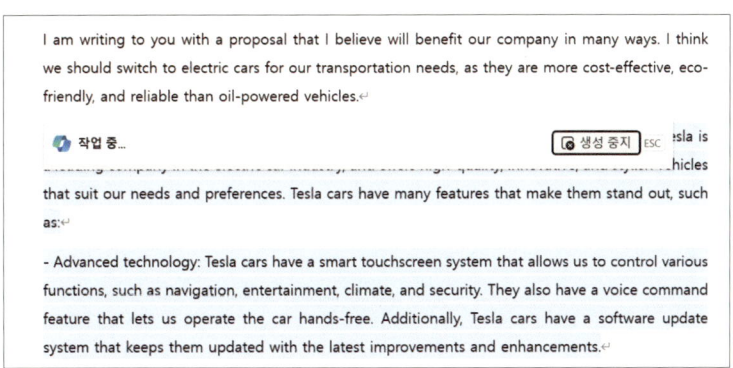

코파일럿을 활용한 문서 읽기 보조

이번에는 완성된 문서를 불러와 읽고 요약하는 작업을 살펴보겠습니다.

01 강아지와 인간의 유대에 대해 서술한 글을 토대로 작업해보겠습니다.

02 화면 우측 상단의 코파일럿 버튼을 클릭하여 우측 채팅창 패널을 실행합니다.

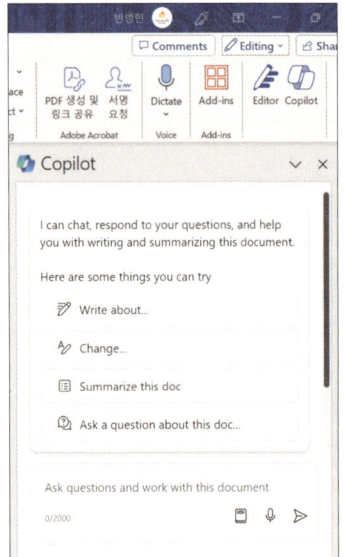

03 채팅창에서 본문에 대해 질문하면 인공지능이 순식간에 글을 읽어와 여러분에게 유용한 답변을 생성해줍니다. 기본적인 사용방식은 살펴봤으니 실무에서 도움이 될 몇 가지 사용 방식을 소개합니다.

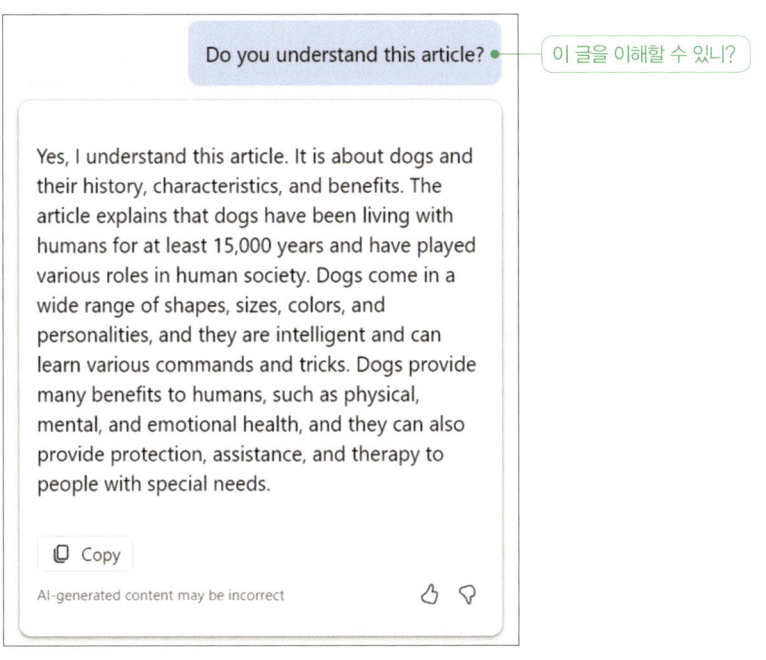

05 문서의 요약

코파일럿에게 문서 요약을 부탁해보겠습니다. 단순히 한두 문장으로 내용을 요약하는 것이 아니라 텍스트의 전반적인 내용을 이해하고, 구조화하여, 소목차로 보기 좋게 정돈하여 정리해줍니다.

01 재미있는 부분은 코파일럿이 요약과 함께 제시한 볼드체 목차 중에서, 앞 장에서 소개한 문서에 존재하는 소목차와 동일한 문구는 존재하지 않는다는 점입니다. 원문에 있었던 목차를 그대로 다시 복사해온 것이 아니라 정말로 내용을 이해하고 새로운 목차의 제목을 붙인 점에 주목해주세요. 읽기 - 이해 - 내재화 - 재구성의 4단계를 인공지능이 멋지게 해낸 것입니다.

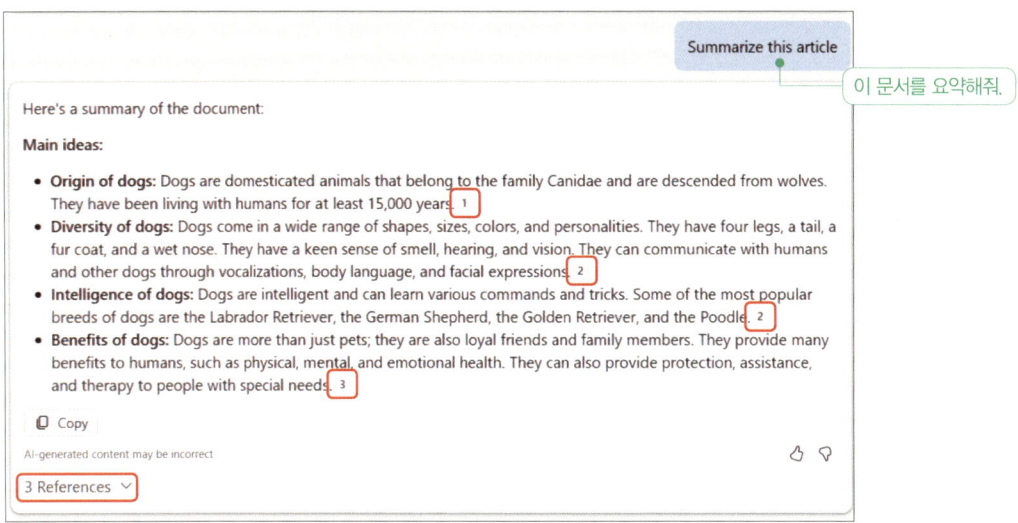

02 뿐만 아니라 요약문 하단의 Reference를 클릭하면 AI가 본문의 어느 부분을 읽고서 각 목차의 내용을 작성했는지도 알 수 있습니다. 어찌 보면 요약 결과물의 Reference로 등장한 문장들이 이 문서의 핵심 문장들이라 볼 수도 있겠지요.

06

요점 추출

학생들이 써 온 레포트를 채점해야 하는 조교, 부사수가 써 온 보고서를 점검해야 하는 직장인, 촉박한 시간 속에서 참고문헌을 빠르게 읽고 이해해야 하는 엔지니어, 시장동향을 빠르게 파악해야 하는 마케터. 이들에게는 장문의 텍스트를 빠르게 읽고 소화하여, 그 내용을 토대로 하여 머릿속에서 여러 단계의 사고를 쌓아 올려야 한다는 공통점이 있습니다.

M365 Chat을 활용하여도 충분히 문서의 요약 작업을 해낼 수 있습니다만, 워드 코파일럿은 워드로 작성된 복잡한 문서의 구조화와 요점 추출 측면에서 조금 더 만족스러운 성능을 보이는 것으로 보입니다. 더군다나 M365 Chat과 달리 문서 편집용 소프트웨어에 부착된 인공지능이다 보니 AI의 답변을 토대로 그 자리에서 첨삭을 할 수 있다는 점 또한 독보적인 장점이지요.

긴 글의 핵심만 읽을 수 있다면 무척 편리하지요. 코파일럿에게 이 문서의 핵심 문장을 물어보면 요점만 추출하여 읽을 수 있습니다. 그 문장이 왜 요점에 해당하는지 이유를 물어보면 그럴싸한 설명까지 제공해줍니다. 하단에 제시된 추천 질문 프롬프트 예시를 클릭해가며 도움을 받으면 1~2분 안에 수십 페이지 분량 문서의 전반적인 내용을 파악할 수 있습니다.

복잡한 정보와 논리가 섞여 있는 연구논문에서 연구방법론을 다룬 문장만 찾아내는 것도 가능합니다. 매우 복잡한 글 안에서 지엽적인 요점을 빠르게 추출해주는 능력이 뛰어나다는 증거지요.

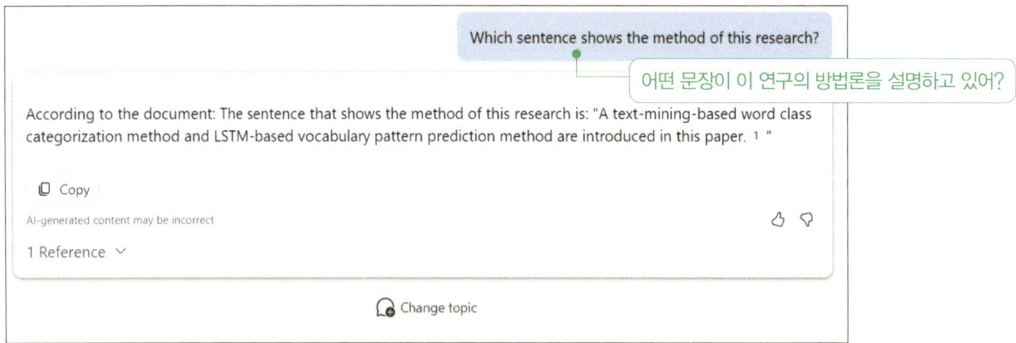

다양한 요점이 혼재되어 있는 복잡한 문서의 요점을 정리해달라 요청할 경우 문서에서 소개된 개념들을 구조화하며 요약해주기까지 합니다. 무척이나 편리합니다.

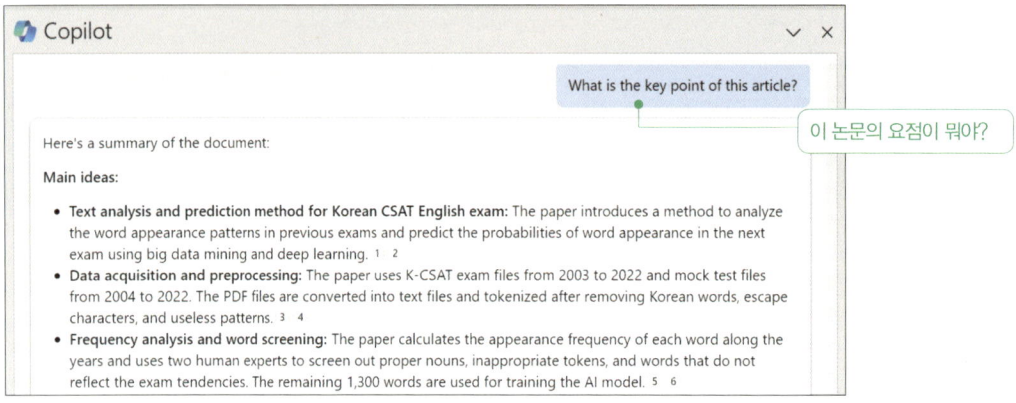

코파일럿이 요약해준 내용마저 길게 느껴진다면 이처럼 요약문을 다시 요약해달라는 요청도 해볼 수 있습니다. 여러분의 소중한 시간을 절약하는 방향으로 코파일럿을 사용하시어, 사유와 고민에 투자할 수 있는 여유시간을 확보해보시기 바랍니다.

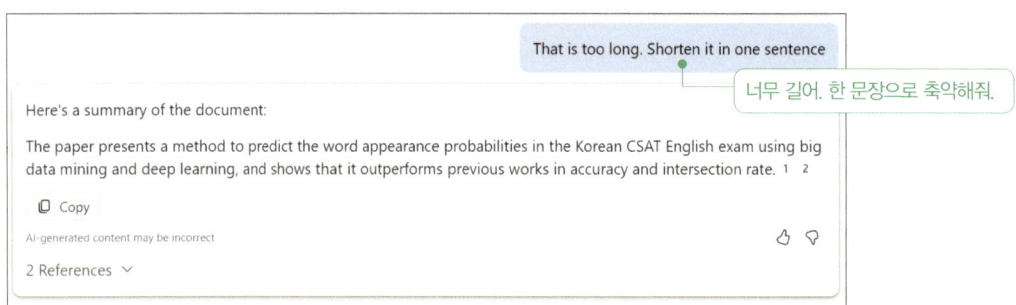

07

문서의 윤문(다시쓰기)

윤문은 누군가가 작성한 글의 내용을 유지하며 다시 고쳐 쓰는 작업을 의미합니다. 이를테면 교수님이 작성한 글을 수정하여 초등학생이 읽기 좋은 문체로 바꿔 쓰거나, 필력이 부족한 사람의 글을 다른 작가가 고쳐 써 문장을 살려내는 작업을 윤문이라고 부릅니다. 코파일럿을 활용하면 윤문 작업도 가능합니다.

어렵고 복잡한 최신 연구 결과를 어린아이도 이해할 수 있도록 풀어서 다시 써 오라고 요청해 볼 수도 있습니다. 단, 채팅창에서 요청할 경우 본문이 바로 편집되지는 않고 코파일럿의 답변으로 수정된 문장이 생성됩니다.

본문을 직접적으로 수정하려면 수정하고 싶은 부분을 드래그하여 선택하고, 마우스 오른쪽 버튼을 눌러 팝업 메뉴를 띄운 뒤 [Copilot을 사용하여 다시 작성] 버튼을 클릭합니다.

장시간의 로딩시간이 지나간 뒤, 다음 그림과 같이 본문 위에 수정안이 기재된 팝업창이 새로이 생겨납니다. AI가 작성한 수정안이 마음에 든다면 [바꾸기] 버튼을 클릭합니다. 원문을 지우기보다는 새로 쓰인 글을 하단에 붙여넣고 싶으시다면 [아래에 삽입] 버튼을 클릭합니다. 완전히 다시 글을 써 오게 시키려면 새로고침 버튼(↻)을 클릭합니다.

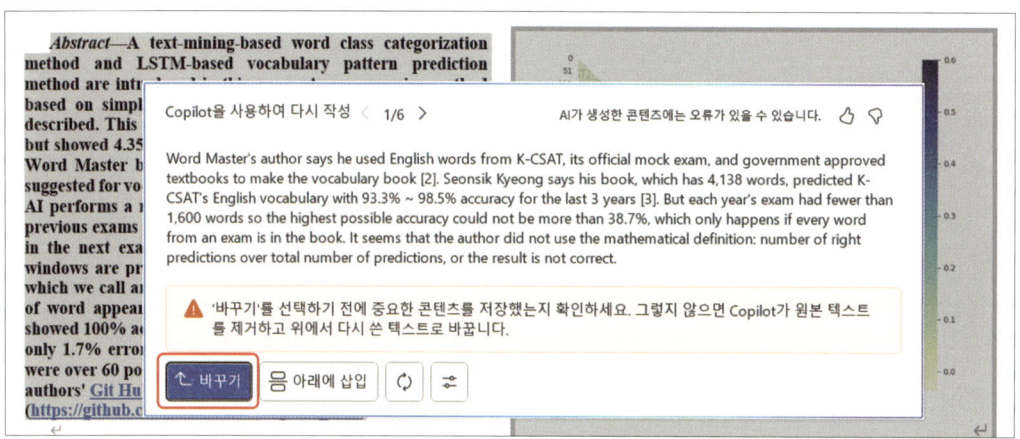

가장 오른쪽 버튼을 클릭하면 글의 어조를 선택할 수 있습니다. 기본값은 중립이며, 어조를 변경하면 코파일럿이 문장을 다시 생성합니다. 초안을 우선 생각나는 대로 빠르게, 문법이나 말투를 신경쓰지 않은 채 작성한 뒤 [Copilot으로 다시 쓰기]를 활용하시면 문서 작성에 소요되는 시간을 크게 절약하여 생각에 시간을 더 많이 쏟을 수 있을 것입니다.

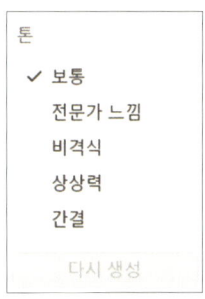

08 찬성 / 반대 의견 도출하기

글을 읽고 의견을 도출하는 과정 역시 GPT-4 기반 인공지능 서비스에게는 무척이나 쉬운 일입니다. 특히 찬성과 반대로 명확하게 의견이 나뉘지 않고 애매한 문서를 토대로 옹호나 비판 의견을 만들어 내야 하는 상황에서, 깊은 고민에 빠지기 전 코파일럿에게 예시를 작성하라 요청하면 여러분이 의견을 풀어가는 방향성을 정리하는 데 큰 도움이 될 것입니다.

연구결과를 무미건조하게 보고하는 문서를 보여주며 찬성하는 글의 작성을 요청했더니 연구의 장점을 부각하며 필자를 옹호하는 문장을 만들어냈습니다.

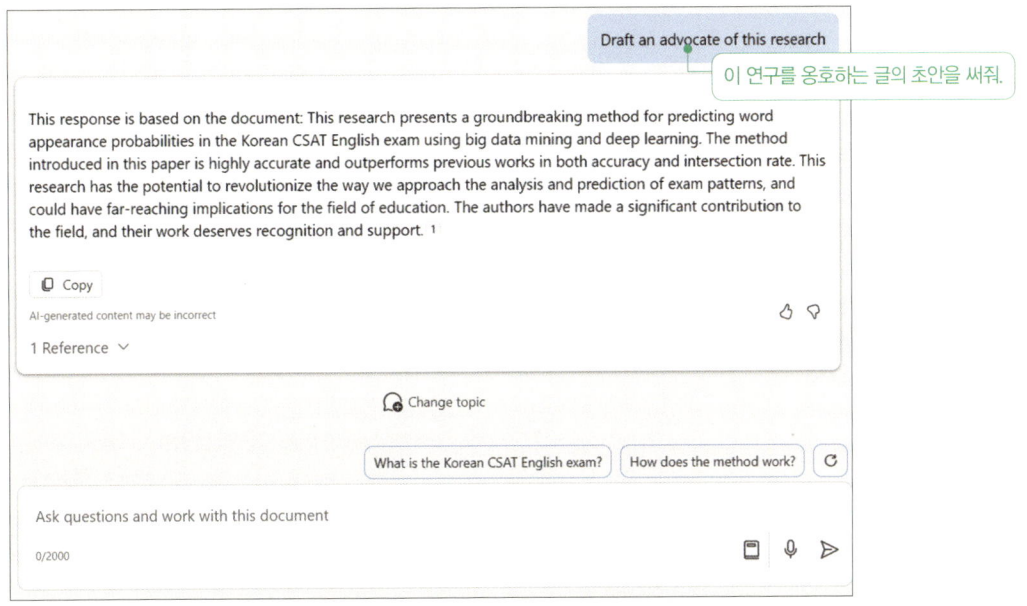

사실 효용성이 더 큰 활용법은 문서를 비판하는 의견을 요청하는 것입니다. 사람들은 자신이 한 일이 실제보다 더 가치 있다 착각하는 경향이 있습니다. 게다가 글을 작성하는 과정에서 생각이 글 속에 갇히게 되어 자기 자신의 글의 약점을 파악하고 극복하는 과정은 무척이나 어려운 일입니다. 코파일럿에게 여러분이 작성한 문서의 문제점을 지적하거나 반대 의견을 제시해달라 요청하면, 여러분이 떠올리지 못했던 관점에서의 의견을 받아볼 수 있습니다. 코파일럿을 일종의 자기객관화를 위한 도구로써 활용하는 것이지요.

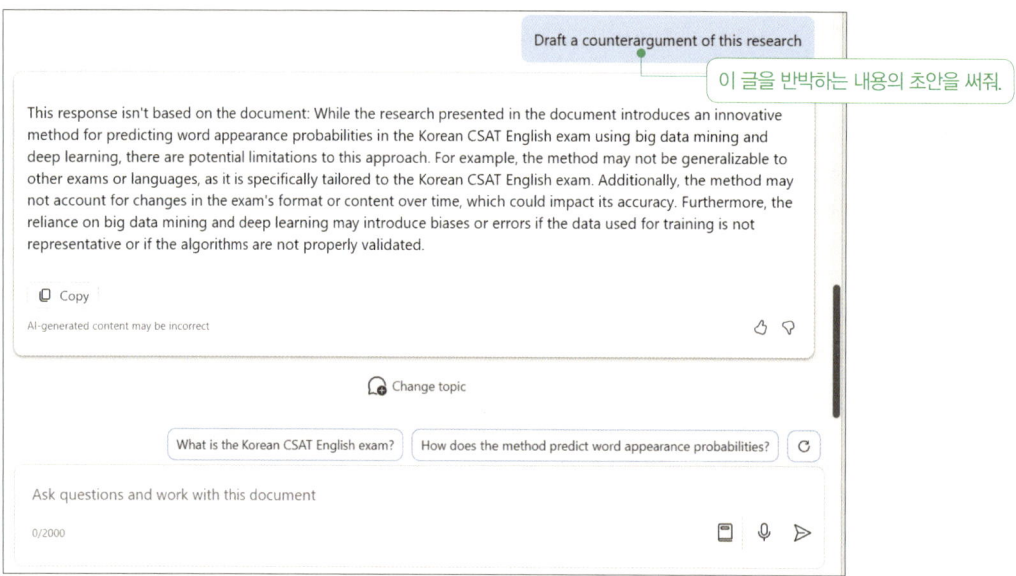

코파일럿이 제안한 약점을 직접 극복해 보는 것도 의미있겠습니다만, 당장 방향을 잡아가기가 어렵다면 개선 방법을 코파일럿에게 물어보고 참고하는 것 또한 좋은 방법일 것입니다.

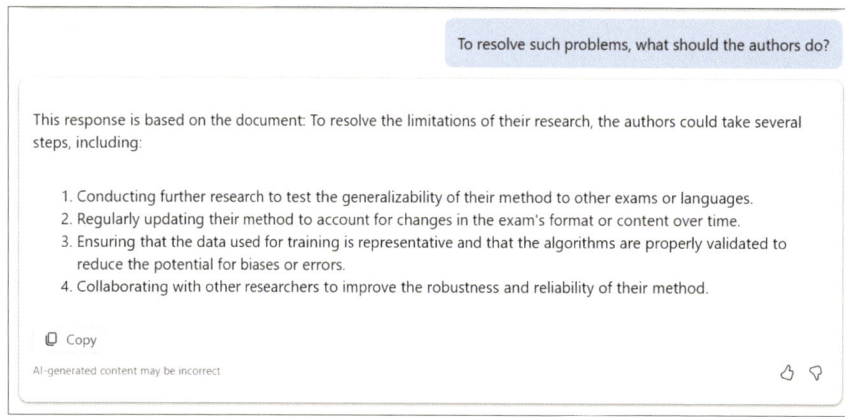

CHAPTER 09

PowerPoint
코파일럿

01_ 파워포인트에 자동화할 부분이 더 있을까요?
02_ 파워포인트 코파일럿의 사용 방법
03_ 디자인 컨셉 변경 요청하기
04_ 발표자료 목차 자동으로 정돈하기
05_ 무에서 유를 창조할 수 있습니다
06_ 한식의 세계화에 대한 발표자료를 만들어줘! - 발표자료 콘텐츠 수정
07_ 텍스트만 존재하는 워드 파일을 읽어와 프레젠테이션 만들기
08_ 슬라이드 추가하기
09_ 그래프, 차트, 표가 포함된 문서를 PPT 발표자료로 만들기

파워포인트에 자동화할 부분이 더 있을까요?

파워포인트를 사용해 발표자료를 만드는 순서는 일반적으로 3단계로 나눌 수 있습니다.

> (1) 발표의 흐름을 설계한다.
> (2) 흐름에 맞춰 정보의 나열 순서를 설계한다.
> (3) 디자인을 개선한다.

이 과정에서 인공지능이 해결할 수 있는 부분은 어디일까요? 의외로 가장 먼저 인공지능이 도입된 분야는 (3)입니다.

예를 들어 다음과 같이 매우 단순한 슬라이드를 추가하고 상단 메뉴를 살펴봅니다.

우측 상단에 [디자이너]라는 메뉴가 있습니다. 이 메뉴는 인공지능으로 화면의 내용을 인식하고, 가장 어울리는 디자인을 자동으로 만들어줍니다. 필요한 경우 간단한 애니메이션까지 만들어줍니다.

다음은 AI가 만들어준 디자인의 예시입니다.

배경 이미지 역시 자동으로 어디에선가 가져와 배경으로 깔아준 것입니다. 이 기능은 파워포인트에 들어온 지 이미 수년이 되었습니다. 여기에 GPT 기반 코파일럿이 들어오며 재미있는 일이 가능해졌습니다.

GPT-4는 맥락을 이해하고 스토리를 창조하는 데에 아주 뛰어난 재능이 있습니다. 이 인공지능을 활용하여 발표자료의 기승전결과 세부 콘텐츠를 창작할 수 있습니다. 여기에 이미 파워포인트에 탑재되어 있던 자동 디자인 기능을 접목시킨다면 어떤 놀라운 일을 할 수 있을까요? 발표자료의 구성부터 디자인까지를 아우르는 (1), (2), (3) 모든 단계가 자동으로 수행되겠지요.

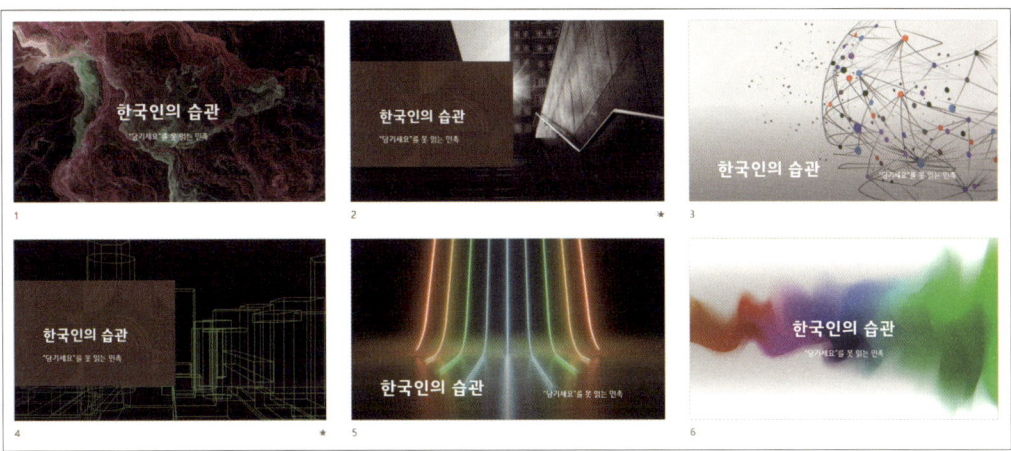

이런 점에서 파워포인트 코파일럿은 사람이 구현보다는 생각에 더 많은 시간을 쏟을 수 있도록 보조해준다는 측면에서 현존하는 최고의 솔루션이라 할 수 있겠습니다.

02 파워포인트 코파일럿의 사용 방법

파워포인트 코파일럿 기능은 아웃룩이나 팀즈에 비해 훨씬 직관적이고 단순하게 사용할 수 있습니다.

코파일럿은 화면 우측 상단의 코파일럿 버튼으로 활성화할 수 있습니다.

코파일럿을 활성화하면 사이드 패널에서 채팅창이 생겨납니다. "귀하의 언어로는 사용할 수 없습니다." 등의 안내문구가 생기지는 않습니다. 시스템 언어를 한국어로 유지한 상태에서도 정상적으로 사용이 가능합니다. 지금부터 파워포인트 코파일럿의 사용 방법을 마이너한 항목부터 소개하겠습니다.

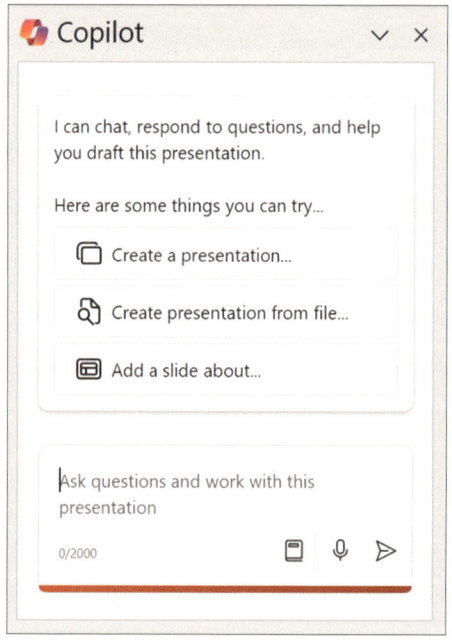

03 디자인 컨셉 변경 요청하기

마이크로소프트가 공개한 티저 영상에 따르면 코파일럿에게 채팅으로 요청하여 슬라이드의 폰트를 바꿀 수 있다고 합니다.

슬라이드의 폰트를 변경해 달라는 요청입니다.

한 마디 메시지만으로 다양한 텍스트 상자로 분리되어 있는 여러 문구들의 폰트를 한꺼번에 변경할 수 있다는 점에서 무척이나 효율적입니다.

혹은 슬라이드에서 마음에 들지 않는 디자인적 요소를 수정해달라는 요청도 가능합니다.

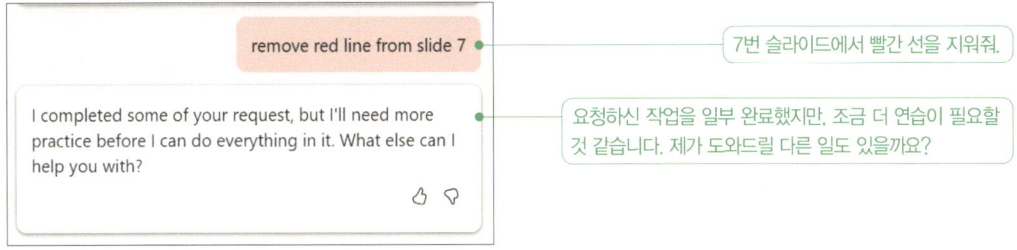

제9장 PowerPoint 코파일럿 | 149

코파일럿이 채팅창에서는 겸손하게 대답하였으나 실제로는 작업을 잘 수행한 모습입니다. 코파일럿, 참 똑똑합니다.

04 발표자료 목차 자동으로 정돈하기

코파일럿은 요약 작업을 무척이나 능숙하게 수행하는 AI입니다. 파워포인트 코파일럿은 발표자료를 읽고, 요약하고, 이해하여 목차별로 정돈하는 작업도 수행할 수 있습니다.

다음 그림이 좋은 예시입니다. 슬라이드의 내용을 자동으로 분석하여 일종의 목차로 나누며 구조화해줍니다.

그리고 결과를 채팅창에서만 보여주는 것이 아니라, 실제로 파워포인트 문서상에 색인을 만들어 슬라이드를 정돈해줍니다. 강의자료나 연구결과의 발표와 같이 지식과 정보를 체계적으로 전달하기 위한 슬라이드에 적용하기가 무척이나 용이합니다.

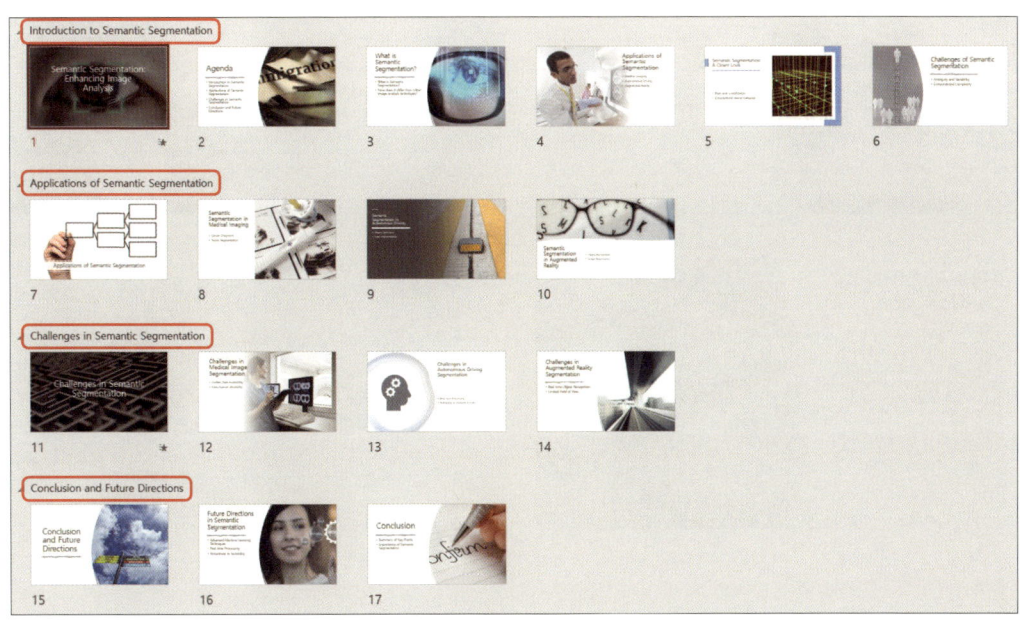

05

무에서 유를 창조할 수 있습니다

청년들의 첫 주택 구매 방법을 소개하는 다음 PPT를 살펴보시기 바랍니다.

재무계획부터 매물 찾기, 대출 사전승인, 계약으로 이어지는 흐름이 무척이나 알차지 않나요? 적절한 경험을 갖춘 강사가 이 슬라이드를 활용한다면 사회초년생을 위한 좋은 강의를 할 수 있을 것입니다. 사실 이 슬라이드는 모두 코파일럿이 만들어낸 것입니다. 목차부터 내용물, 디자인까지 전부 다요.

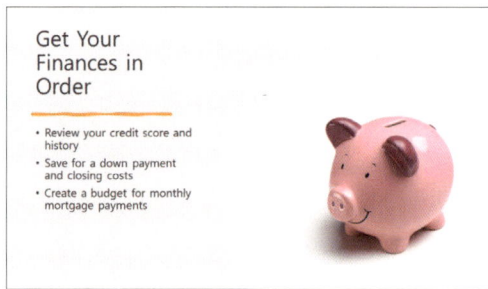

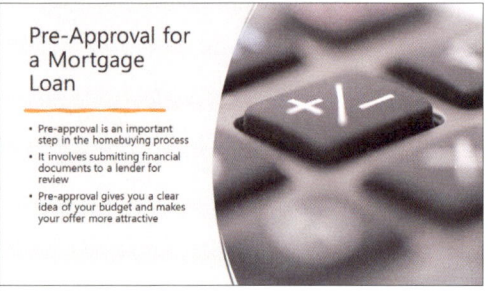
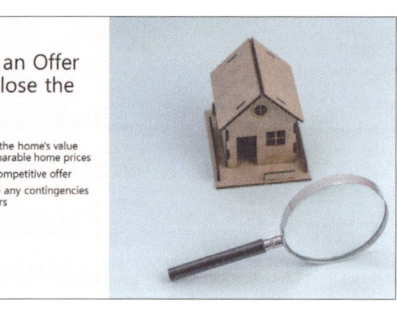

콘텐츠에 대한 세부적인 방향성을 제시한 것도 아닙니다. 그저 주제를 하나 제공했을 뿐입니다. 코파일럿이 스스로 주제에 대한 발표자료의 분량, 흐름, 목차 등을 결정한 것이지요. 그야말로 무에서 유를 창조한 것이나 다름없습니다.

브레인스토밍을 위한 용도로도 사용이 적합하고, 잘 모르는 분야에 대해 쉽고 간결하게 공부하고 싶을 때에도 사용하기 적합합니다. 그야말로 사고의 아웃소싱이나 다름없는 기능을 가능케 하는 것이 파워포인트 코파일럿입니다.

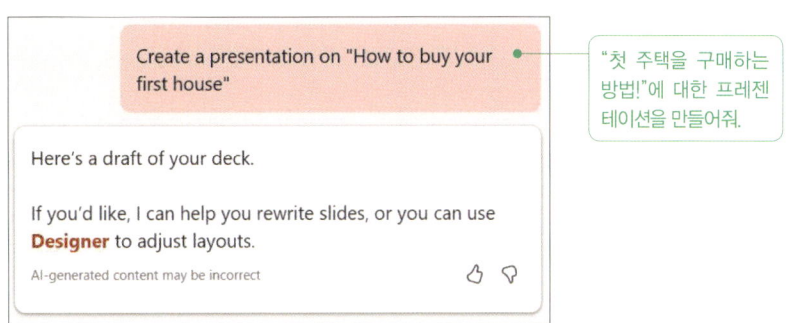

"첫 주택을 구매하는 방법!"에 대한 프레젠테이션을 만들어줘.

06 한식의 세계화에 대한 발표자료를 만들어줘! - 발표자료 콘텐츠 수정

파워포인트 코파일럿의 가장 큰 장점은 대부분의 작업을 알아서 처리해 준다는 부분에 있습니다. 콘텐츠 설계는 물론 발표자료에 들어갈 사진까지도 자동으로 수집해 주지요. 다만, 사진의 자동 수집이나 디자인 자동화가 항상 최선의 결과가 나오는 것은 아닙니다. 이를 다듬어가는 과정을 보여드리겠습니다. 코파일럿에게 한식의 세계화에 대한 프레젠테이션 제작을 요청했습니다. 어떤 결과가 나올까요?

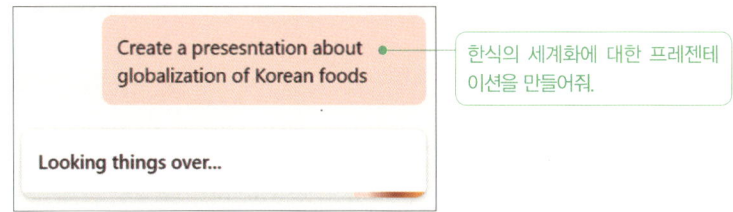

순식간에 6슬라이드 분량의 발표자료가 만들어졌습니다만, 사진이 조금 마음에 들지 않습니다. 1번 슬라이드에는 일본 음식인 오니기리, 3번과 6번 슬라이드에는 중국 음식인 딤섬 사진이 수록되어 있습니다. 5번 사진은 국적 불명의 델리 푸드가 수록되어 있고요. 실질적인 한식은 2번 슬라이드의 불고기 사진 뿐입니다. 한식을 비롯한 한국 문화를 소개하는 자료에 중국이나 일본 음식 사진이 들어간다면 매우 큰 일이 날 것입니다.

코파일럿에게 사진을 수정해달라 요청하겠습니다. 한국 음식 사진으로 교체를 위해 사진을 교체해야 하는 이유도 간략히 설명합니다.

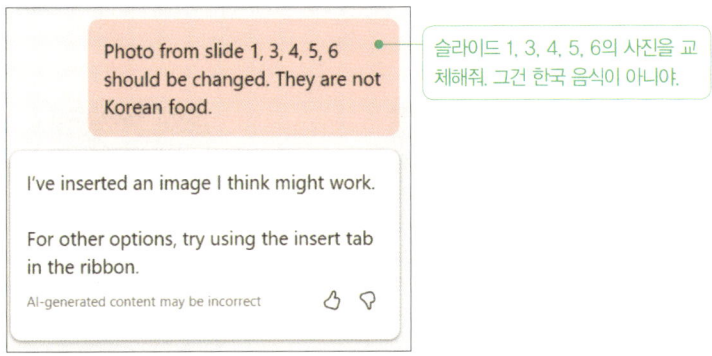

비빔밥, 제육볶음, 백반 사진이 추가되었습니다!

아직도 오니기리와 델리 푸드 사진이 남아 있습니다. 이 사진을 김치, 김밥, 불고기, 잡채 등의 한식으로 교체해달라고 구체적으로 요청하겠습니다.

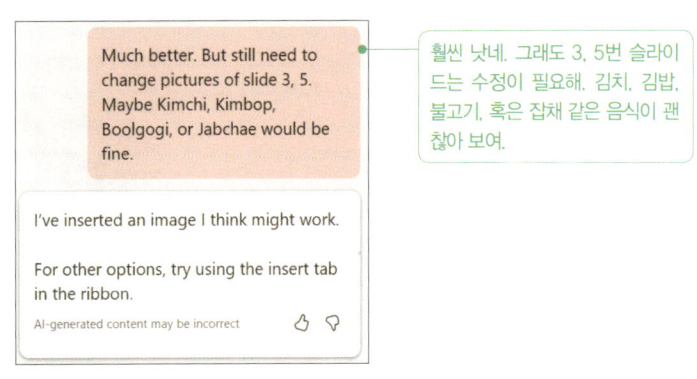

짠! 김치와 김밥 사진이 추가되며 모든 슬라이드가 한식 이미지로 교체되었습니다! 이처럼 코파일럿과 소통하며 슬라이드에 삽입된 사진을 교체하는 작업도 어렵지 않습니다. 그런데 한식의 세계화를 논하는 슬라이드인데 3번 슬라이드에 삽입된 붉은 동그라미가 일장기를 연상시키는 것 같기도 합니다. 이것을 제거해보겠습니다.

짠! 프롬프트를 한 줄 입력하는 것으로 슬라이드에 있던 붉은 동그라미를 제거하는 데에도 성공했습니다! 이처럼 코파일럿과 함께라면 간단한 디자인 수정도 순식간에 해낼 수 있어 여러분의 소중한 시간을 크게 절약할 수 있습니다.

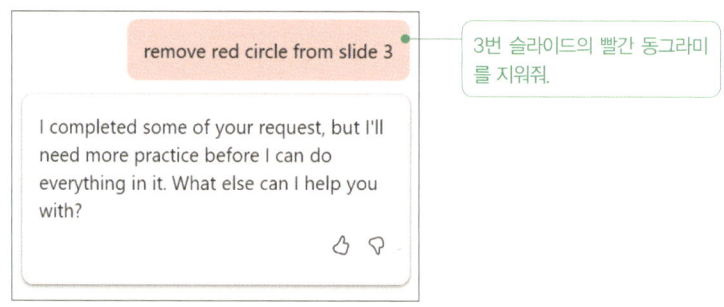

07

텍스트만 존재하는 워드 파일을 읽어와 프레젠테이션 만들기

지금까지는 채팅창에 입력한 정보를 토대로 간단한 슬라이드를 만드는 과정을 보여드렸습니다. 하지만 파워포인트 코파일럿의 진가는 이게 아닙니다. 길고 복잡한 워드 파일을 스스로 분석하여 발표자료를 만들어 내는 것이 가능합니다.

M365 Chat과 마찬가지로 코파일럿 채팅창에서도 슬래시(/)를 활용하여 워드 문서를 첨부할 수 있습니다. 워드 문서를 채팅창에 첨부하며, 발표자료를 만들어 달라 요청해 보겠습니다. 혹시 이미 다른 슬라이드가 존재하는 데 새로운 슬라이드 제삭을 요청한 상황이라면 데이터가 유실되지 않도록 코파일럿이 여러분에게 정말로 기존 내용을 지우고 새로운 슬라이드를 만들 것인지 질문합니다.

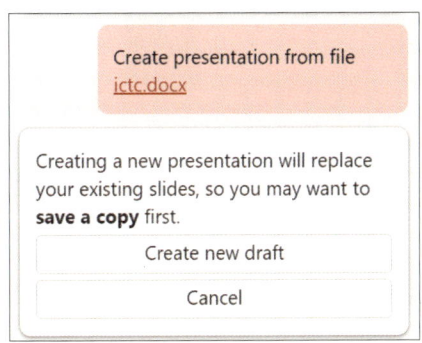

상관없으니 새로운 초안을 작성해달라 요청합니다.

코파일럿이 워드 문서를 읽어와 간단한 목차를 먼저 정리합니다.

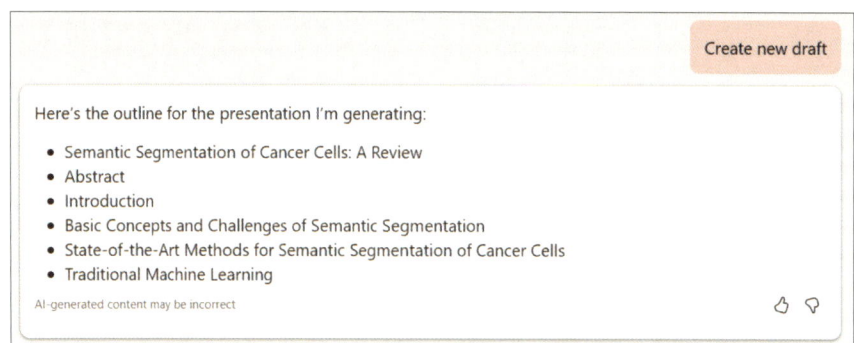

이어서 몇 초 뒤, 문서 파일을 토대로 한 슬라이드가 생성됩니다. 내용은 워드 파일 본문에서 순서에 맞춰 발췌하고 요약한 문장들로 구성되어 있으며, 내용과 어울리는 그림을 외부에서 가져오기도 합니다.

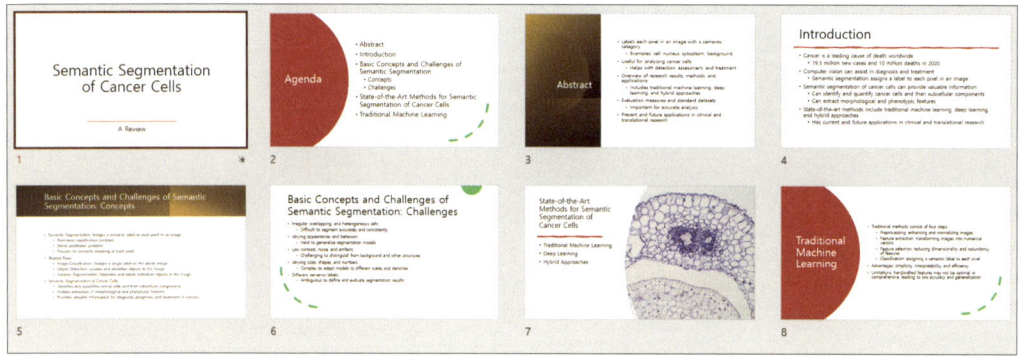

08 슬라이드 추가하기

완성된 프레젠테이션에 낱장 슬라이드를 추가하는 것도 가능합니다. 코파일럿에게 새로 추가할 슬라이드의 내용과 위치를 알려줬습니다.

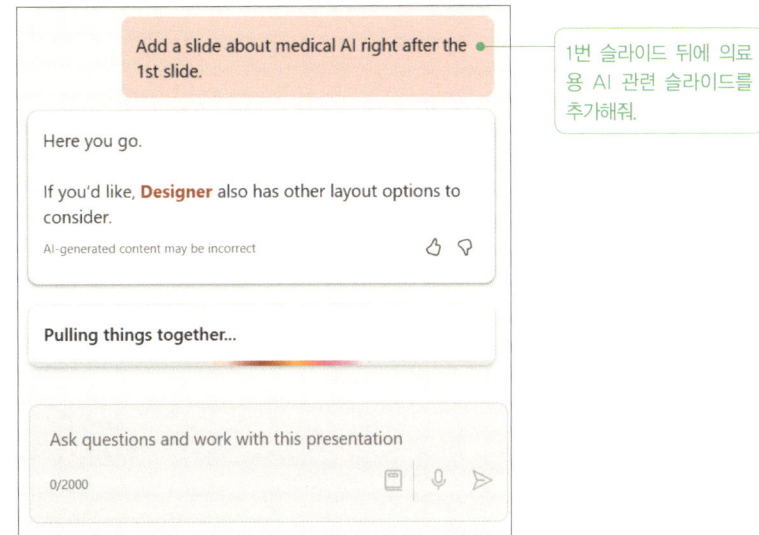

1번 슬라이드 뒤에 의료용 AI 관련 슬라이드를 추가해줘.

적재적소에 슬라이드가 삽입되었습니다. 간단한 분량 추가는 코파일럿을 활용하면 순식간에 마무리할 수 있습니다.

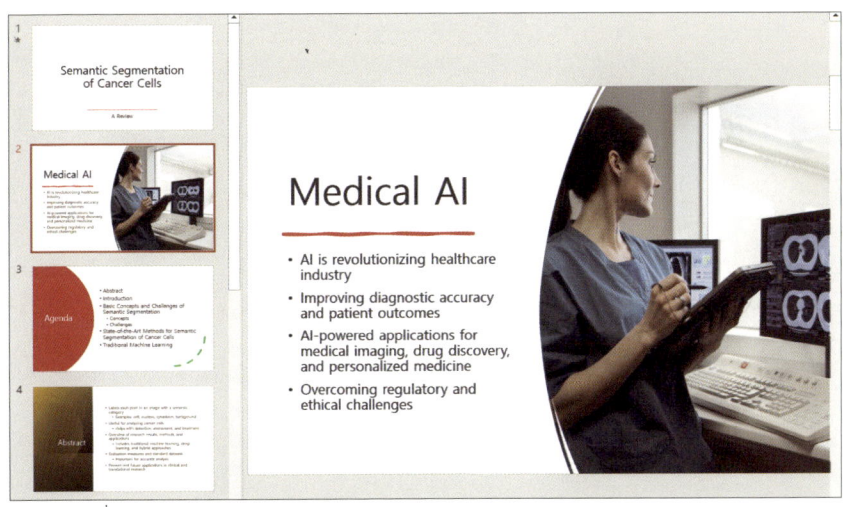

09 그래프, 차트, 표가 포함된 문서를 PPT 발표자료로 만들기

코파일럿은 텍스트 외에 그래프, 차트, 그림, 표 등의 자료가 포함된 문서를 프레젠테이션으로 만들 수도 있습니다. 특히 워드, 파워포인트, 엑셀에서 동시에 호환되는 표나 차트 같은 데이터는 그대로 인용해와 슬라이드 본문에 삽입해 주기도 합니다.

슬래시(/)를 사용하여 발표자료로 만들 문서를 첨부하겠습니다.

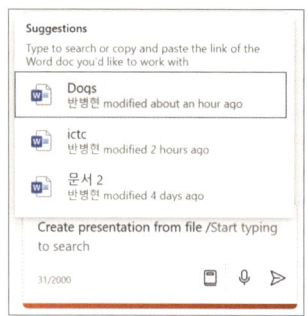

그리고 새로운 초안을 작성해달라 요청했습니다. 코파일럿이 이번에 읽어온 문서는 M365 Chat 단원에서 소개해드렸던 논문입니다. 논문의 주요 내용을 추출하여 다음 그림과 같이 슬라이드로 만들 논점들을 자동으로 정리하는 모습입니다.

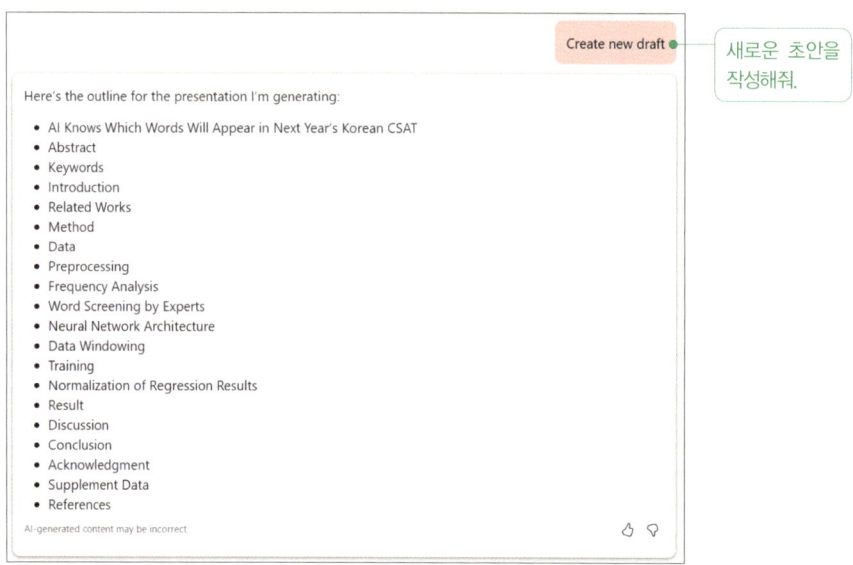

잠시 뒤 25장의 슬라이드를 만들었다는 메시지가 표시됩니다. 천천히 결과물을 살펴보겠습니다.

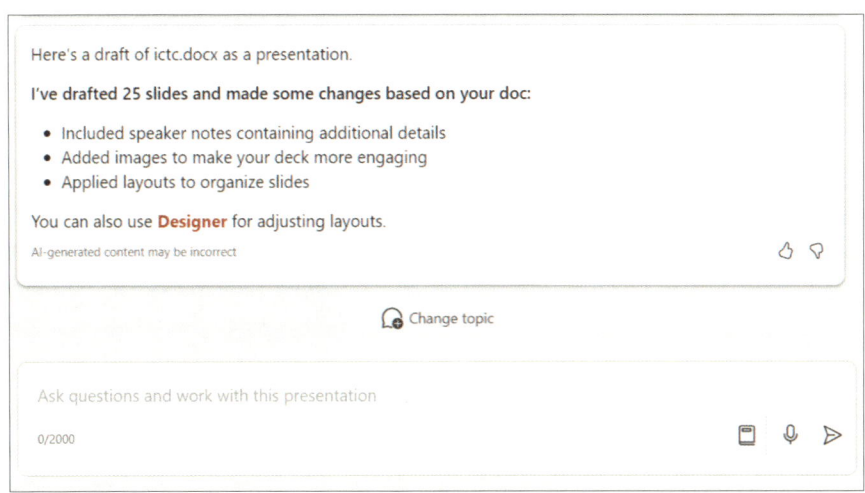

코파일럿이 제작해 준 슬라이드의 개요를 먼저 살펴보겠습니다. 문장들은 전부 논문에서 가져오거나 논문을 요약한 부분이라 할루시네이션이 단 하나도 없었습니다. 그리고 매 슬라이드의 주제에 어울리는 이미지를 자동으로 삽입해 준 부분 역시 만족스럽습니다.

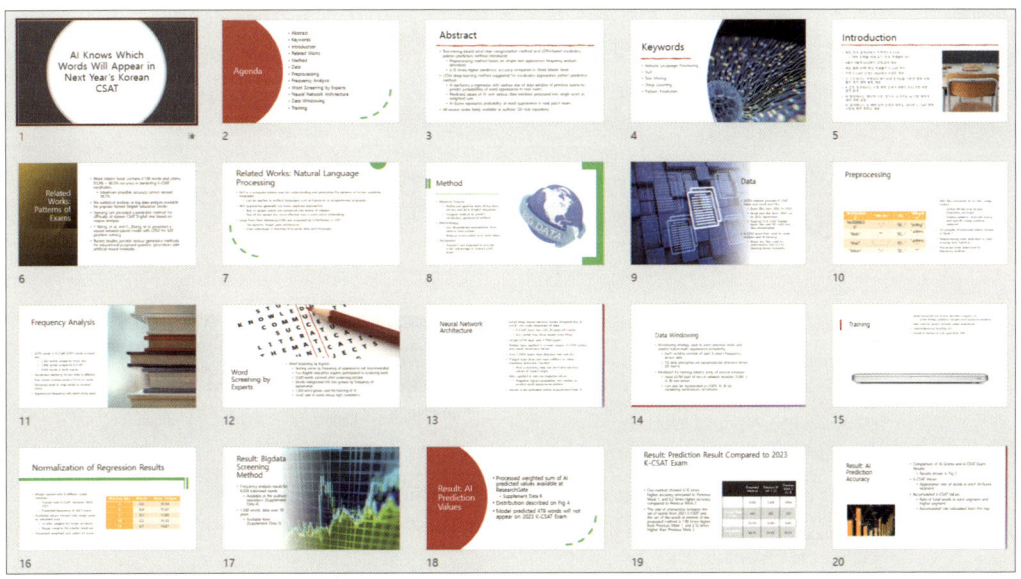

게다가 모든 슬라이드에는 발표자 노트(스크립트)가 삽입되어 있습니다. 실제 빔프로젝터나 스크린으로 발표할 때 발표자 보기 모드를 활용하면 발표자의 모니터에는 다음 화면과 같이 현재 슬라이드, 스크립트, 다음 슬라이드가 모두 표시되지만 청중이 보는 화면에서는 슬라이드만 표시됩니다. 코파일럿으로 발표자료를 만들면 시간이 절약될 뿐만 아니라, 스크립트까지 자동으로 작성되므로 발표 연습에 들어가는 시간조차도 크게 절약하는 것이 가능합니다.

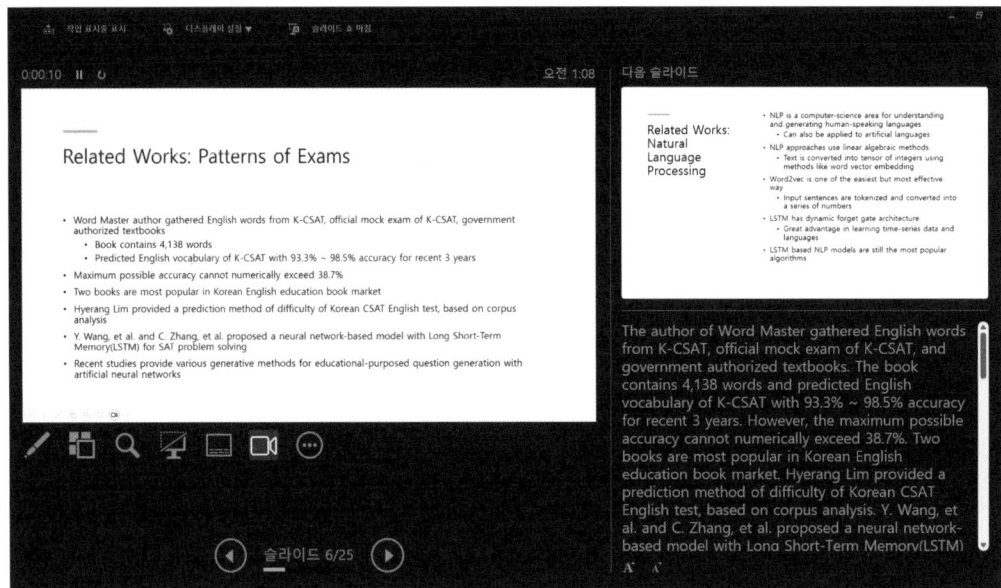

다음 그림은 워드 문서 본문에 있었던 표를 코파일럿이 자동으로 수집해 온 사례입니다. 워드에서 만든 표나 차트와 같은 서식은 엑셀과 파워포인트에서도 호환이 되므로, 파워포인트에 탑재된 코파일럿이 이를 자유롭게 스크랩해와 슬라이드에 삽입한 모습입니다.

강의자료의 제작, 보고서를 토대로 한 발표 등은 향후 거의 무조건 코파일럿으로 초안을 작성하고 발표자의 취향에 맞는 요소를 조금씩 더하는 방향으로 수렴하게 될 것으로 보입니다.

Result: Prediction Result Compared to 2023 K-CSAT Exam

- Our method showed 4.35 times higher accuracy compared to Previous Work 1, and 6.2 times higher accuracy compared to Previous Work 2.
- The rate of intersection between the set of words from 2023 K-CSAT and the set of the words in interest of the proposed method is 1.98 times higher than Previous Work 1, and 2.32 times higher than Previous Work 2.

	Proposed Method	Previous Work 1 [1]	Previous Work 2 [2, 3]
Predicted words*	1,300	3,208	4,024
Correct Prediction	460	385	337
Accuracy**	52.2%	12.0%	8.4%
Intersection***	68.2%	34.4%	30.1%

CHAPTER **10**

Excel 코파일럿

01_ 엑셀과 GPT의 만남은 어떤 모습일까?
02_ 테이블 사용이 필요합니다
03_ 코파일럿 사용 전 알아 두면 좋은 데이터 분석 기능
04_ 특정 데이터에 대해 질문하기
05_ 데이터 범위 선택하기
06_ 인사이트 발견하기
07_ 채팅창을 통한 간단한 분석 요청
08_ 채팅창을 활용한 그래프 그리기
09_ 이제 엑셀 함수를 외울 필요가 없어졌습니다
10_ 채팅으로 조건부 서식 지정하기

엑셀과 GPT의 만남은 어떤 모습일까?

"챗봇 서비스에 사용되던 인공지능인 GPT가 엑셀에 탑재된다."

이와 같은 소식을 처음 접하셨을 때 어떤 기분이 드셨나요? 필자는 GPT가 엑셀에 들어와서 할 수 있는 일이 무엇일지 쉽사리 짐작할 수 없었습니다. 도대체 어떤 형태의 놀라운 소프트웨어를 기획 중인 것인지, 혹은 챗GPT라는 명성에 힘입어 마케팅에 돛을 달기 위해 생각해 낸 아이디어인지 고민했습니다.

하지만 마이크로소프트가 2023년 공개한 영상[1]을 보고 의심은 환호로 바뀌었습니다. 이 영상에 따르면 엑셀 코파일럿이 할 수 있는 일들이 무궁무진해보였기 때문입니다. 코파일럿이 스스로 엑셀 데이터를 이해하고, 적절한 분석 기법을 제시하고, 분석까지 수행하고서 향후 동향을 예측하여 새로운 시트에 미래의 회계 흐름을 예측하여 기재하는 등, 상상조차 하기 어려웠던 기능들이 엑셀에 추가된다는 내용이 영상에 담겨 있었습니다.

필자는 이 영상을 접한 뒤 앞으로는 엑셀 자격증이 취업시장에서 메리트가 사라지겠구나, 그리고 앞으로 통계학과 빅데이터 분석 기법은 AI가 제시한 방법론을 이해하고 교정할 수 있을 정도의 깊이로만 배워도 충분하겠다는 생각을 했습니다. 그래서 여러 강연에서 엑셀 코파일럿 때문에 특정 직군에서는 경력이 가지는 의미가 퇴색될 것이라 주장하기도 했습니다. 채팅만 칠 줄 알면 엑셀 솜씨가 필요 없어지는 세상이 올 것이니까요.

과연 정식 출시된 코파일럿이 얼마만큼이나 광고에서 보여준 모습을 잘 재현해냈는지, 그리고 다른 유용한 기능들은 무엇이 있는지 살펴보도록 하겠습니다.

---

1) https://www.youtube.com/watch?v=I-waFp6rLc0

테이블 사용이 필요합니다

우리는 엑셀 스프레드시트에 값을 차곡차곡 정리해두기만 해도 만족감을 느낍니다. 하지만 코파일럿을 활용하려면 여기서 그치지 않고, 정돈된 데이터를 테이블(table)로 변환할 필요가 있습니다. 테이블은 엑셀에서 표 형태의 데이터를 다룰 때 사용하는 일종의 독립된 객체입니다.

엑셀 코파일럿은 화면 우측 상단의 버튼을 클릭하여 사이드 패널 채팅창 형태로 활성화할 수 있습니다.

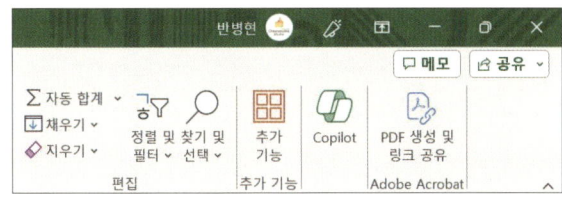

코파일럿 활성화 후, 화면에 선택된 셀이 테이블에 해당하지 않을 경우 데이터를 테이블로 변환해야 한다는 경고 메시지가 표시됩니다. 테이블이 아닌 평범한 셀에서는 코파일럿이 전혀 작동하지 않습니다. [변환] 버튼을 누르면 데이터가 자동으로 테이블로 변환됩니다.

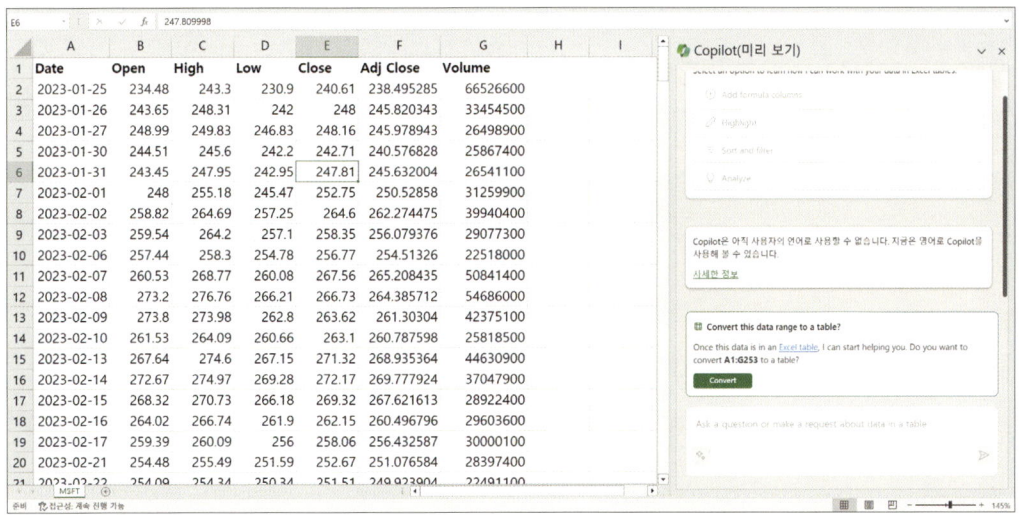

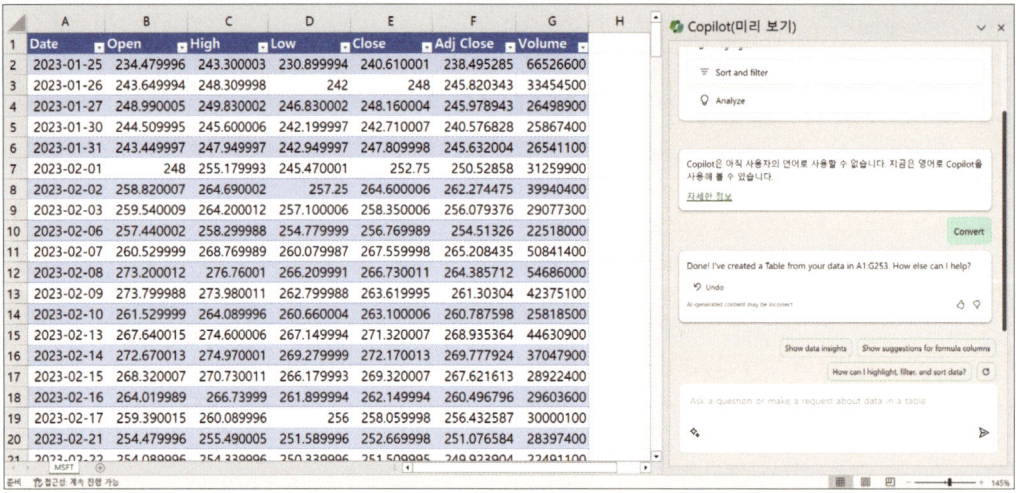

  코파일럿의 도움을 받아 스프레드시트를 테이블로 변환한 모습입니다. 자연스럽게 내용물에 음영이 칠해지는 것을 확인할 수 있습니다.

  '단일 셀을 클릭하는 것'과 '테이블에 포함된 단일 셀을 클릭하는 것'은 동작의 범위가 다르긴 합니다. 전자와 달리 후자의 경우, 결국 코파일럿은 셀이 포함된 테이블 전체가 어디에서부터 어디까지 이어지는지를 파악할 수 있게 됩니다.

  따라서 전반적인 데이터의 흐름을 읽고, 포괄적인 작업을 수행하려는 코파일럿의 특성상 테이블 지정이 없다면 "제가 어디서 어디까지의 데이터에 접근해야 하나요?"라며 어리둥절한 상황이 생길 수 있겠지요. 이것이 코파일럿 사용 시 테이블을 반드시 사용하도록 세팅된 이유일 것으로 추정됩니다.

03

코파일럿 사용 전 알아 두면 좋은 데이터 분석 기능

코파일럿의 활용 범위를 이해하려면 엑셀에 내장되어 있는 데이터 분석 자동화 기능에 대한 이해가 필요합니다.

2024년 1월 현재, 엑셀 최신 버전 한국어 환경에서는 우측 상단에서 [Copilot] 아이콘만 노출됩니다.

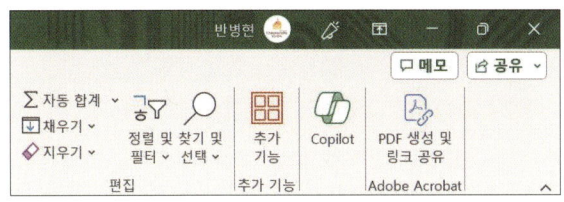

반면 무슨 연유에서인지 시스템 언어를 영어로 설정할 경우 [Analyze Data]라는 버튼이 생겨납니다. 2024년 1월 현재 코파일럿이 한국어 버전에서는 정상적으로 작동하지 않으므로 코파일럿과 함께 업데이트된 기능을 막아둔 것으로 생각하였으나, [Analyze Data] 기능은 2020년도부터 존재했다는 자료를 찾아볼 수 있었습니다.

수년 전부터 존재하던 기능이지만 코파일럿과 기능적으로 연동되어 작동하도록 무언가 작업을 수행하기 위하여 업데이트 이전에 일시적으로 막아둔 것이 아닐까 생각됩니다.

[Analyze Data] 버튼을 클릭하면 우측 사이드 패널에서 데이터에 대한 다양한 인사이트와 자동화된 분석 결과를 제공합니다. 코파일럿 사용에 앞서 이 기능으로 어떤 일을 할 수 있는지 선결적인 이해를 갖추고 넘어가도록 하겠습니다. [Analyze Data]에서 할 수 있는 대부분의 일을 코파일럿 채팅창에 요청하면 유용할 것이기 때문입니다.

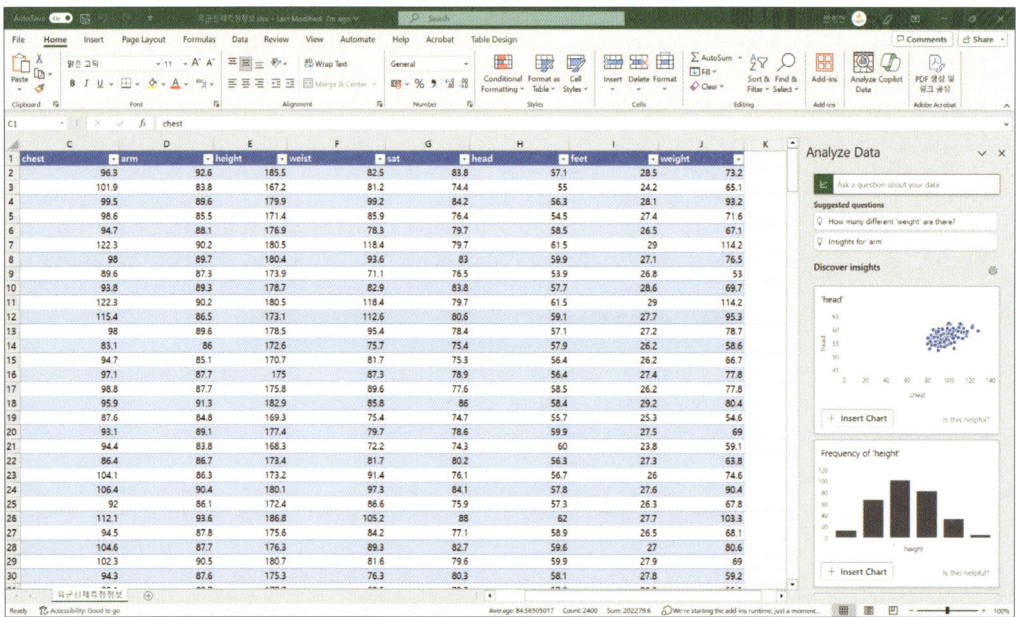

04 특정 데이터에 대해 질문하기

사이드 패널 최상단에서 특정 데이터에 대한 지엽적인 질문을 할 수 있습니다.

프롬프트 입력창과 예시 질문들이 있습니다.

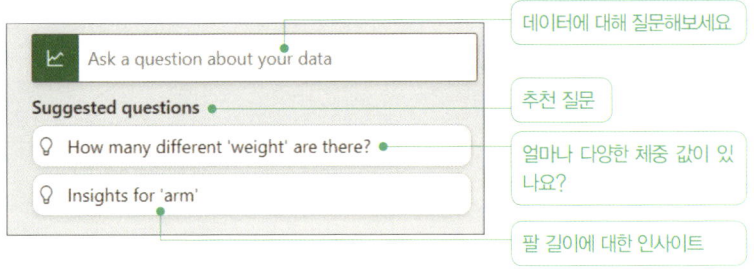

이 프롬프트 창에 데이터에 대한 질문이나 인사이트를 요청할 수 있습니다. 추측컨대 이 프롬프트창의 기능 구현을 위하여 기존에 사용하던 알고리즘을 코파일럿과 연동된 알고리즘으로 교체하는 과정에서 업데이트가 필요했고, 한국어 버전에서의 업데이트가 마무리되지 않은 상태라 한국어 엑셀에서는 아예 기능을 막아둔 것이 아닐까 생각됩니다.

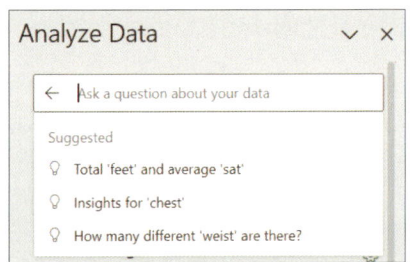

육군 신체측정검사 결과 데이터를 불러온 상태에서 "가슴둘레"에 대한 인사이트를 요청했습니다. 다음은 [Analyze Data] 패널이 자동으로 제안해 준 데이터 인사이트의 예시입니다.

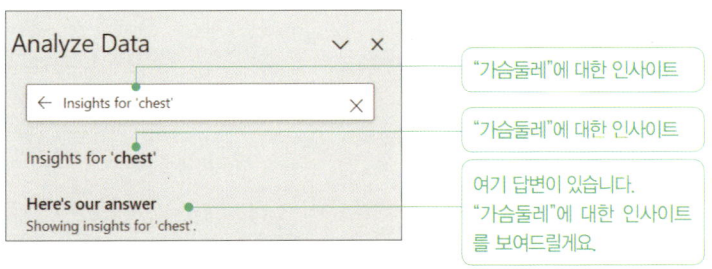

분석 결과를 순서대로 해설해 보자면 다음과 같습니다.

(1) 가슴둘레 값의 분포도
(2) 가슴둘레는 허리둘레와 큰 상관관계가 있습니다.
(3) 가슴둘레와 체중 사이의 상관관계에서는 2개의 이상치[2]가 있습니다.
(4) 가슴둘레와 발 길이의 상관관계에서는 3개의 이상치가 있습니다.

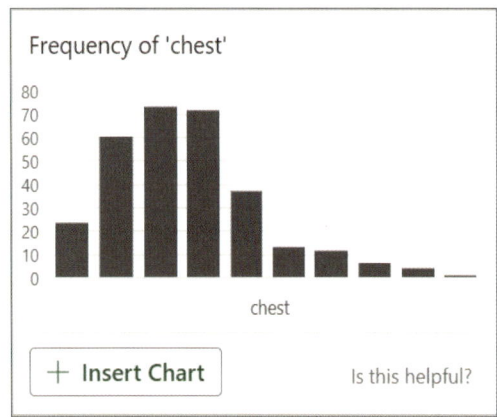
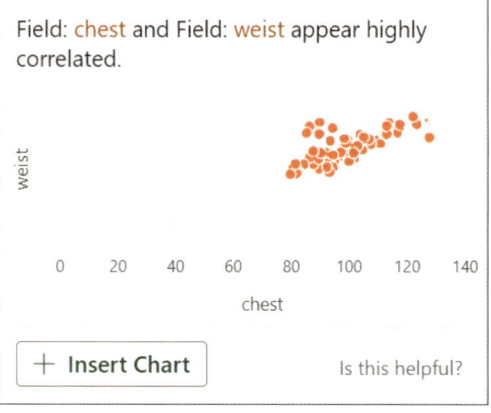
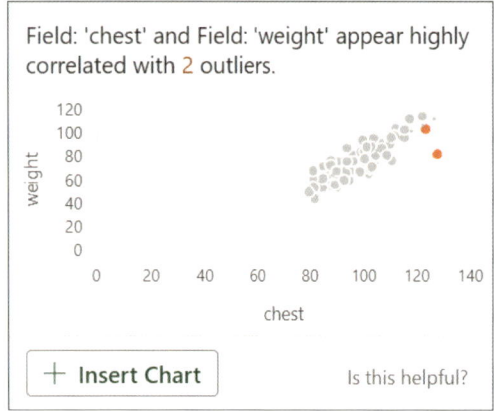
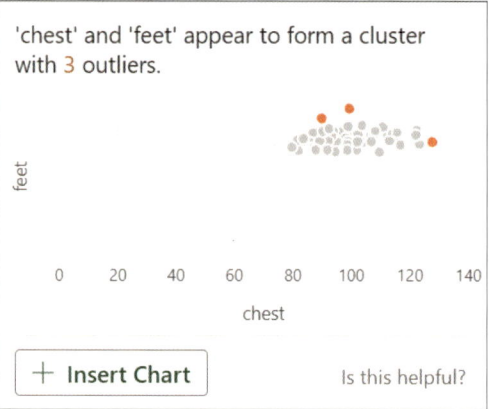

어떤가요? 꽤나 쓸만하지 않나요? 데이터의 전반적인 경향성을 한눈에 살펴볼 수 있는 기능입니다.

---

[2] 아웃라이어(Outlier). 전반적인 통계적 경향성을 벗어난 이상한 값.

데이터 범위 선택하기

[Analyze Data]는 기본적으로 전체 테이블을 분석 대상으로 삼습니다. 테이블에 기재된 데이터 중에서 굳이 분석이 필요하지 않은 항목을 제거하거나, 특정 소수의 변수를 조금 더 집중해서 분석하고 싶다면 데이터 범위를 변경하는 것이 유용합니다.

패널의 [Discover insights] 항목 우측의 톱니바퀴 모양 아이콘(⚙)을 클릭합니다.

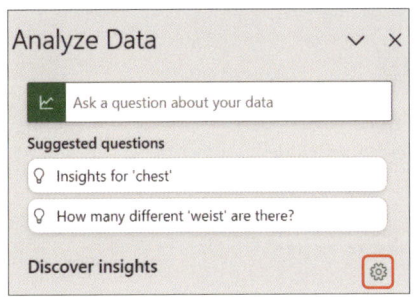

이미 체크된 변수의 체크박스를 클릭하여 선택 해제하면 분석 대상에서 제외됩니다.

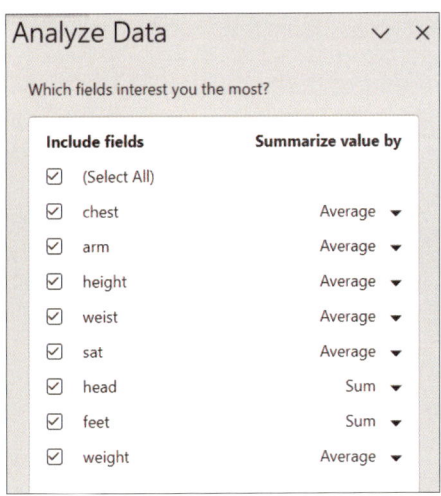

06 인사이트 발견하기

[Analyze Data]를 처음 사용하면 데이터를 빠르고 쉽게 분석할 수 있다는 사실에 놀라게 됩니다.

그리고 스크롤을 내리다 화면 하단에 위치한 [28건의 결과 모두 보기] 버튼을 발견하는 순간 "이게 끝이 아니라 시작이었을 뿐이구나!" 하며 또다시 크게 놀라게 됩니다.

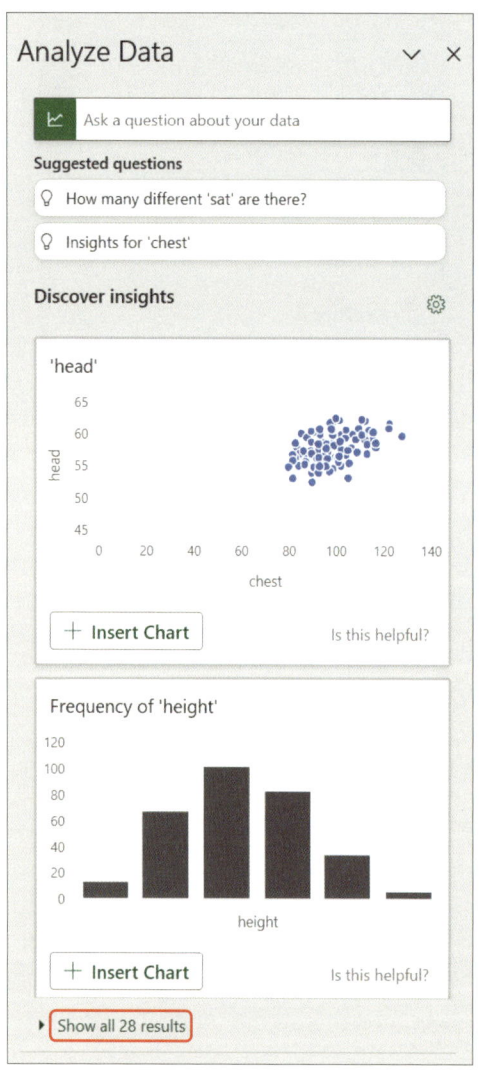

1 데이터 분석 예시

다음 사례는 수많은 분석 결과 중에서 대표적인 예시를 추려온 것입니다.

(1) 데이터 분포 분석

테이블에 포함된 여러 데이터들의 분포도를 보여줍니다. 대부분의 실측 데이터는 정규분포를 따를 것이지만 편차나 평균값의 차이가 있으므로 빈도 분석은 데이터의 경향을 한눈에 살펴볼 때 가장 먼저 시도해 볼 방법입니다.

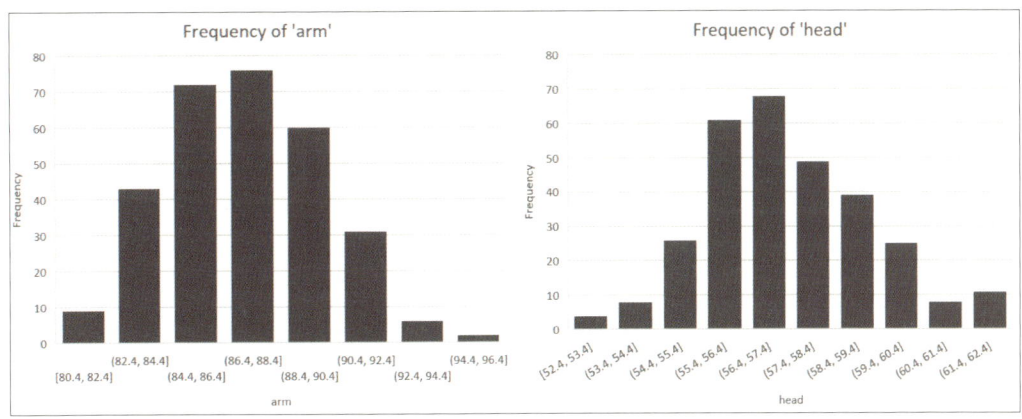

(2) 상관관계 분석

상관관계란 두 개의 변수가 얼마나 경향성이 비슷한지를 보여주는 지표입니다. 예를 들어 아래 그림은 허리둘레와 체중의 상관관계 분석 결과인데요, 아무래도 체중이 많이 나가는 사람일수록 허리둘레가 증가하는 것은 합리적인 경향성일 것입니다. 이와 같이 서로 상관관계가 높은 데이터를 한번에 분석해 주는 유용한 기능입니다.

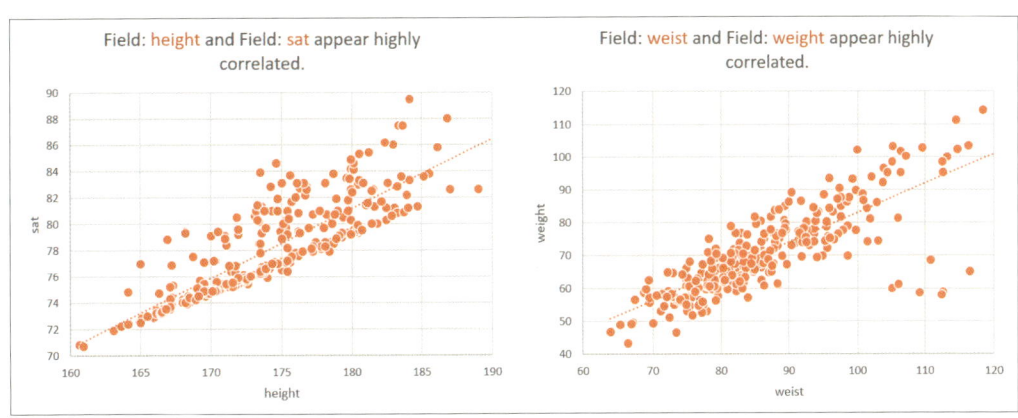

(3) 다변수 상관관계 분석

여러 값들의 상관관계를 한눈에 보여주는 분석기법으로 팔 길이, 키, 허리둘레, 머리둘레, 발 길이, 체중 등의 값을 가슴둘레로 나눈 값을 그래프로 표현한 것입니다. 이 중 명백히 우상향하는 녹색(체중) 값과 회색(허리둘레) 값은 가슴둘레와의 양의 상관관계가 있다고 볼 수 있겠습니다.

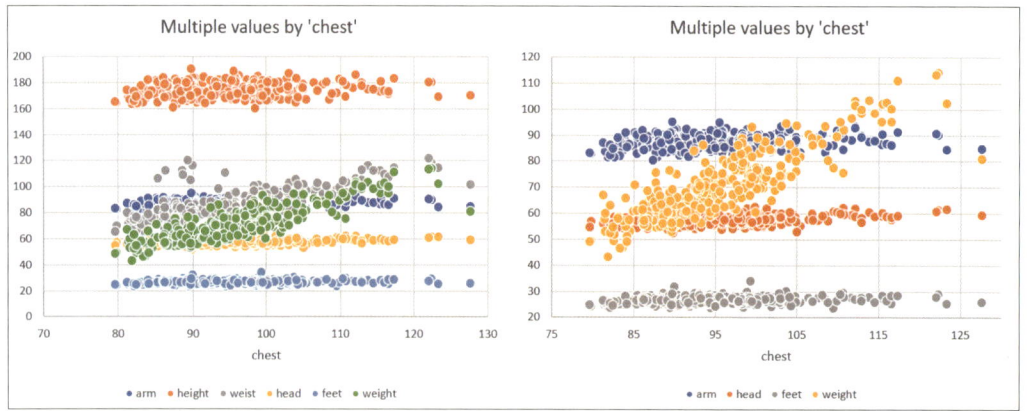

(4) 이상치 분석

통계적 경향성을 잘 따르지 않는 이상치를 찾아 분석해 주는 기능입니다. 이상치는 다른 표본과는 경향성이 다르므로, 최대한 평균이나 평범함과 관련된 분석 결과가 필요할 때에는 이상치를 제거하고 나머지 값만 살펴보는 것이 유용할 수도 있습니다.

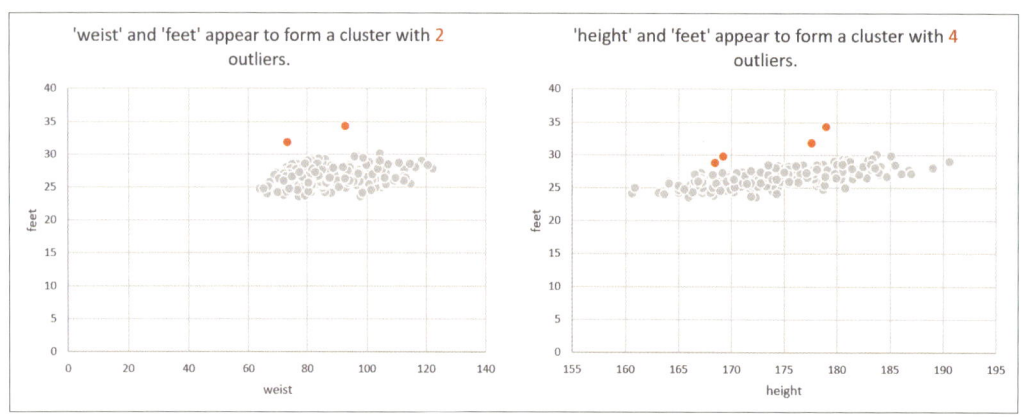

이 외에도 다양한 기법들을 추천해 주는 유용한 기능이므로 본격적인 데이터 분석에 앞서 [Analyze Data] 기능을 꼭 사용해보시기 바랍니다. 통계에 대한 지식이 부족하신 분들께서는 직접 생각해내기는 어려울 기법들을 체험해 볼 수 있다는 점에서 장점이 있습니다. 반대로 통계 지식과 데이터 분석 경험이 풍부하신 분들께서는 AI의 분석결과를 토대로 매우 짧은 시간 동안 다양한 인사이트를 도출할 수 있으므로, 더 깊은 고민을 할 시간을 확보할 수 있습니다.

07
채팅창을 통한 간단한 분석 요청

엑셀에 탑재된 데이터 분석 자동화 도구를 충분히 체험해봤으므로 코파일럿 채팅창을 활용해 보겠습니다.

우측 상단 메뉴를 눌러 코파일럿을 활성화합니다.

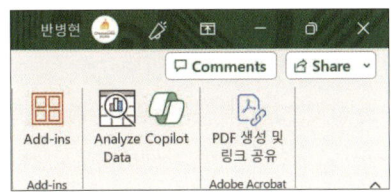

채팅창을 살펴보시면 샘플 프롬프트 제안이 여러 건 있습니다. 처음에는 이 프롬프트들을 클릭해 보며 엑셀 코파일럿이 할 수 있는 일들에 대해 감을 잡아보시기 바랍니다.

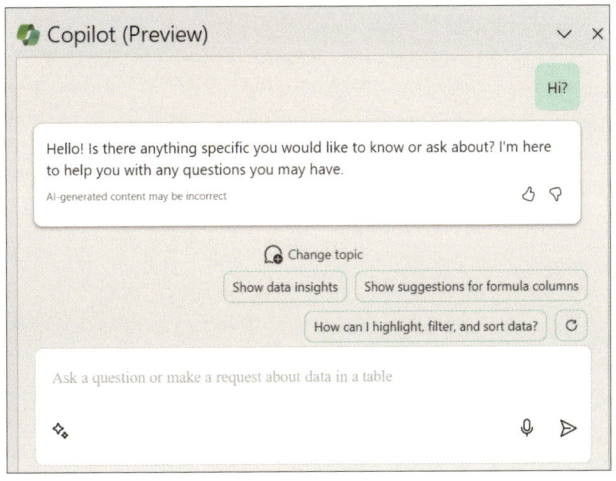

그 외에는 중간값(Median)이나 평균과 같은 데이터의 대표값 추출 같은 간단한 작업을 지시하며 감을 잡아 보시기 바랍니다. 기본적으로 [Analyze data] 항목에서 가능했던 분석 기법들은 대부분 코파일럿에서도 가능하겠거니 생각하며 분석을 요청하시면 적응에 필요한 시간을 대폭 단축할 수 있습니다.

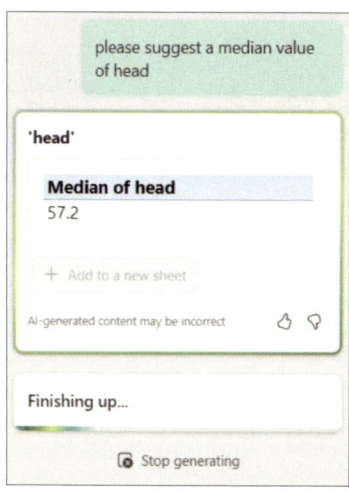

　엑셀 코파일럿 활용에서 가장 중요한 역량은 코파일럿으로 할 수 있는 작업의 범위를 명확하게 이해하는 것과, AI가 제안해 준 분석 기법을 채택하거나 배척할만한 논리를 스스로 세울 수 있을 만큼의 통계적 감각입니다. 이를 염두해 두고 차근차근 사용 경험의 범위를 확장해 나가보시기 바랍니다.

채팅창을 활용한 그래프 그리기

채팅창에서 간단한 통계 그래프를 그려달라는 요청도 해 볼 수 있습니다.

[Analyze Data] 메뉴에서 자동으로 생성되었던 여러 종류의 그래프들을 떠올려 보시고, 그와 유사한 그래프를 만들어달라 요청해 보세요. [Add to Sheet] 버튼을 클릭하면 스프레드시트에 이 그래프를 삽입할 수 있습니다.

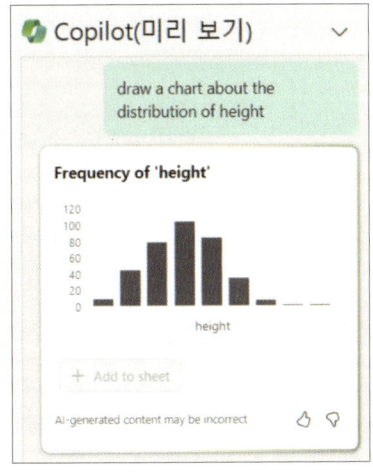

스프레드시트에 차트가 삽입된 모습입니다. 그래프 삽입을 취소하려면 [undo] 버튼을 클릭하면 됩니다.

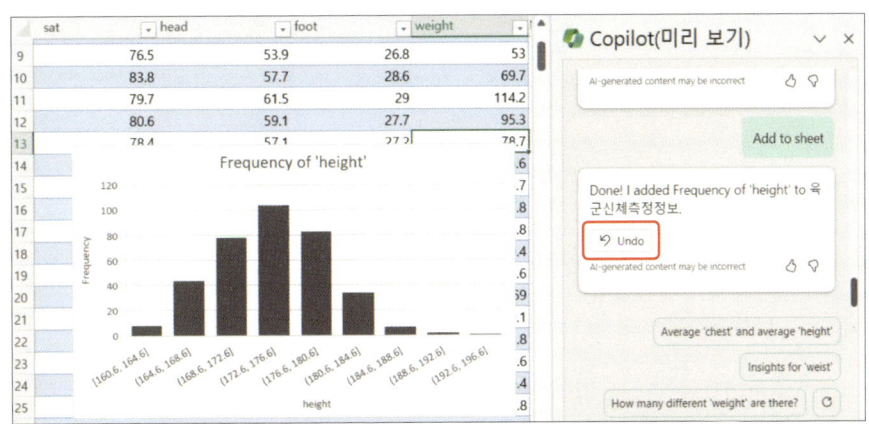

09

이제 엑셀 함수를 외울 필요가 없어졌습니다

지금까지는 얼마나 많은 엑셀 함수를 외우고 있는지, 그를 얼마나 자유자재로 구사할 수 있는지가 엑셀 실력의 절대적인 척도였습니다.

하지만 이제는 코파일럿 덕분에 더이상 함수를 외울 필요가 없어졌습니다. 채팅창에서 간단한 질문만 던져 주면, 어떤 함수를 사용해야 하는지와 그 함수의 상세한 사용 방법을 인공지능이 제안해 주기 때문입니다. 나에게 필요한 분석 기법이나 엑셀 기능이 무엇인지를 명확히 이해만 하고 있으면 충분합니다.

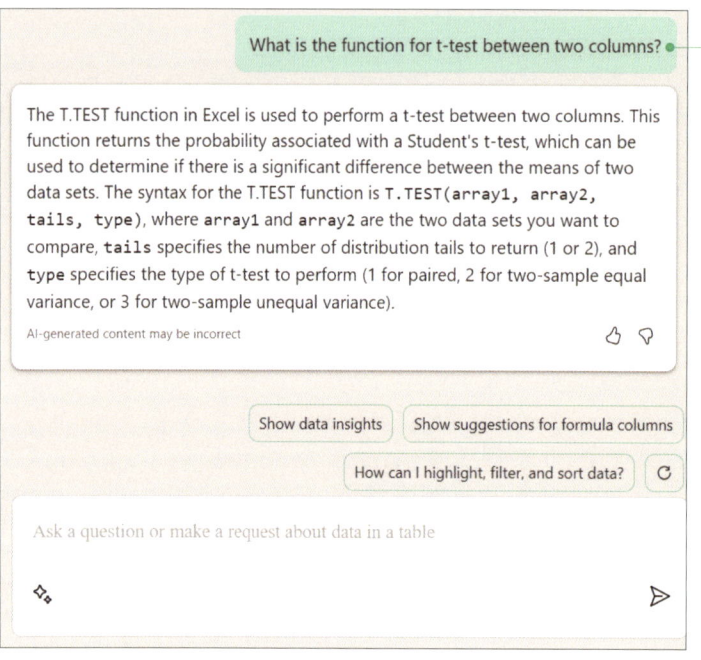

두 개의 열을 대상으로 T-test를 실행하는 함수는?

함수를 실제로 어떻게 적용할지에 대한 고민도 필요하지 않습니다. AI가 엑셀 파일을 읽어와 자동으로 데이터의 범위를 한정하고, 알맞는 수식을 작성해주기 때문입니다. 아래 그림의 경우, 말풍선 맨 마지막 줄을 그대로 복사하여 붙여넣으면 되겠지요.

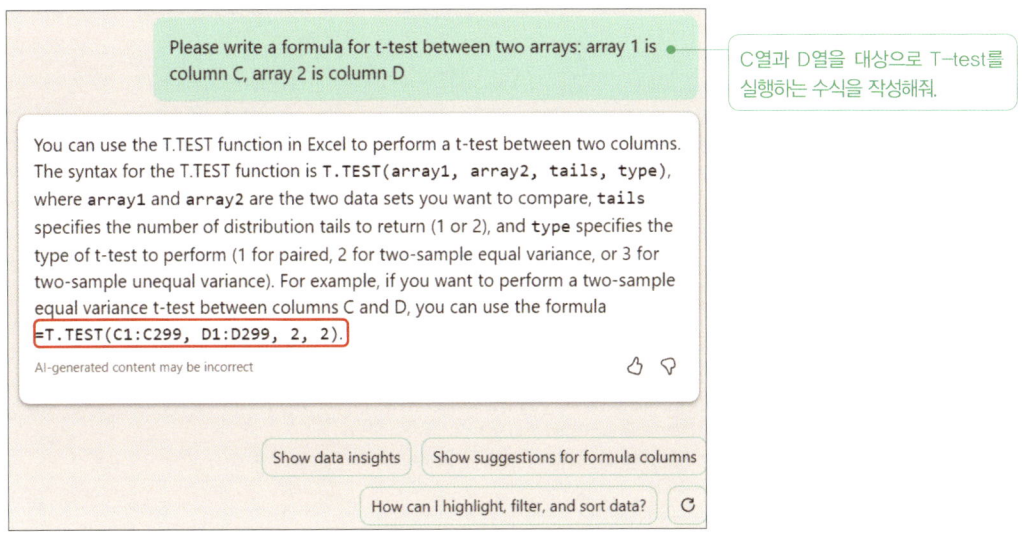

당장 스스로 인사이트를 떠올리기 어려운 상황에서도 걱정 없습니다. 코파일럿이 최적의 방향성을 추천해 줄 수도 있으니까요. 이제 엑셀 자체를 공부하기보다는 여러분이 보유한 데이터를 어떻게 활용하고, 어떤 인사이트를 뽑아내서 현실에 영향력을 가할 수 있을지를 고민하는 데에만 시간을 쏟을 수 있게 되었습니다.

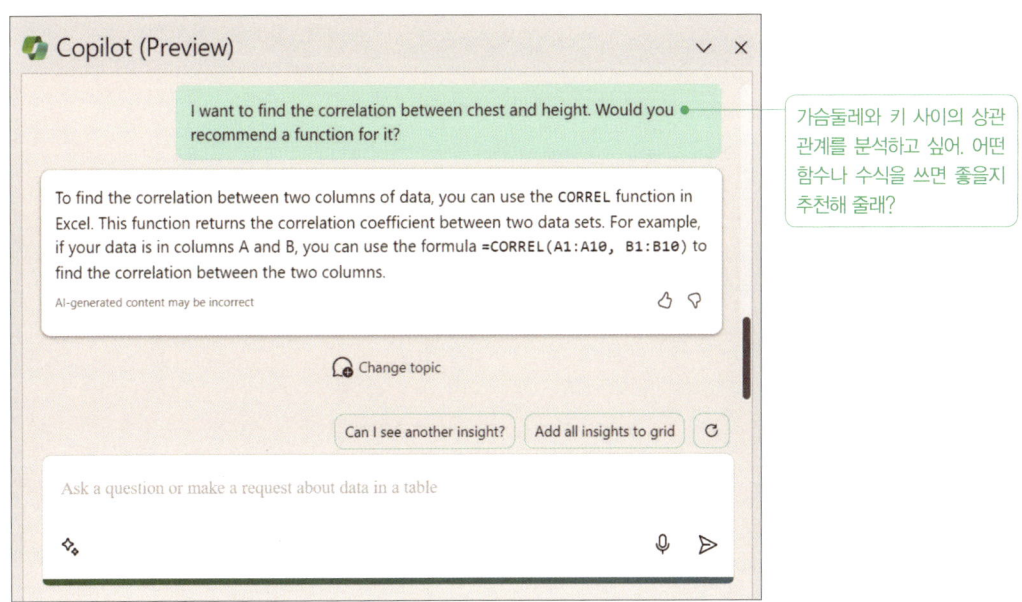

10

채팅으로 조건부 서식 지정하기

조건부 서식은 특정 조건이 만족될 때에만 발동되는 서식입니다. 우선 예시를 먼저 보여드리겠습니다.

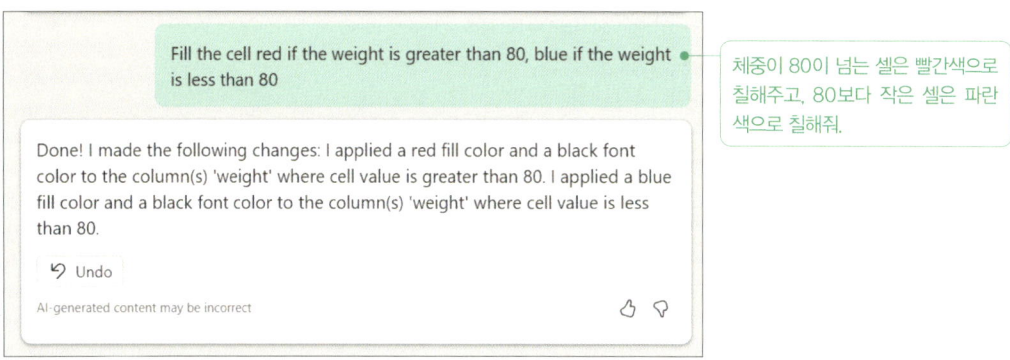

위 그림에서 코파일럿에게 지시한 사항이 조건부 서식의 작성 작업입니다.

> (조건) 셀에 들어 있는 값이 80보다 큰지 작은지 여부
> (서식) 셀 색을 빨간색 또는 파란색으로 칠한다

생각보다 간단하지요? 하지만 이것을 엑셀에서 수식으로 구현하는 작업은 번거롭고 어렵습니다. 특히 범위 지정이나 조건 설계 부분은 엑셀에 익숙하지 않으면 많이 헤멜 수 있는 부분입니다.

하지만 코파일럿은 순식간에 이런 작업을 끝마쳐줍니다. 이 외에도 볼드체 처리라던가, 특정 값을 만족하는 셀에만 이모티콘을 달아달라는 요청도 가능합니다.

	D	E	F	G	H	I	J
1	height	weist	sat	head	feet	weight	
2	92.6	185.5	82.5	83.8	57.1	28.5	73.2
3	83.8	167.2	81.2	74.4	55	24.2	65.1
4	89.6	179.9	99.2	84.2	56.3	28.1	93.2
5	85.5	171.4	85.9	76.4	54.5	27.4	71.6
6	88.1	176.9	78.3	79.7	58.5	26.5	67.1
7	90.2	180.5	118.4	79.7	61.5	29	114.2
8	89.7	180.4	93.6	83	59.9	27.1	76.5
9	87.3	173.9	71.1	76.5	53.9	26.8	53
10	89.3	178.7	82.9	83.8	57.7	28.6	69.7
11	90.2	180.5	118.4	79.7	61.5	29	114.2
12	86.5	173.1	112.6	80.6	59.1	27.7	95.3
13	89.6	178.5	95.4	78.4	57.1	27.2	78.7
14	86	172.6	75.7	75.4	57.9	26.2	58.6
15	85.1	170.7	81.7	75.3	56.4	26.2	66.7
16	87.7	175	87.3	78.9	56.4	27.4	77.8
17	87.7	175.8	89.6	77.6	58.5	26.2	77.8
18	91.3	182.9	85.8	86	58.4	29.2	80.4
19	84.8	169.3	75.4	74.7	55.7	25.3	54.6
20	89.1	177.4	79.7	78.6	59.9	27.5	69
21	83.8	168.3	72.2	74.3	60	23.8	59.1
22	86.7	173.4	81.7	80.2	56.3	27.3	63.8
23	86.3	173.2	91.4	76.1	56.7	26	74.6
24	90.4	180.1	97.3	84.1	57.8	27.6	90.4
25	86.1	172.4	86.6	75.9	57.3	26.3	67.8
26	93.6	186.8	105.2	88	62	27.7	103.3
27	87.8	175.6	84.2	77.1	58.9	26.5	68.1
28	87.7	176.3	89.3	82.7	59.6	27	80.6
29	90.5	180.7	81.6	79.6	59.9	27.9	69
30	87.6	175.3	76.3	80.3	58.1	27.8	59.2

엑셀 코파일럿은 오피스의 여러 제품군 중 가장 "시간을 절약하여 인간이 본질적인 일에 집중할 수 있도록 도와준다."라는 철학과 맞닿아 있는 것으로 생각됩니다. 숫자가 기록된 엑셀 파일을 자주 사용하시는 분들께서는 꼭 코파일럿을 체험해 보시기를 추천합니다.

부록

부록 01 Microsoft 365에 커스텀 도메인 이메일 연결하기
부록 02 Microsoft 365에 새로운 직원 추가하기
부록 03 Outlook에 외부 이메일 연동하기
부록 04 코파일럿 사이드 패널이 먹통인 경우

Microsoft 365에 커스텀 도메인 이메일 연결하기

부록 01

1 | 메일 시스템의 구조 이해하기

여러분이 보낸 이메일을, 다른 도메인을 활용중인 상대방이 받아보기까지 과정에서 아무리 적게 잡아도 최소한 4대 이상의 컴퓨터가 필요합니다. 우선 발신자가 이메일을 작성하는 데 사용할 컴퓨터 한 대와 수신자가 메일을 열람하는 데 사용할 컴퓨터 한 대가 필요합니다. 나머지 두 대는 이메일을 중개해 주는 메일 서버라는 컴퓨터입니다.

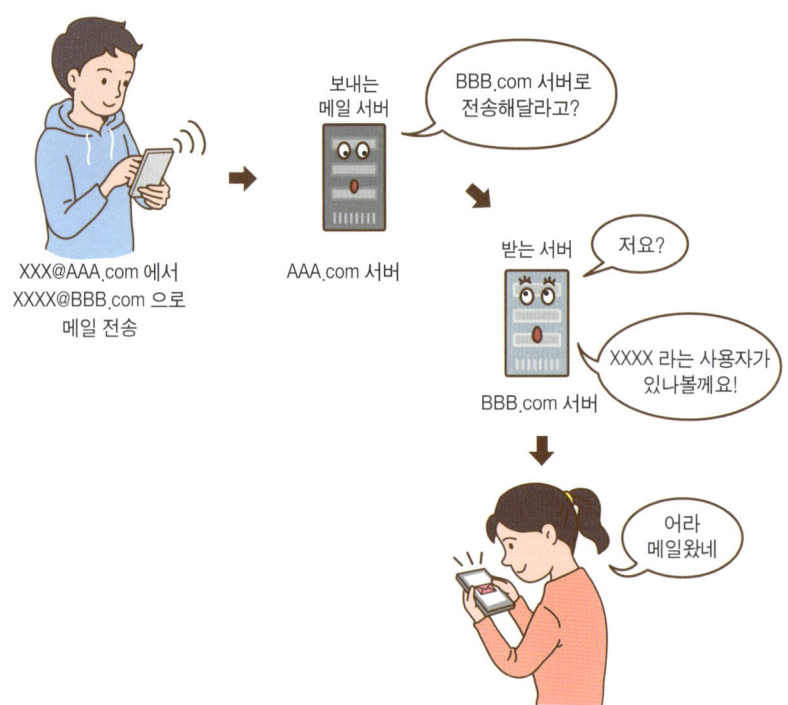

메일 서버의 작동 구조는 위와 같습니다. 여러분이 "xxx@AAA.com" 이메일 주소를 사용하여 "xxxx@BBB.com" 주소로 이메일을 송신합니다. 그러면 가장 먼저 "AAA.com" 주소와 연결되어 있는 서버 컴퓨터가 데이터를 수신하고, "BBB.com"이라는 서버로 이를 전달합니다.

"BBB.com"측 서버는 "AAA.com" 서버측으로부터 넘겨받은 데이터를 토대로 "xxxx"라는 이름의 사용자가 존재하는지 확인하고, 그 사람에게 데이터를 전송해줍니다. 이것이 이메일이 작동하는 구조입니다.

따라서 이론적으로 메일을 보낼 때에도 서버 한 대가 필요하고, 메일을 받을 때에도 서버 한 대가 필요합니다. 아웃룩 단원에서 다루었던 SMTP 서버가 메일을 보내는 컴퓨터이며, IMAP 서버가 메일을 수신하는 컴퓨터입니다.

또한, 여러분이 메이저 이메일 서비스를 사용하는 대신 나만의 이메일 주소를 사용하려면 두 대의 서버 컴퓨터를 세팅해야 한다는 결론에 도달합니다. 이는 무척이나 번거롭고 어려운 일이며, 비용도 많이 듭니다. 그래서 메일 서버를 대신 구축해 주는 서비스들을 거의 모든 기업이 활용하고 있습니다. 마이크로소프트 365에도 역시 이런 기능이 있습니다.

오피스 앱을 구독하기만 해도 이 기능을 추가 과금 없이 사용할 수 있으므로 이번 기회에 나만의 이메일 주소를 만들어 보는 것을 추천합니다. 지금부터 방법을 설명드리겠습니다.

2 | 도메인이란?

메일 서버를 구축하려면 도메인을 구매해야 합니다. 여러분이 알고 계시는 이메일 주소의 골뱅이(@) 뒤에 적힌 글자들이 도메인입니다. 도메인의 역할은 복잡한 서버 컴퓨터의 주소를 간결하고 개성 있는 알파벳 몇 글자로 줄여주는 것입니다.

만약 여러분의 집 주소를 위도와 경도로 외우고 다녀야 한다면 어떨까요? 무척이나 번거로울 것입니다. 그렇기에 모든 국가는 "주소"라는 시스템을 채택하고 있습니다. "우리 집은 위도 126.686570, 경도 37.71339791에 있어요."라고 설명하는 대신 "파주시 문발동 507-12에 있어요."라고 간단히 설명할 수 있지요. 도메인 역시 역할이 동일합니다.

원래 컴퓨터의 주소는 12자리 숫자인 IP 주소로 표시됩니다. 하지만 고객이 매번 이 숫자를 외워가며 온라인 서비스에 접속해야 한다면 무척이나 불편할 것입니다. 도메인 업체들은 이와 같은 문제를 해결해 주고 돈을 받습니다. 이를테면 사용자들이 223.108.356.14라는 숫자를 외울 필요 없이 "microsoft.com"이라는 문구만 입력하면 마이크로소프트 홈페이지로 이동할 수 있도록 주소를 중개해주고 있습니다.

여러분도 커스텀 이메일 주소를 만들기 위해 도메인 업체에 돈을 내고 도메인을 구매해야 합니다. 도메인 맨 뒤에 붙는 문구가 닷컴(.com)인지, 닷넷(.net)인지에 따라 요금이 조금씩 달라집니다. 심지어 ".store"나 ".farm"과 같은 특이한 도메인도 있습니다.

3 | 도메인 구매하기

도메인은 주로 고대디(GoDaddy)나 가비아(gabia) 같은 업체에서 구매하는 것이 일반적입니다.

고대디는 전 세계적으로 사랑받는 거대한 도메인 플랫폼이지만 한국어 지원이 애매하고, 결제수단에 제약이 있습니다. 하지만 다양한 도메인을 저렴하게 구매할 수 있다는 장점이 있습니다.

https://godaddy.com 고대디 웹사이트

가비아는 고대디에 비해 비교적 도메인을 높은 가격에 판매하고 있으나 국내 업체다 보니 결제수단 관리가 수월합니다. 문제가 발생했을 때 고객센터와 낮 시간에 한국어로 통화하며 지원을 받을 수 있다는 점 역시 편리한 점이고요. 따라서 이 책에서는 가비아에서 도메인을 구매하는 과정을 설명합니다.

https://gabia.com

01 검색창에 여러분께서 생각 중인 도메인 주소를 입력합니다. 이때 맨 뒤에 닷컴(.com) 등의 문구를 붙이지 마시고 도메인의 핵심이 되는 단어만 입력하시기 바랍니다. 검색 결과에서 여러분이 상상하지 못했던 다양한 옵션들을 제공해 주기 때문입니다. 도메인 중심 단어는 간결할수록 좋습니다.

02 검색 결과를 살펴보시면 다양한 도메인과 가격이 표시됩니다. 여기서 표시되는 가격은 도메인의 1년 사용료입니다. ".store" 도메인이나 ".shop" 도메인은 스마트스토어 등에 연동하기 좋은 도메인이면서 가격이 1년에 500원밖에 하지 않으므로 체험 삼아 구매해 보기에도 부담이 되지 않습니다.

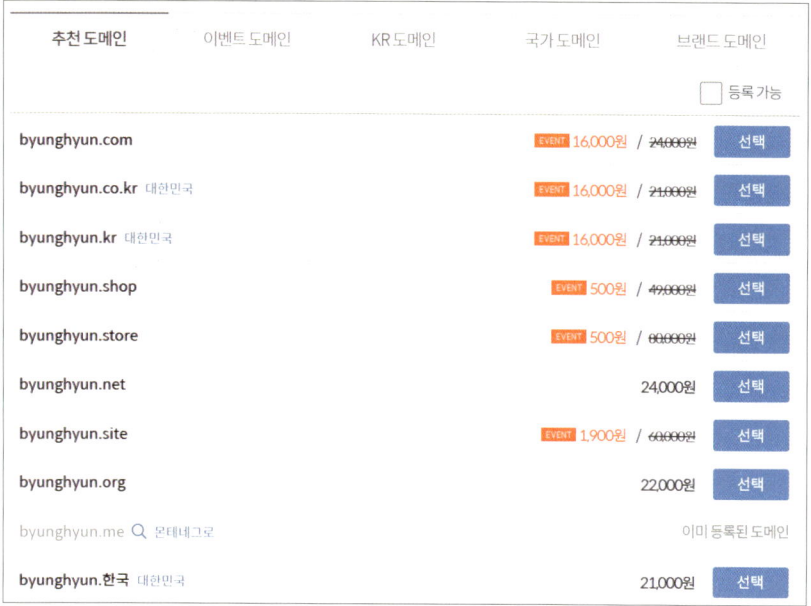

03 조금 더 둘러보시면 ".life"나 ".hair"와 같은 도메인도 등장합니다. 사실상 우리가 상상할 수 있는 거의 모든 업종을 표현하는 도메인이 존재하니 천천히 결정해 보시기 바랍니다.

byunghyun.cafe	60,000원	선택
byunghyun.life	EVENT 4,000원 / 55,000원	선택
byunghyun.work	25,000원	선택
byunghyun.kids	NEW 25,000원	선택
byunghyun.beauty	NEW 25,000원	선택
byunghyun.hair	NEW 25,000원	선택

04 도메인을 선택한 뒤에는 [신청하기]를 눌러 결제합니다.

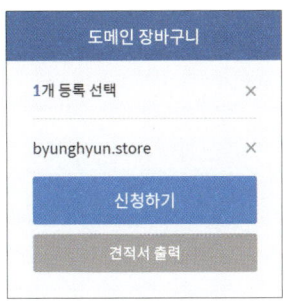

05 결제 후에는 도메인 구매가 잘 되었는지 확인해야 합니다. 메뉴 우측 상단의 [My가비아] 버튼을 누릅니다.

06 다음 그림과 같이 [이용 중인 서비스] - [도메인]에 구매한 건이 표시되고 있는지 확인해 보시기 바라며, 혹시 결제가 완료되었음에도 도메인이 표시되지 않는다면 새로고침을 해 보시거나 고객센터에 문의해보시기 바랍니다.

4 | 마이크로소프트 365에 도메인 연동하기

지금부터가 본론입니다. 마이크로소프트 관리 센터로 진입합니다.

01 좌측 메뉴 탭에서 [설정] - [도메인]으로 진입하여 [도메인 추가] 버튼을 클릭합니다.

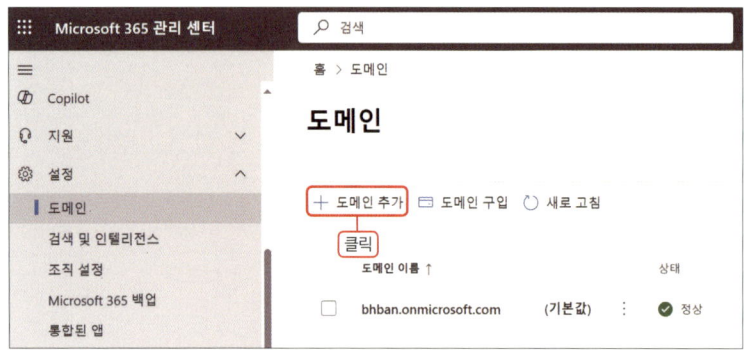

02 방금 여러분이 구매한 도메인을 입력하고 [이 도메인 사용]을 클릭합니다. 고대디(GoDaddy)와 같이 미국에서도 널리 알려진 서비스들은 일종의 간소화된 절차를 통해 자연스럽게 도메인이 등록됩니다. 여기서는 가비아 등 마이크로소프트와 자동 연결이 되지 않는 서비스를 연결하는 방법을 소개합니다.

03 [도메인 소유권 확인] 메뉴에서 [도메인의 DNS 레코드에 TXT 레코드 추가하기] 옵션을 체크하고 [계속] 버튼을 클릭합니다.

04 화면에 [TXT 이름], [TXT 값], [TTL]이 표시됩니다. 이 창을 닫지 않은 채로 새 탭을 실행하여 가비아 마이페이지에 접속합니다.

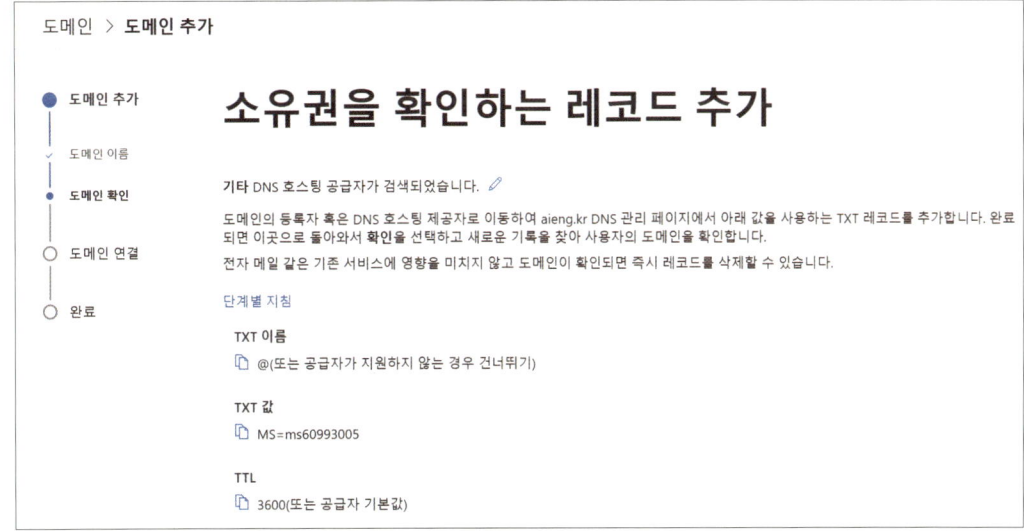

05 우측 [DNS 관리툴]을 클릭합니다.

06 [DNS 설정]에서 마이크로소프트 365에 연결하려는 도메인의 [설정] 버튼을 클릭합니다.

07 [DNS 관리] 화면에서 [DNS 설정]의 [레코드 수정] 버튼을 클릭합니다.

08 [DNS 레코드 수정] 페이지가 팝업됩니다. 하단의 [레코드 추가] 버튼을 클릭합니다.

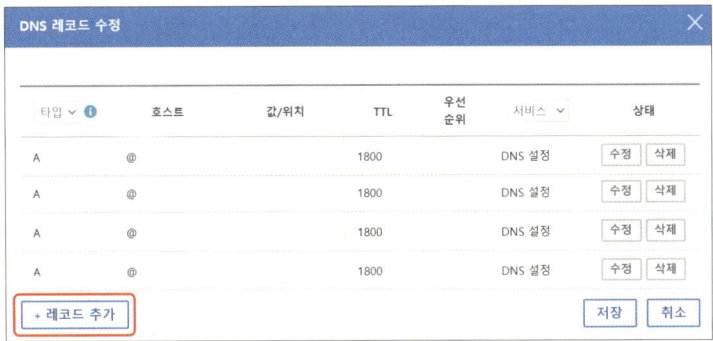

09 새로운 값을 입력할 수 있는 칸이 생겨납니다. 여기서 제일 왼쪽 값을 [TXT]로 설정하고, 앞서 마이크로소프트 365 관리자 페이지에서 제공되었던 값을 입력합니다. 그대로 복사하여 붙여 넣으면 됩니다. 값 입력이 끝나면 [확인] - [저장]을 순서대로 누릅니다.

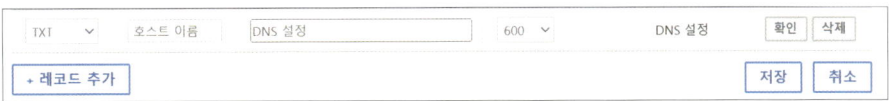

10 입력이 완료되면 다음과 같은 메시지가 표시됩니다. 마이크로소프트 365 관리자 페이지로 돌아와 [계속] 버튼을 클릭합니다.

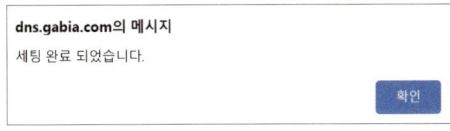

11 [도메인을 어떻게 연결하시겠습니까?] 페이지에서 [자신의 DNS 레코드 추가]라는 문구가 화면에 볼드체로 표시되어 있는지 확인하고 [계속] 버튼을 클릭합니다.

12 [DNS 레코드 추가] 페이지가 표시됩니다. 스크롤을 내립니다.

13 화면 하단에 [MX 레코드], [CNAME 레코드], [TXT 레코드]가 표시됩니다. 이 값들을 가비아 도메인에 입력해 줄 것입니다.

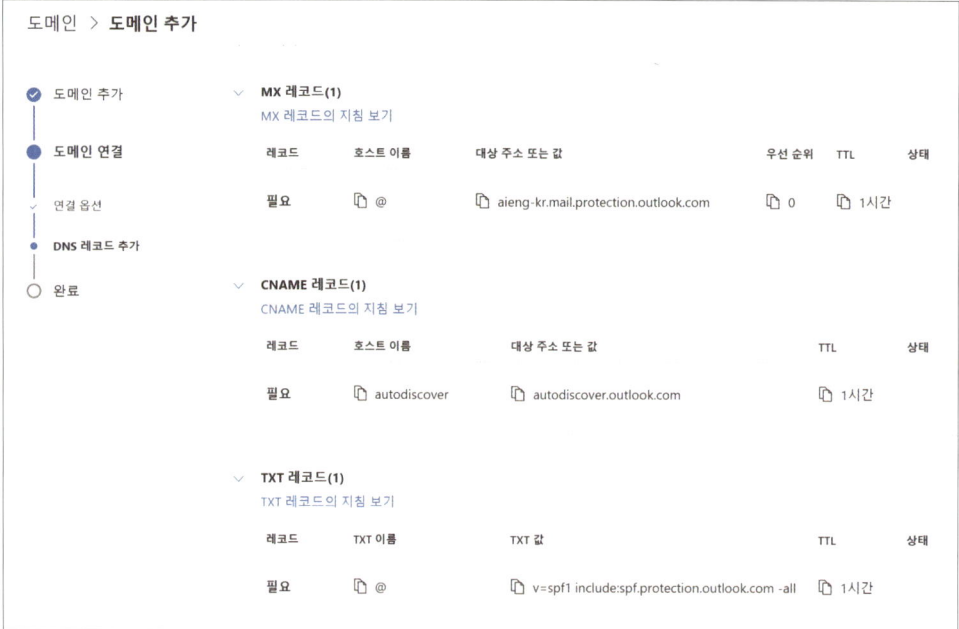

14 [레코드 수정]을 선택합니다.

15 다음 그림을 참고하여 MX, CNAME, TXT 값을 입력합니다.

16 아래와 같은 에러가 발생한다면 MX 값과 CNAME 값 맨 뒤에 마침표(.)를 찍고 [확인] 버튼을 클릭합니다.

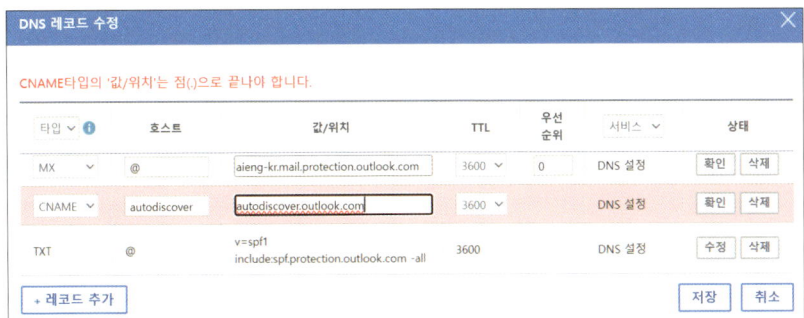

17 모든 설정이 끝난 뒤 마이크로소프트 관리자 페이지에서 [계속]을 누르면 다음과 같이 도메인 설정이 완료되었다는 메시지가 표시됩니다.

축하합니다!
어려운 과정이 모두 끝났습니다. 이제 여러분만의 메일 서버 구축이 완료되었습니다.

5 직원에게 이메일 부여하기

메일 서버 구축이 완료되었으니 본격적으로 직원에게 회사 이메일을 부여해보겠습니다.

01 관리 센터에서 [사용자] - [활성 사용자] - [사용자 추가]를 선택합니다.

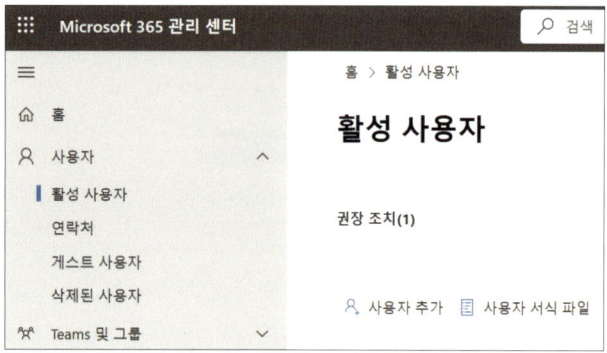

02 직원의 기본정보를 입력하고, 하단 [사용자 이름] 항목과 [도메인] 항목에서 직원에게 부여할 이메일을 설정합니다. 이어 빈 양식을 채워나가면 직원 이메일 부여가 완료됩니다. 혹시 이 과정이 어려우시다면 바로 다음 페이지의 [부록 2]를 참조해주시기 바랍니다.

02 Microsoft 365에 새로운 직원 추가하기

부록

마이크로소프트 365 계정에 새로운 직원을 추가하는 방법을 안내합니다. 이렇게 초대된 직원은 여러분과 동일한 팀즈 환경에서 소통할 수 있습니다. 여러분이 라이선스를 구매하여 할당한다면 그 직원도 오피스 앱과 코파일럿을 사용할 수도 있지요. 아울러 직원에게 회사 공식 이메일 계정을 부여할 수도 있어 무척이나 유용합니다.

01 관리 센터에서 [사용자] - [활성 사용자] 메뉴로 진입합니다. 그런 다음 [사용자 추가] 버튼을 클릭합니다.

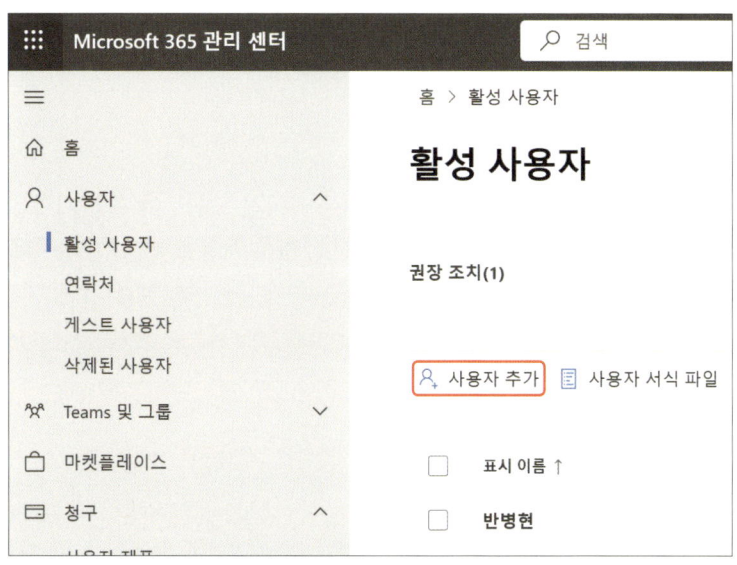

02 직원의 이름 등 정보와 직원이 사용하게 될 새로운 이메일 주소를 입력합니다. 그리고 임시로 사용할 간단한 암호를 입력하고 [이 사용자가 처음 로그인할 때 암호를 변경하도록 설정] 항목에 체크합니다. 추후 여러분이 알려주신 비밀번호로 직원이 로그인하면 자연스럽게 본인의 비밀번호를 세팅할 수 있게 됩니다. 양식을 모두 채운 뒤 [다음]을 누릅니다.

03 [제품 라이선스 할당] 페이지로 이동합니다. 계정 생성과 동시에 라이선스를 부여하려면 [사용자에게 제품 라이선스 할당]에 체크합니다. 여기서는 [제품 라이선스 없이 사용자 만들기] 옵션에 체크하여 계정 생성을 우선 마무리하고, 추후에 라이선스를 부여하는 방식을 소개하겠습니다.

04 직원의 정보를 입력하고 [다음]을 누릅니다.

사용자 추가

- ✓ 기본 사항
- ✓ 제품 라이선스
- ● 설정(선택 사항)
- ○ 마침

설정(선택 사항)

이 사용자에게 할당할 역할을 선택하고 추가 프로필 정보를 입력할 수 있습니다.

역할 (사용자: 관리 액세스 권한 없음)

프로필 정보

직함

부서

사무실

사무실 전화

팩스 번호

휴대폰

[뒤로] [다음] [취소]

05 사용자 추가가 완료되었습니다.

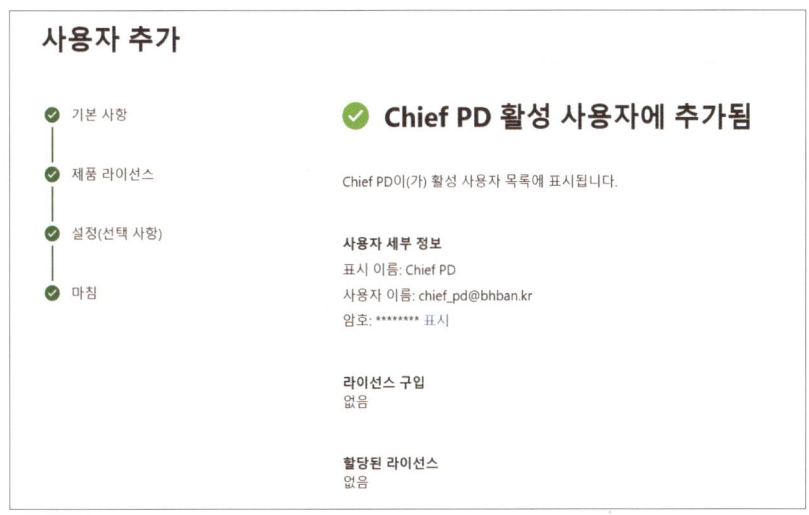

06 [활성 사용자] 패널로 들어가면 새로 만든 계정이 표시됩니다.

07 이후 [라이선스] 패널로 진입하여 직원에게 할당할 라이선스를 선택합니다. 코파일럿 없이 이메일 계정과 오피스 접근 권한만 부여하려면 [Microsoft 365] 항목을 선택합니다.

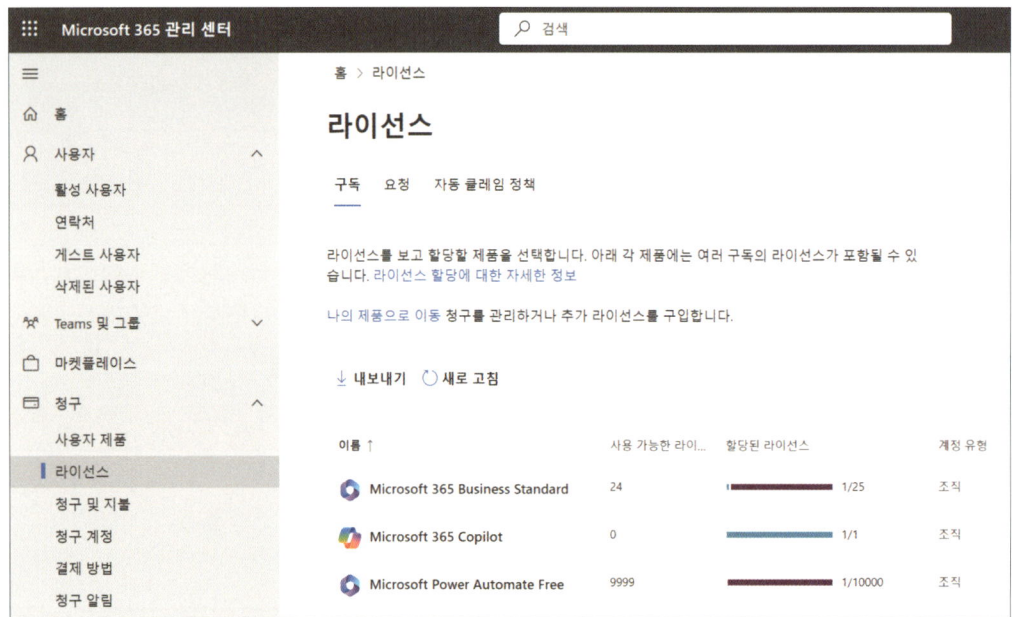

08 라이선스 화면에서 [라이선스 할당]을 선택합니다.

09 [사용자에게 라이선스 할당] 패널이 팝업됩니다. 여기서 라이선스를 부여할 직원 정보를 선택하고 [할당]을 누릅니다.

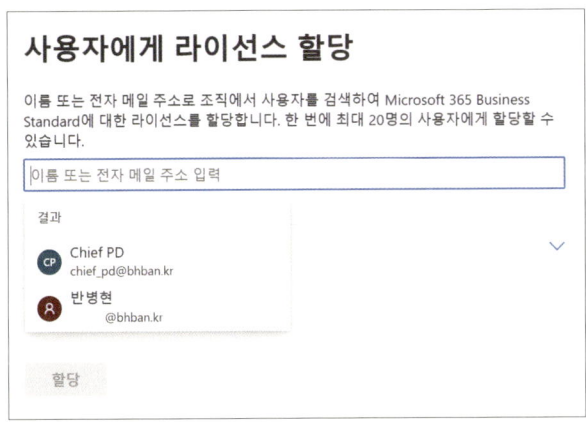

10 라이선스 할당이 완료되었습니다.

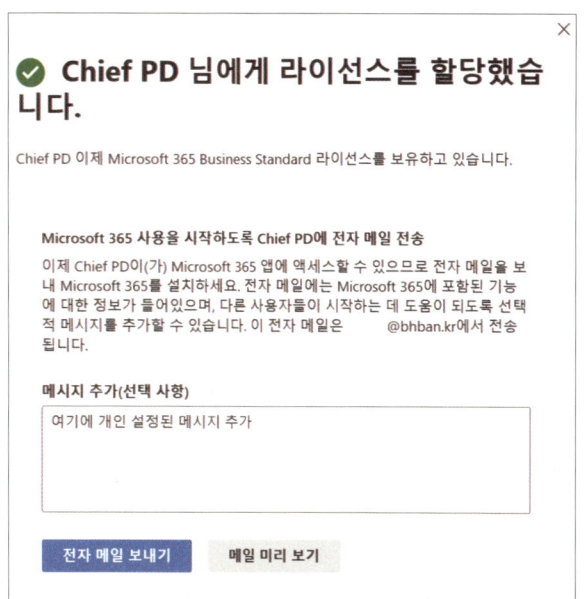

이로써 직원이 이 이메일을 활용하여 오피스 앱을 사용할 수 있게 되었고, 이메일도 수신할 수 있게 되었습니다. 직원이 네이버 메일이나 지메일 주소 등 개인 이메일을 사용하여 업무를 본다면 대외적인 신뢰도를 확보하기 어렵고, 직원이 퇴사한 뒤 기존까지 주고받은 이메일에 대한 포괄적인 인수인계를 받기가 쉽지 않습니다. 마이크로소프트 365를 사용하면 이런 점에서도 조직 운영에 이점이 있으므로 참고하시기 바랍니다.

03 부록

Outlook에 외부 이메일 연동하기

아웃룩의 가장 큰 장점은 다른 기업의 이메일 계정도 연동하여 하나의 앱에서 사용가능하다는 부분에 있습니다. 이론상 현재까지 활발하게 서비스가 유지되고 있는 거의 모든 이메일 서비스를 연동하는 것이 가능합니다.

1 │ 이메일 연동 화면 접근

01 화면 우측 상단의 톱니바퀴 아이콘(⚙)을 클릭합니다.

02 [계정] - [전자 메일 계정] 항목에서 [계정 추가] 버튼을 클릭합니다.

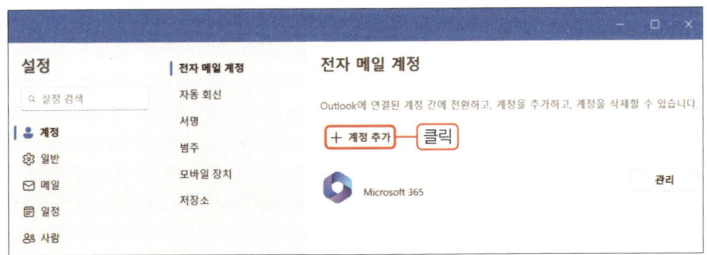

03 다음 그림과 같이 모든 종류의 전자 메일 계정을 추가할 수 있다는 화면이 표시됩니다.

2 | 메이저 이메일 서비스 연동

마이크로소프트 365 계정이나 Gmail, Yahoo, iCloud 등 미국에서 점유율이 높은 메이저 이메일의 경우 단순히 이메일로 로그인만 해도 자동으로 연동이 됩니다. 지메일을 연동해 보겠습니다.

01 연동하실 계정을 입력하고 [계속] 버튼을 클릭합니다.

02 아이디가 확인되면 계정 동기화 동의를 물어옵니다. [계속] 버튼을 클릭합니다.

03 웹브라우저가 실행되며 계정 연동 동의를 구하는 페이지가 실행됩니다. 이어서 앱 연동을 위한 동의 절차를 진행해 주시면 됩니다. Yahoo나 iCloud 메일의 연동 방법도 크게 다르지 않습니다.

3. IMAP & SMTP 이메일 연동

국내에서만 이용되는 서비스나 비교적 덜 유명한 이메일 서비스의 경우에는 단순 로그인만으로 메일이 아웃룩에 연동되지는 않습니다. 다만 현재 서비스중인 대부분의 이메일 서비스들은 IMAP[1] 및 SMTP[2]라는 규격의 외부 메일 연결 서비스를 제공하고 있으므로, 이것을 활용하여 외부 메일을 아웃룩에 연결할 수 있습니다.

대부분의 메일 서비스에 접속하여 [환경설정] 항목으로 들어가면 IMAP/SMTP 설정을 확인할 수 있습니다.

▶ 네이버의 경우

▶ 카카오의 경우

여러분께서 주로 사용하시는 메일 서비스를 아웃룩에 IMAP을 통해 연결하여 사용하시면 되겠습니다. 카카오 메일을 아웃룩에 연동하는 사례를 소개합니다.

---

1) Internet Messaging Access Protocol의 약자로, 메일을 수신할 때 사용한다.
2) Simple Mail Transfer Protocol의 약자로, 메일을 발신할 때 사용한다.

카카오 메일의 경우 [IMAP/SMTP 사용] 항목에 [사용함]에 옵션을 체크하면 하단에 설정값에 대한 안내가 표시됩니다. 하단에 기재된 파란 글자들을 아웃룩에 잘 옮겨 적으면 아웃룩에서 카카오 메일 계정으로 이메일을 열람하거나 발송할 수 있게 됩니다.

01 먼저 아웃룩에서 카카오 계정을 입력하고 [계속] 버튼을 클릭합니다.

02 아웃룩 측에서 서비스의 구조를 파악하고 있는 지메일 등의 유명 서비스에는 해당하지 않으므로 상세 설정 페이지가 표시됩니다. 하단의 [자세히 표시] 메뉴를 클릭합니다.

03 무언가를 잔뜩 입력할 수 있는 필드가 생겨났습니다. 당황하지 마시고, 카카오 메일 환경설정 창에서 봤던 파란색 글자를 옮겨 적습니다. 도중 [사용자 이름]을 적는 칸에는 이메일이 아니라 카카오로 로그인할 때 사용하는 아이디를 입력합니다. IMAP 암호와 SMTP 암호에는 카카오 메일 접속 시 입력하는 암호를 기재합니다.

04 혹시 계정의 2단계 인증을 활성화한 경우 비밀번호 입력으로 로그인이 되지 않는 경우가 있습니다. 이때에는 다음과 같이 카카오 계정 관리 센터에 로그인하고, [계정 보안] 탭에 있는 [2단계 인증] 메뉴를 확인합니다. 만약 2단계 인증이 [사용 중]으로 표시중일 경우, 카카오 메일의 비밀번호를 입력하기만 해서는 아웃룩에 로그인할 수 없습니다. 해결 방법은 간단합니다. [사용 중] 글자를 클릭합니다.

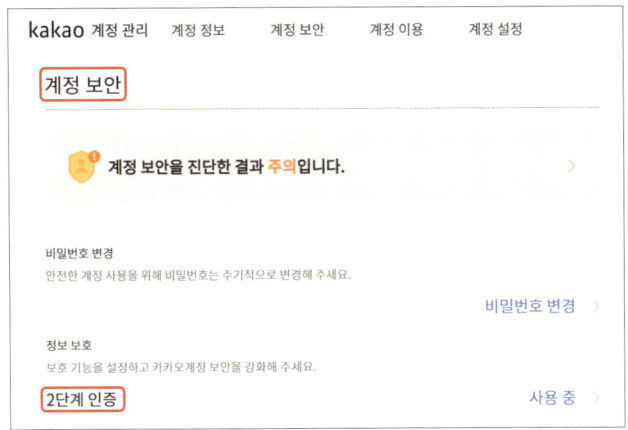

https://accounts.kakao.com

05 보안상의 이유로 다시 로그인합니다.

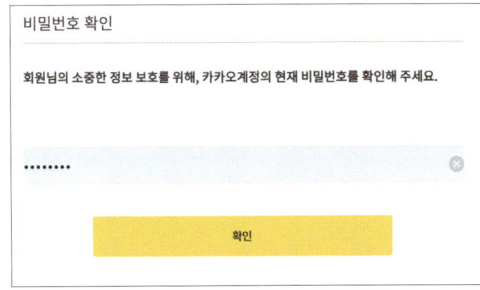

06 하단에 있는 [앱 비밀번호]를 클릭합니다.

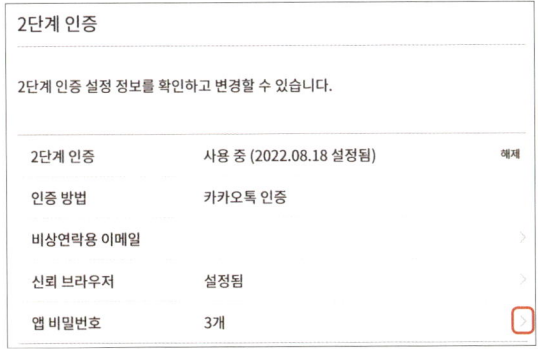

07 [앱 비밀번호] 항목에 "아웃룩"이라 기재하고 [생성] 버튼을 클릭합니다.

08 '앱 비밀번호가 생성되었습니다.'라는 안내가 표시됩니다.

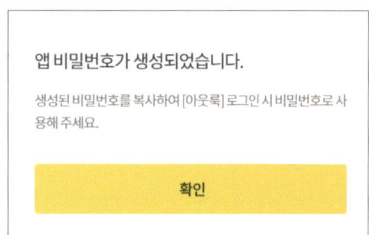

09 앱 비밀번호가 표시됩니다. 이 비밀번호는 지금 복사해 두셔야 하며, 창을 닫은 뒤에는 다시는 열람할 수 없습니다. [복사하기] 버튼을 눌러 비밀번호를 복사하고, 아웃룩에서 비밀번호 입력 칸에 비밀번호를 붙여 넣습니다.

10 아웃룩에서 계정 동기화를 위한 동의를 구합니다. [계속] 버튼을 클릭합니다.

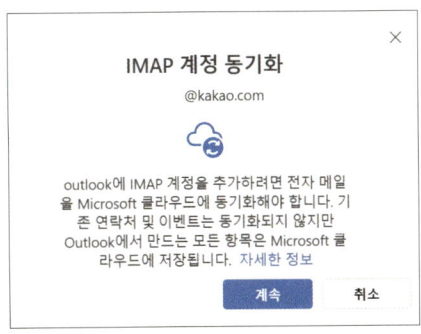

11 잠시 기다리면 아웃룩에 카카오 메일 연동이 완료됩니다.

　네이버, 다음은 물론 사내 이메일 서비스들도 아웃룩에 연동하는 방식은 대동소이합니다. 게다가 아웃룩은 굉장히 메이저한 프로그램이다 보니 거의 모든 이메일 서비스에서 자사 이메일을 아웃룩에 연동시키는 방법에 대한 설명을 제공하고 있으니 이를 참고하시기 바랍니다.

코파일럿 사이드 패널이 먹통인 경우

간혹 워드나 엑셀 사이드 패널 코파일럿에서 다음과 같은 문제가 발생할 수 있습니다. 무슨 말에도 제대로 대답하지 못하고, 코파일럿이 추천해 준 작업임에도 수행하지 못하는 형태입니다. 시스템 언어를 영어로 바꾸어도 문제가 그대로 지속되고, 한 번 이런 문제가 발생하면 소프트웨어를 재실행하거나 컴퓨터를 재부팅해도 쉽사리 해결되지 않는 것이 특징입니다.

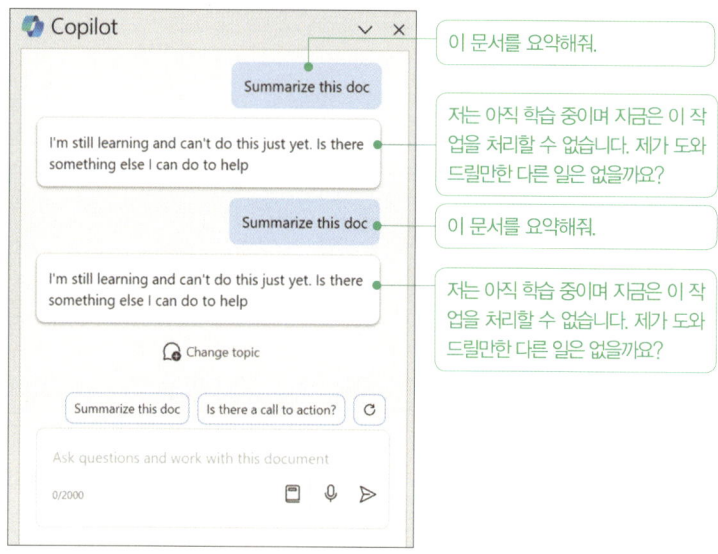

2024년 1월 현재 마이크로소프트측에서 이 문제를 해결하기 위해 업데이트를 준비중인 상황이라고 합니다. 이 문제가 생긴 원인은 마이크로소프트 365에서 제공하는 <레이블> 기능의 오작동입니다. 레이블은 직원들이 오피스 프로그램으로 작성한 문서에 자동으로 보안 레벨을 설정해 주는 기능입니다. 일종의 보안 등급이 꼬이는 현상이 발생하며 코파일럿이 문서 파일에 제대로 접근하지 못한 것이 아닐까 추측됩니다.

여하튼, 혹시 이 책의 구매 시점에서 이와 같은 문제를 겪고 계실 독자분이 계실 수도 있으니 해결 방법을 설명하겠습니다. 문제를 해결하는 방법은 의외로 간단합니다. 이 문제를 겪으시는 분들께서는 별도의 보안 규칙 설정을 생성한 적이 없을 것입니다.

통념적으로는 보안과 관련된 수칙이 없다면 자유도가 높은 상황으로 받아들일 수 있겠습니다만, 혹시나 조직에 따라 "센스"의 영역이라 어련히 깐깐하게 잘 지키는 것이 미덕일 수도 있습니다. 코파일럿도 이와 같은 상황에서 갈등하는 중이라 생각하시면 되겠습니다. 재미있는 점은, 오히려 깐깐한 규칙이 존재하는 경우에는 제대로 작동한다는 점입니다. 여하튼, 규칙이 존재하기만 하면 코파일럿의 기능이 회복되므로 "무엇이든 해도 좋다."는 내용의 보안 규칙을 새로 만들어 주면 문제가 자연스레 해결됩니다.

01 마이크로소프트 365 관리 센터 좌측 패널에서 [규정 준수] 메뉴를 선택합니다.

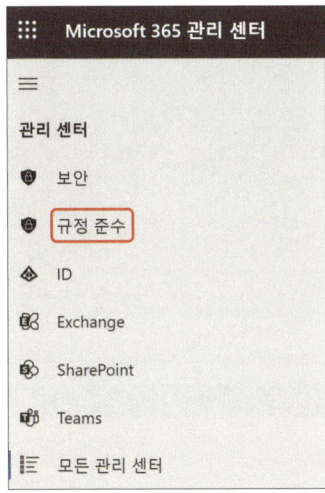

02 새로운 창이 팝업되며 [Microsoft Purview] 패널로 이동합니다. 좌측 [솔루션] 탭에서 [정보 보호] - [레이블] 메뉴로 진입합니다.

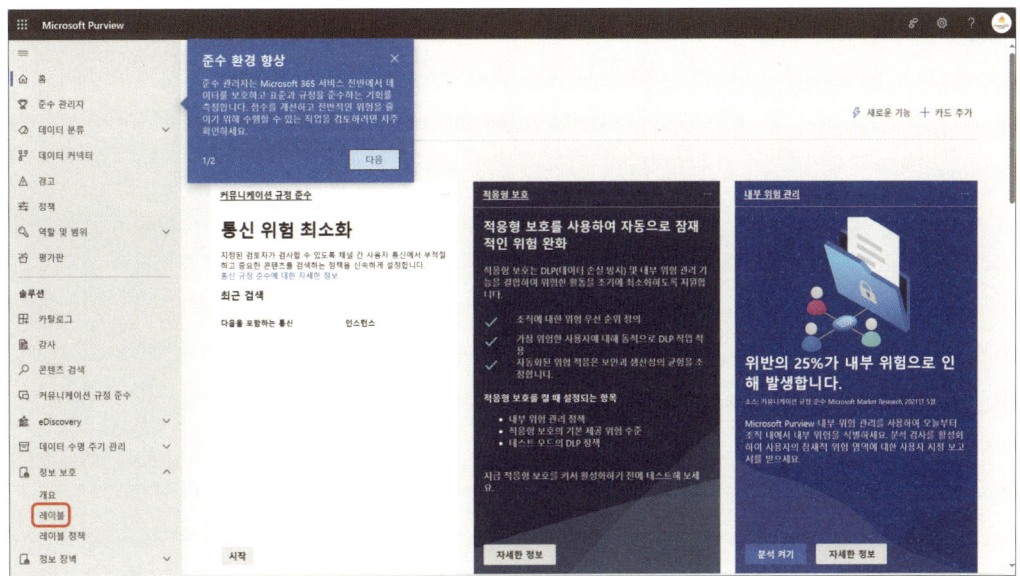

03 상단 메뉴의 [레이블 만들기] 버튼을 클릭합니다.

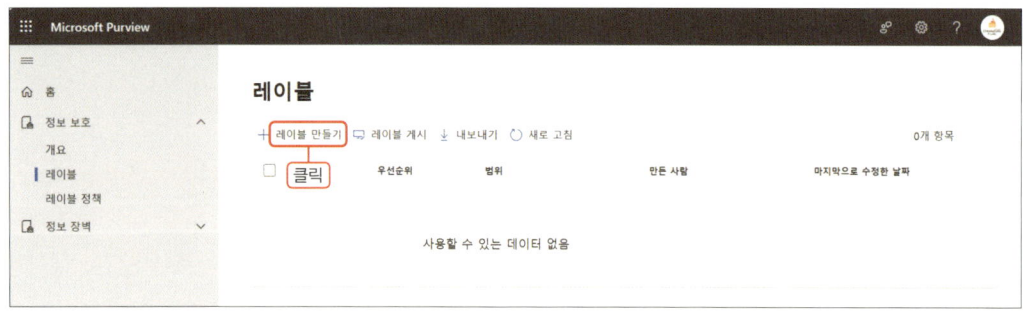

04 새로운 민감도 레이블을 만들어 보겠습니다. 우리의 목표는 "어떤 일을 해도 괜찮다."는 내용의 레이블을 하나 만드는 것입니다. 혹시 마이크로소프트 365 계정을 사용하는 구성원들에게 문서 보안을 어느 정도 선에서는 지키도록 요구하고 싶으시다면 이어서 설명드릴 부분에서 더욱 많은 보안 영역을 설정하시면 됩니다. 레이블의 이름과 표시 이름, 사용자를 위한 설명은 아무렇게나 기재하셔도 상관없습니다.

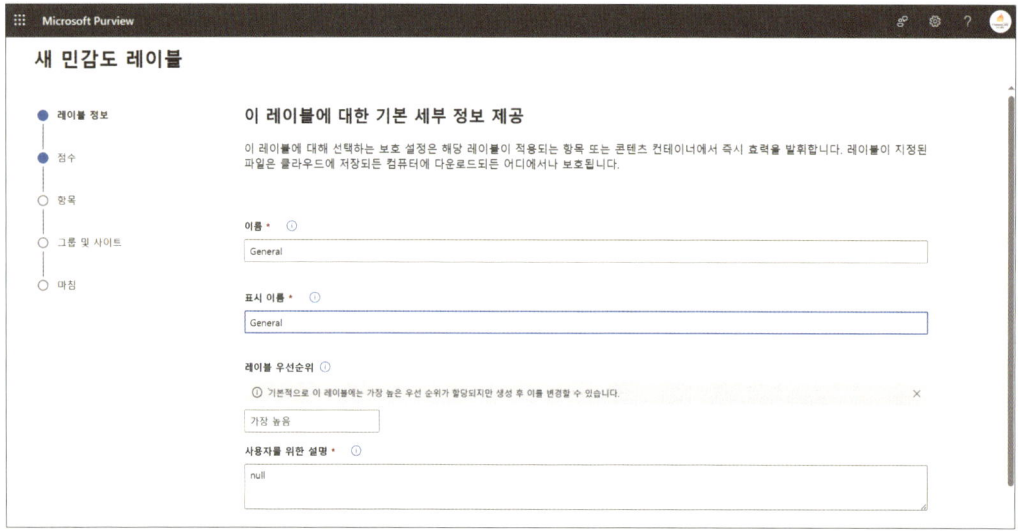

05 [항목] 메뉴에서 [파일]과 [메일]을 모두 체크합니다. 오피스 소프트웨어와 아웃룩 모두에서 코파일럿이 문제 없이 작동하도록 만들기 위함입니다.

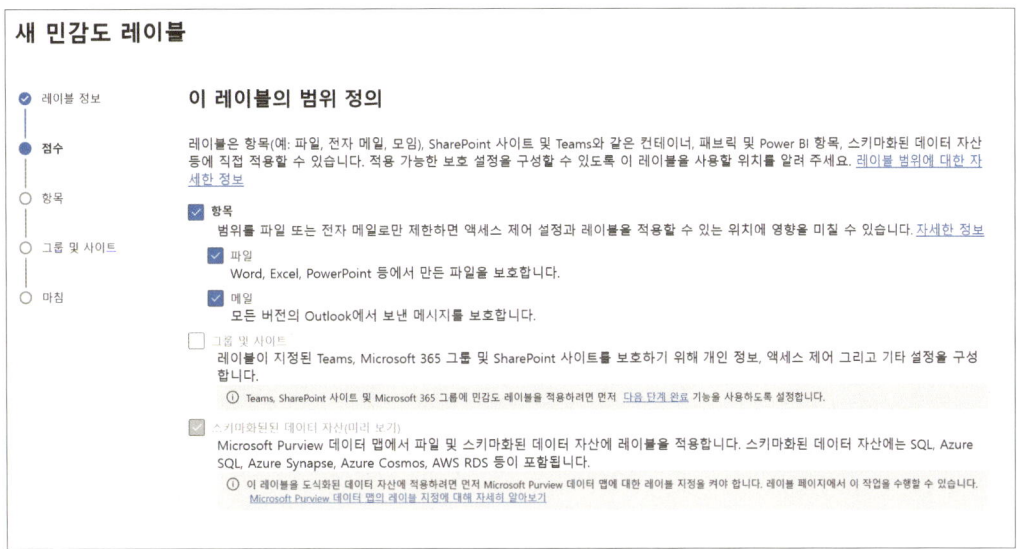

06 [레이블이 지정된 항목에 대한 보호 설정 선택] 화면에서 별다른 체크 없이 [다음] 버튼을 클릭합니다. 혹시 조직 내에 깐깐한 규정을 적용하고 싶으시다면 체크를 하셔도 좋습니다.

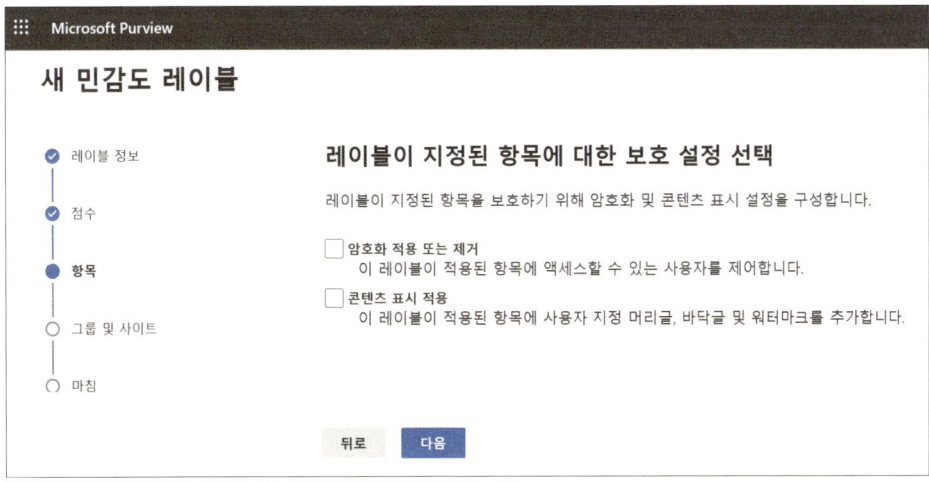

부록 | **213**

07 [파일 및 전자 메일에 대한 자동 레이블 지정] 역시 활성화하지 않아도 좋습니다.

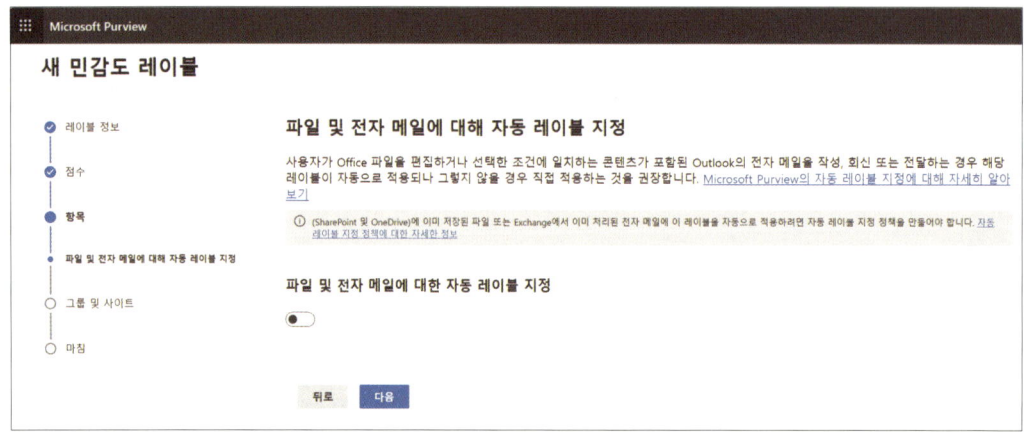

08 설정이 모두 완료되면 아래와 같은 화면이 표시됩니다. [레이블 만들기] 버튼을 클릭하면 레이블이 생성됩니다.

09 레이블이 생성되었습니다. 규칙을 만들었으니, 이제 이 규칙의 시행을 발표할 차례입니다. [사용자의 앱에 레이블 게시] 옵션에 체크하고 [완료] 버튼을 클릭합니다.

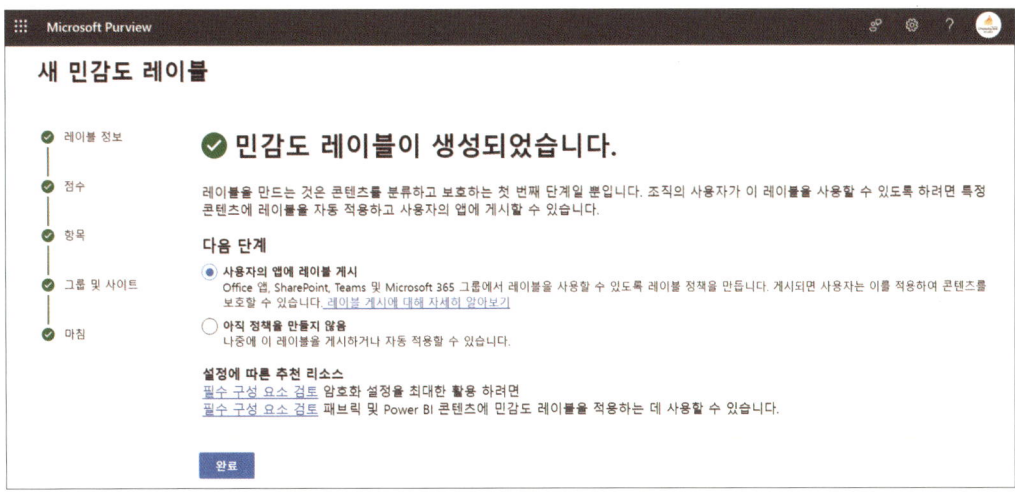

10 [레이블] 패널에서 방금 만든 레이블에 체크하고 상단의 [레이블 게시] 버튼을 클릭합니다.

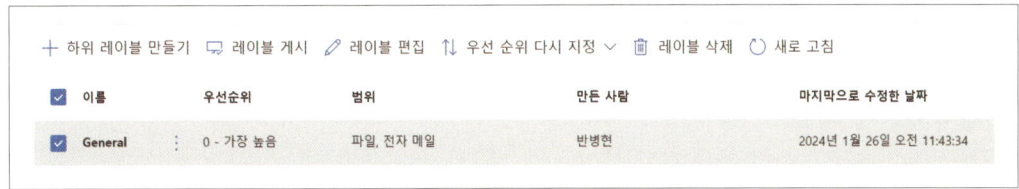

11 [게시할 민감도 레이블]에 기재된 레이블의 이름을 확인하고 [다음] 버튼을 클릭합니다.

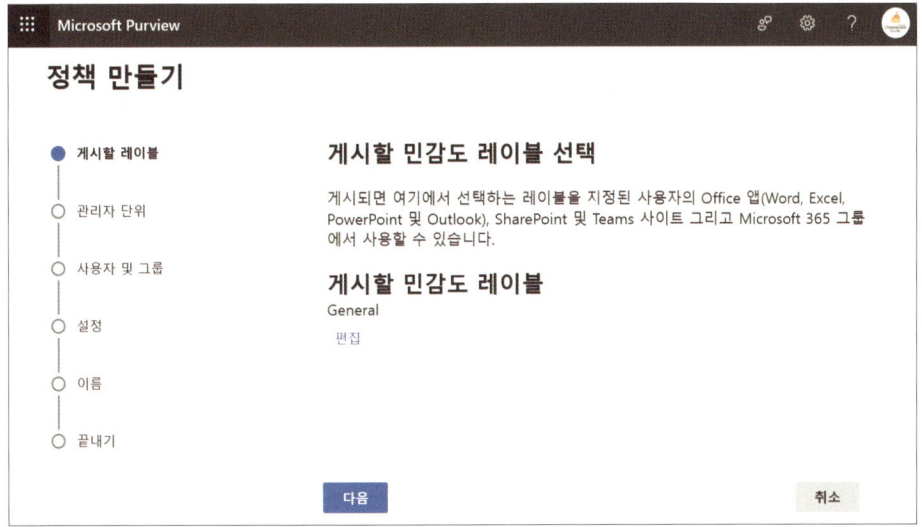

12 [관리자 단위 할당]에서는 직원들을 여러 그룹으로 나누어 정책을 할당할 때 사용하는 기능입니다. 우리에게는 해당이 없으므로 [다음] 버튼을 클릭합니다.

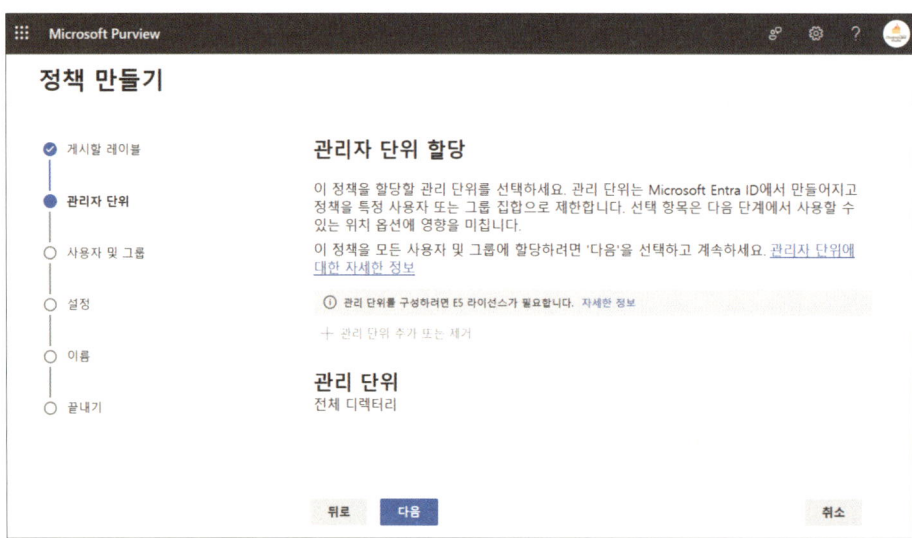

13 [사용자 및 그룹에 게시]에서는 화면에 표시된 모든 항목에 체크하고 [다음] 버튼을 클릭합니다.

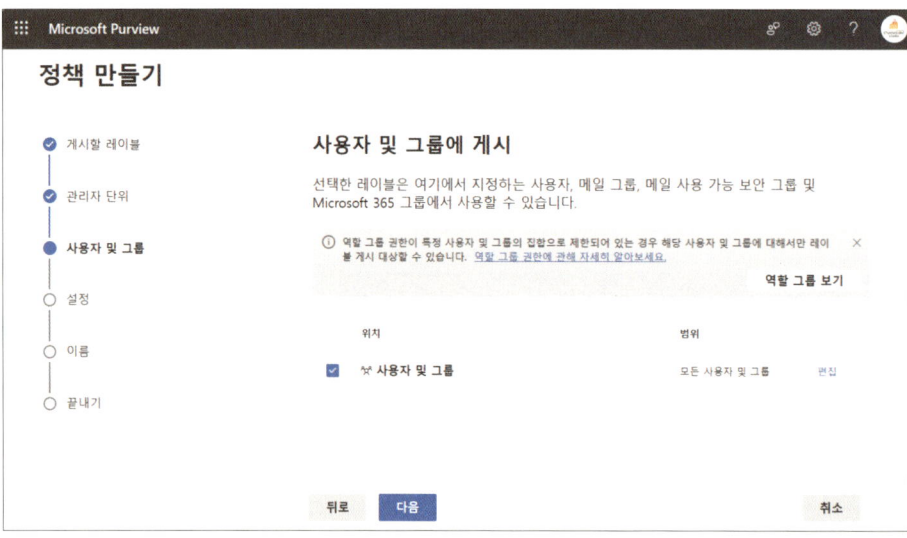

14 [정책 설정]은 모두 공백으로 설정하고 [다음] 버튼을 클릭합니다. 혹시 매우 깐깐하게 직원들을 관리하고 싶은 상황이라면 해당되는 항목에 체크하고 [다음] 버튼을 클릭합니다.

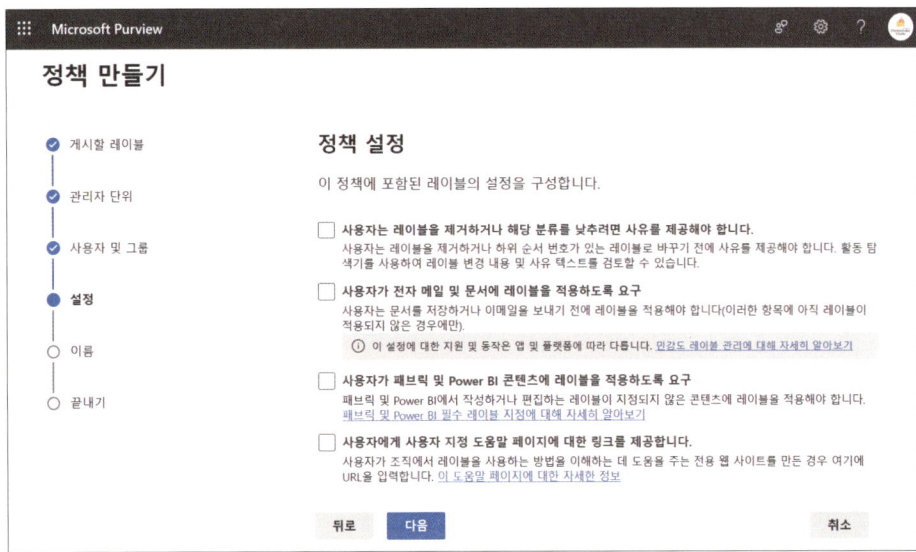

15 [기본 레이블] 항목을 눌러 방금 제작한 레이블의 이름을 선택합니다. 그리고 [다음] 버튼을 클릭합니다.

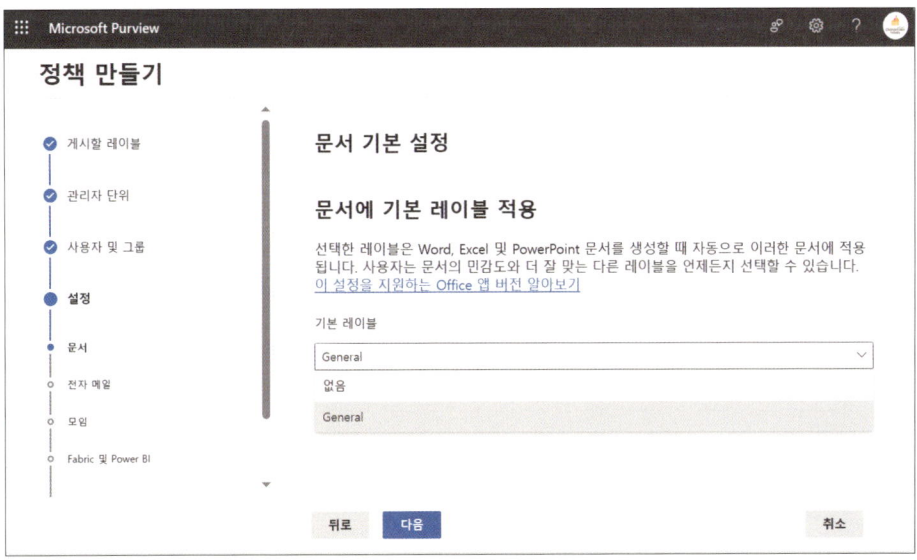

16 전자 메일에 적용할 레이블을 설정하는 화면입니다. '문서와 동일'을 선택하고 [다음] 버튼을 클릭합니다.

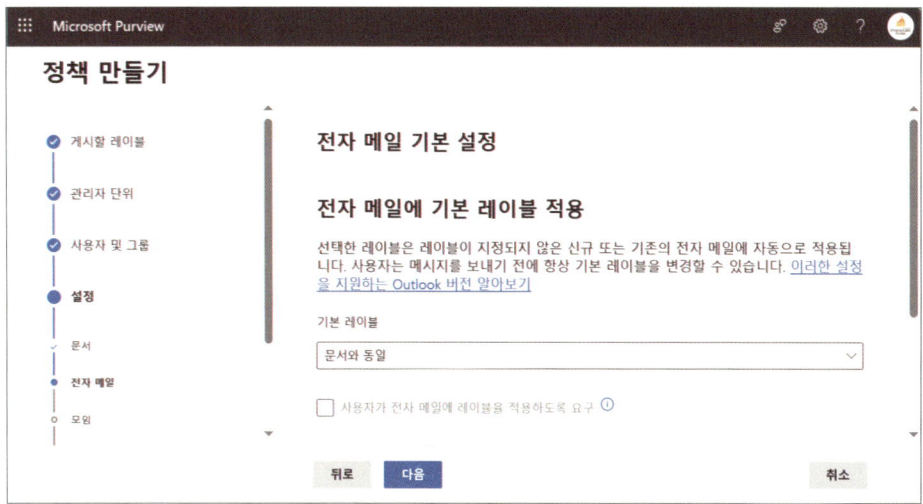

17 [패브릭 및 Power BI]에서도 마찬가지로 레이블 이름을 선택하고 [다음] 버튼을 클릭합니다.

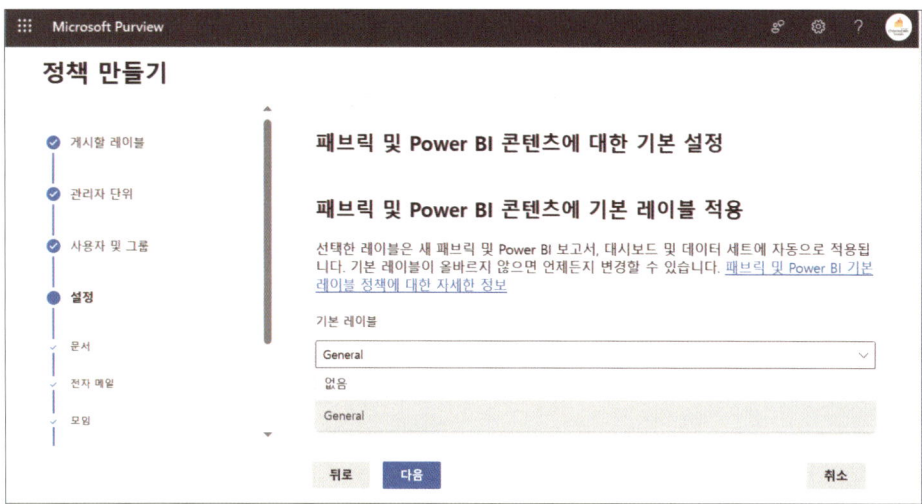

18 배포할 정책 이름을 입력하고 [다음] 버튼을 클릭합니다.

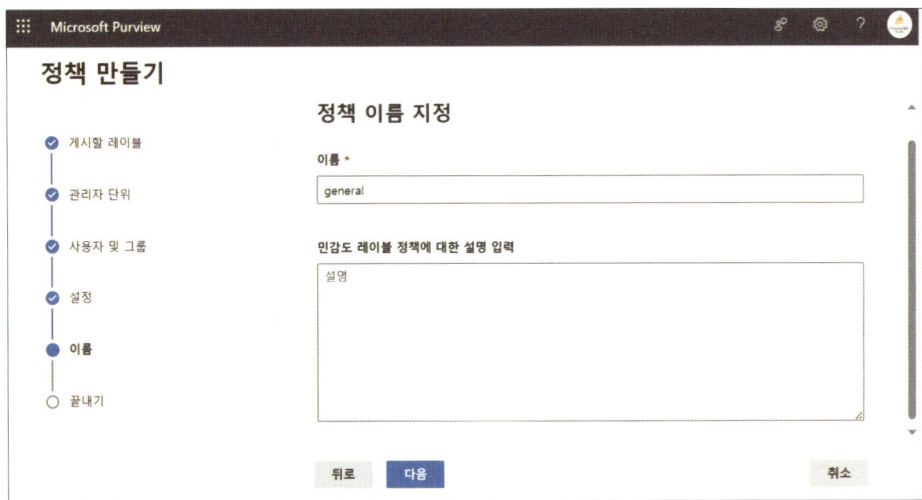

19 모든 준비가 끝난 화면입니다. [제출] 버튼을 클릭합니다.

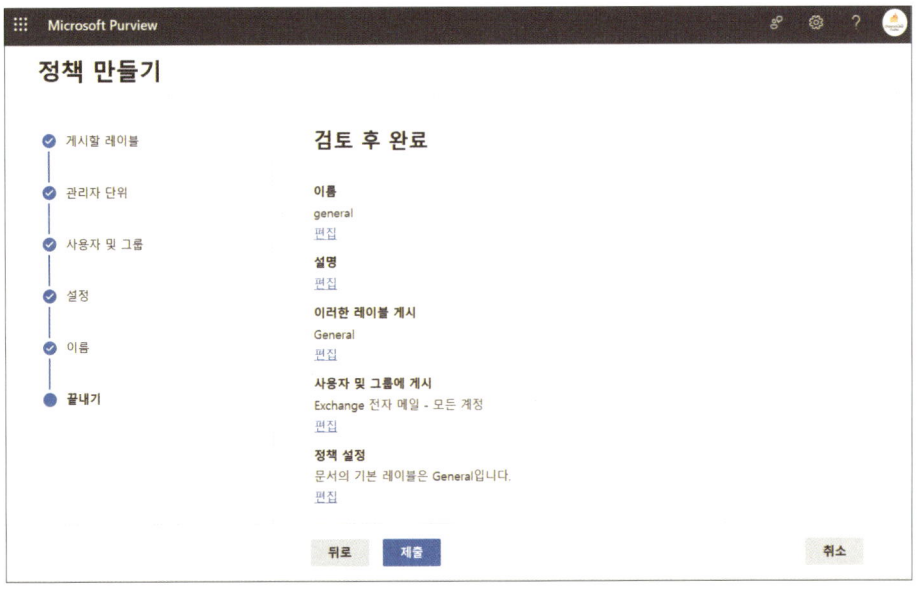

20 레이블 배포가 완료되었습니다! 최대 24시간이 지나야 앱에 정책이 배포된다고 안내됩니다. 필자가 여러 개의 계정으로 테스트해본 바에 따르면 1시간에서 2시간 정도만 기다려도 정책이 앱에 반영되는 것으로 보입니다.

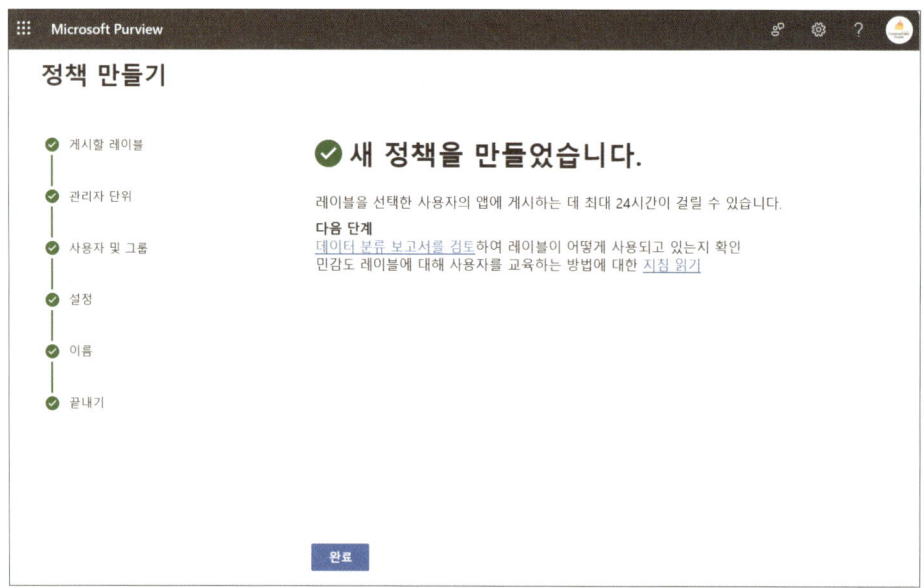

21 레이블이 배포되면 아래 그림과 같이 사이드 패널 코파일럿이 정상적으로 작동합니다.

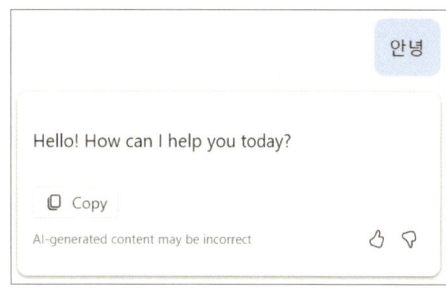

에필로그

코파일럿 이후의 우리, 요식행위를 걷어내고 본질을 향하여

무궁무진한 코파일럿이 쏟아져 나올 것입니다!

팀즈, 아웃룩, 오피스 앱이 끝이 아닙니다. 아직 채 소개드리지 못 한 코파일럿이 많이 있습니다.

팀즈에는 외부 앱을 추가할 수 있는 기능이 있습니다. 팀즈 좌측의 [앱] 버튼을 누르면 사이드 패널 추천 항목에 [Copilot으로 작업]이라는 항목이 표시됩니다.

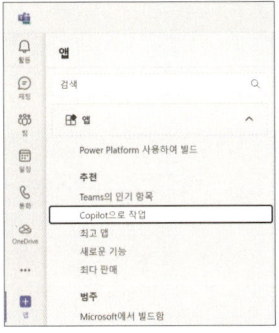

그러면 이렇게 다양한 코파일럿 연동 앱이 표시됩니다. 이들 대부분은 마이크로소프트가 제작한 것이 아닙니다. 심지어 팀즈의 경쟁 솔루션인 슬랙 운용사 아틀라시안이 제작한 앱들도 상위권에 노출되고 있습니다. 이것이 끝이 아닙니다.

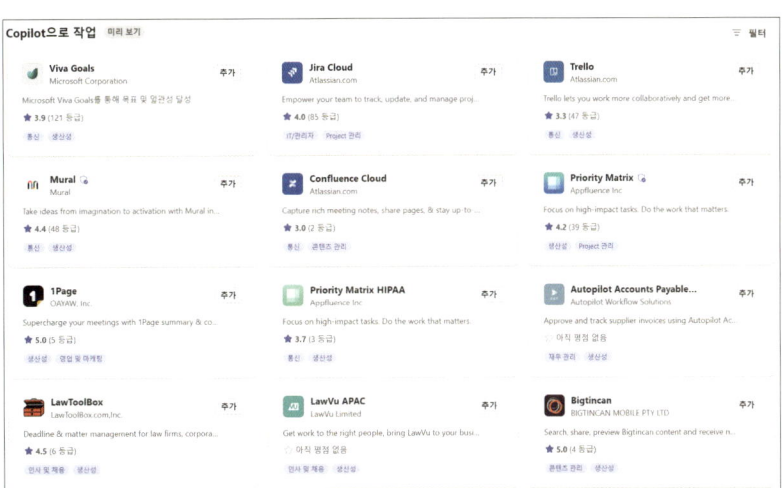

아래 그림에서 표시되고 있는 [WhiteBoard] 역시 코파일럿을 공식적으로 지원하는 앱입니다. 이 앱은 팀원들이 회의 중에 생각을 자유롭게 메모할 수 있도록 도와주는 앱입니다.

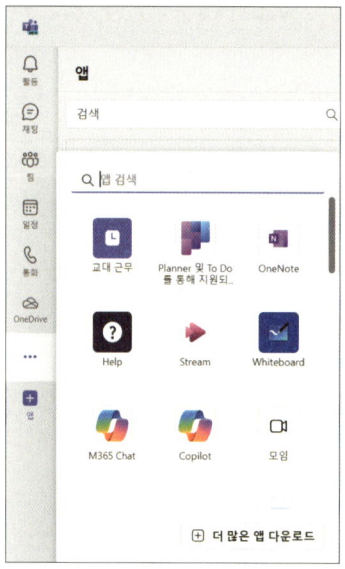

MS 생태계의 노션 대항마로 불리는 [마이크로소프트 루프]라는 앱에서도 코파일럿을 공식적으로 사용할 수 있습니다. 루프 역시 노션과 마찬가지로 다양한 정보를 주고받고, 공유하고, 협동하여 완성해 나갈 수 있는 솔루션입니다.

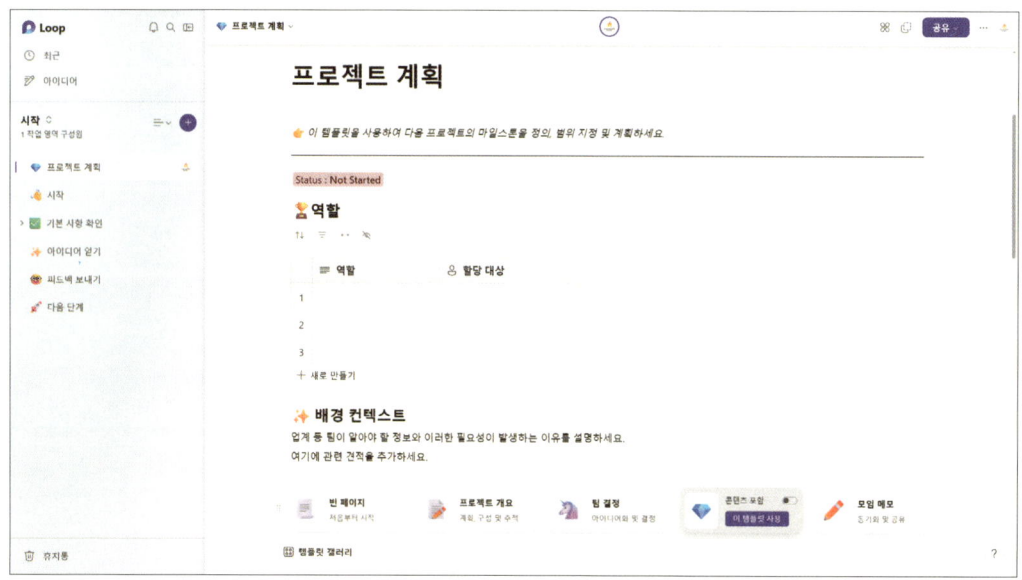

https://loop.microsoft.com

프로젝트의 진행 과정을 기록하는 용도로 잘 사용하면 업무 관리 툴로도 사용할 수 있지요. 루프 코파일럿은 새로운 아이디어를 도출하거나 이미 작성된 내용들을 빠르게 요약하는 등, 코파일럿 본연의 역량을 마음껏 발휘하며 팀의 생산성을 크게 향상시켜줄 것입니다.

처음 코파일럿에 대해 소개하는 글을 작성하려 결심했을 때에는 화이트보드나 루프와 같은 툴에 탑재된 코파일럿까지 하나하나 소개해 보려 했습니다. 그런데 몇 가지 이유로 그럴 필요가 없겠다는 생각을 하게 되었습니다.

첫 번째로, 코파일럿의 사용법은 그리 어렵지 않습니다. M365 Chat, 워드, 원노트 코파일에서 "요약"과 관련된 기능의 사용 방법이나 작동 방식이 크게 다르지 않았지요. 코파일럿은 새로운 도구지만 사용자 입장에서 예전 엑셀 함수를 외우듯 복잡하고 새로운 개념을 암기해야 하는 부담이 전혀 없습니다. 자연스레 작업을 하다가 화면에 코파일럿 로고가 표시될 경우 한 번쯤 클릭해 보고, 대화를 나누며 코파일럿이 할 수 있는 작업의 범위를 알아가는 것으로 누구나 코파일럿에 적응할 수 있기 때문입니다.

두 번째로, 코파일럿이 탑재될 소프트웨어의 종류에 범위나 한계가 없다는 점을 깨달았기 때문입니다. 앞서 보여드린 팀즈에서 추가할 수 있는 외부 애플리케이션들의 목록은 2024년 1월, 코파일럿 정식 출시 직후에 캡처한 것입니다. 아마 현재도 많은 서드파티 회사들이 코파일럿과의 연동을 구현해 팀즈 애드온으로 출시하기 위하여 노력하고 있을 것입니다. 1년만 지나더라도 코파일럿을 사용할 수 있는 앱들의 목록을 열거하고 하나하나 소개하는 것이 큰 의미가 없는 일이 될 것 같다는 생각을 하게 되었습니다. 마치 아이폰 앱스토어에 등록된 앱들을 하나씩 소개하는 것이 큰 의미가 없는 것과 마찬가지로 말입니다.

그렇기에 모든 MS 오피스 사용자들이 공통적으로 사용할, 가장 점유율이 높은 오피스의 핵심 소프트웨어 위주로 코파일럿의 사용 방법을 소개했습니다. 구글에서도 오피스 소프트웨어와 유사한 웹 애플리케이션인 구글 닥스에 AI 보조 소프트웨어 탑재를 예고했습니다. 국내에서도 폴라리스 오피스가 AI 보조 도구가 탑재된 오피스 앱을 출시했고요. 조만간 수많은 업체에서 코파일럿과 유사한 콘셉트의 AI 보조 도구를 출시할 것은 자명합니다. 하지만 큰 틀에서 그 사용법은 다들 비슷할 것으로 생각됩니다.

따라서 개중에서 가장 강력한 슈퍼컴퓨터를 토대로, 가장 강력한 AI인 GPT-4를 활용중인 마이크로소프트 코파일럿의 폭넓은 사용 경험을 남들보다 조금 먼저 갖추는 것만으로도 AI시대의 경쟁력 확보라는 대 과업을 일부 달성하는 것이나 다름없을 것으로 보입니다. 코파일럿과 같은 AI솔루션을 소개하다 보면 항상 우려 섞인 질문을 받기 마련입니다.

"우리가 설 곳이 사라질까요?"
"그래서 우리 아이는 무엇을 해야 먹고 살 수 있나요?"

자주 받는 질문이지만 매번 말문이 약간 막혀 고민 끝에 입을 열게 되는 이야기입니다. 어떤 형태로 우리가 AI와 경쟁을 하게 될 지는 모르겠습니다. 하지만 적어도 코파일럿은 우리의 자리를 대체하기보다는 우리가 조금 더 본질적인 것에 집중할 수 있도록 돕기 위하여 정교하게 설계된 인공지능이라 생각됩니다.

글을 쓰는 것은 정보와 생각을 전달하기 위한 수단입니다. 글을 읽는 것은 정보와 생각을 받아들이기 위한 수단입니다. 결국 글에 담으려는 정보와 생각이, 글에 담겨 있는 정보와 생각이 본질에 해당합니다. 코파일럿을 사용하다 보면 "읽고 쓰는 것은 요식행위에 불과하고, 당신은 정보와 생각이라는 본질에 집중하는 데 긴 시간을 투자하세요."라고 AI가 이야기하는 것 같다는 느낌을 느끼게 됩니다.

데이터 분석도 마찬가지입니다. 빅데이터를 분석하는 것은 수단이며, 데이터 분석 결과를 토대로 숨어 있는 사회적 현상이나 경향성, 우리 조직의 미래에 대한 통찰을 얻는 것이 본질입니다. 엑셀 코파일럿을 사용하다 보면 역시 비슷한 감각을 느낄 수 있습니다.

언젠가 인공지능이 우리 곁 더 깊은 곳까지 깊게 침투할 것은 자명합니다. 하지만 최소한 2024년 현재에는 AI가 우리를 대체하기보다는 보다 본질적인 것을 추구하여 더 높은 가치를 창조해낼 수 있도록 적극적으로 도와주는 유능한 파트너나 다름없는 존재라는 생각이 듭니다.

모쪼록 비교적 먼 미래에도 인간과 인공지능 사이의 관계가 이렇게 따뜻한 선을 느낄만한 거리감을 유지할 수 있기를 희망합니다.